가슴으로 읽는 로마서

| 상 |

R O M A N S

| 염기석 지음 |

쿰란출판사

평생을 교육계에 헌신하시다

하나님의 부르심을 받고

서둘러 주님 품에 안기신

고 염영도 권사님께

이 책을 바칩니다.

아버지, 기다리시던 책 다 썼습니다.

시작하는 글

지난 2006년 12월 초 어느 날 아침 묵상을 하다가 문득 '내가 주님을 잘 모른다'는 생각이 들었다. 만 18년째 목회를 하면서 수없이 주님을 그리스도로 전했는데도 아직도 낯설게 느껴지는 것은 무슨 까닭일까? 때로는 뜨거운 눈물의 고백이 있었고, 지금도 주님을 생각하면 사춘기 소년처럼 마음이 설레는데, 아직도 주님을 잘 모른다니……. 생각이 꼬리에 꼬리를 물고 나를 이끌어간다.

이윽고 "주님을 알되 더 많이 알기를 포기하는 자는 마치 샘을 잃은 강과 같다. 믿고 따르는 자에게 예수 그리스도는 영원한 동경(憧憬)이요, 그리움이다. 그리고 내가 밟아야만 하는 앞 발자국이다"라는 말끝에 도달했다.

그리고 주님을 좀더 알고자 로마서를 택했다. 연전에 로마서를 읽을 때 바울의 마음에서 뿜어져 나오는 주님을 만났던 경험이 있었기 때문이다. 로마서는 바울이 경험한 그리스도 예수, 즉 그의 인생을 송두리째 뒤바꾼 그리스도에 대한 고백이자 열정적 웅변이다. 또 우주적 사건에 대한 표현이며 찬양이다. 결코 머리로 헤아릴 수 없는 가슴의 책이다. 내가 읽은 로마서는 그런 책이었다.

지난 겨우내 로마서를 읽으며 바울의 마음을 가슴으로 느꼈다. 때로는 단어 하나가 며칠을 붙잡기도 했지만, 머리가 아닌 가슴으로 헤쳐나가기 시작했다. 그리스도를 향한 그의 절절함이 나의 것이 되기를 바라며, 바울의 심장이 내 것이 되기를 원했다. “누가 감히 우리를 그리스도의 사랑에서 떼어 놓을 수 있겠습니까? 환난입니까? 역경입니까? 박해입니까? 굶주림입니까? 헐벗음입니까? 혹 위험이나 칼입니까?”(8:35, 공동번역) 이 바울의 고백에 가슴 벅찬 감동과 하나 됨의 희열을 느꼈다.

“복음에는 하나님의 의가 나타나서 믿음으로 믿음에 이르게 하나니 기록된 바 오직 의인은 믿음으로 말미암아 살리라”(1:17)는 말씀에서 샘의 근원을 찾았다. “우리는 그리스도와 같이 죽어서 그분과 하나가 되었으니 그리스도와 같이 다시 살아나서 또한 그분과 하나가 될 것입니다”(6:5, 공동번역)라는 말씀에서 그리스도의 발자국에 내 발을 딛는다는 것이 무엇인지를 알았다.

우리는 흔히 로마서를 ‘이신칭의’(以信稱義), 즉 믿음으로 의롭다 하심을 얻는다는 교리적 차원에서 접근하게 된다. 그러다 보니 가슴보다는 머리가 먼저 로마서를 헤아린다. 그러므로 로마서를 딱딱하고 어렵게 생각한다. 그러나 로마서는 결코 그런 책이 아니다.

예를 들어 로마서 8장을 보면 성령께서 우리를 위해 탄식하신다는 말씀이 나온다. 머리로 로마서를 읽는 사람들은 ‘하나님이 어떻게 탄식을 할 수 있는가?’ 하며 하나님의 속성, 본질, 또는 초월성과 내재성 등을 운운하며 본문을 해명한다.

하지만 기도하는 사람은 분명히 안다. 내가 성령 안에서 기도할 때 성령께서 나를 위해 탄식하신다는 사실을 말이다. 미성숙한 나, 그리스도를 닮지 못한 나, 현실과 신앙 사이에서 머뭇거리는 나, 자아의 습성을 떨쳐버리지 못하고 마치 코뚜레에 꿰여 끌려가는 소처럼 육신의 정욕과 세상의 유혹에 너무나 쉽게 무너지고 끌려가는 나를 위해 성령께서 탄식하신다는 사실을 말이다. 전능하신 하나님이 어떻게 탄식하시고 후회하실 수 있는가 하며 머리로 헤아리지 마라. 나를 위해 탄식하시며 나를 위해 간구하시는 성령님의 심정을, 가슴 치며 애통하는 자만이 알 수 있다.

그리스도를 이론과 지식으로 만난 사람에게는 로마서가 단지 교리적이며 구원에 관한 지식의 말씀에 지나지 않는다. 지식을 통해 체험에 이른다는 것은 낙타가 바늘구멍에 들어가는 것보다 더 어렵다. 분명한 것은, 구원에 대한 지식을 얻는 것보다 구원을 체험하는 것이 훨씬 더 쉽다는 것이다. 따라서 로마서를 통해 지식을 얻으려고 한다면 쉬운 지름길을 두고 산 넘고 물 건너 어려운 길을 자청해서 가는 꼴이다.

로마서는 머리가 아닌 가슴으로, 지식이 아닌 체험의 말씀으로 받아야 한다. 그럴 때 그리스도를 뜨거운 가슴으로 만나는 체험과 구원의 확신을 경험하게 될 것이다. 로마서는 생명 그 자체이며, 살아 계신 그리스도를 향한 바울의 고백이자 나의 고백이다.

로마서를 읽으며 내가 경험했던 것을 나누고자 이 글을 쓴다. 로마서에 대한 수많은 책들이 있는데 거기에 한 권을 더 보태는 것 같아 송구스런 마음도 든다. 하지만 대부분의 책들이 머리로 접근한 것들이기에 가슴으로 읽을 수 있는 이 책을 용기를 내어 내놓게 되었다. 가능한 한 본문을 정확하게 이해하고, 그 말씀이 오늘을 사는 우리에게 어떤 의미로 다가오는지를 늘 염두에 두고 글을 썼다. 가슴은 언제나 행동으로 나타나기에 로마서가 우리의 삶이 되기를 바라는 심정으로, 주님의 심장이 우리의 심장이 되기를 바라는 심정으로 썼다.

로마서에 대해 글을 쓴다고 하니 주위에서 기존의 좋은 책들을 많이 소개해 주었다. 그러나 나는 기존의 책들을 읽지 않았다. 기존의 책들을 읽게 되면 그 영향을 받아 나도 모르게 좋은 부분은 인용하게 될 것 같았기 때문이다. 그렇다면 그 책으로 이미 충분하기에 한 권의 책이 더 나온다는 것이 의미가 없다고 생각했기 때문이다.

다만 본문에 대한 정확한 이해를 위해 두 권의 주석서를 참고하였다. 하나는 에른스트 케제만(Ernst Käsemann)의 《로마서》(국제성서주석, 한국신학연구소, 1986년)이며, 다른 하나는 박익수의 《로마서 주석 I, II》(대한기독교서회, 2008년)이다. 특히 박익수 교수님은 감리교신학대학교 은사이신데, 나의 책이 완성되어

갈 무렵에 역작을 출판하셨다. 그리하여 최종 검토할 때 많은 도움을 받았다.

나름대로 헬라어 원어를 검토하였으나 필요한 부분이 아니면 인용하지 않았다. 한글역본은 개역개정판과 표준새번역을 주로 사용하였다. 이외에도 공동번역과 현대인의 성경도 참고하였다. 경우에 따라 원문에 가깝게 번역을 한 역본을 택하여 썼다. 영어 성경은 King James Version(KJV)과 New International Version(NIV)을 주로 인용하였고, 헬라어 원어 성경은 [UBS4]를 이용하였다. 그리고 독자들의 편의를 위해 관련 성구를 각주에 옮겨 놓았다. 말씀을 정확히 이해하는 데 도움이 될 것이다.

만 3년 전에 이곳 치악산으로 들어왔다. '하늘 아래 산 아래' 라는 카페를 사서 교회로 꾸미고 개척을 하였다. 물 좋고, 공기 좋고, 경치가 아름답다는 것 외에는 특별히 자랑할 것이 없다. 그리고 들어앉아 2년 가까이 로마서를 붙잡고 살았다. 주님을 더 알고 싶은 동경의 마음 때문이었다. 그동안 주변을 살피느라 방치해 놓다시피 했던 영성의 샘을 다시 수축하고, 주님의 발자국에 내 발을 내딛고 싶었기 때문이다.

후원자가 없어 힘들기는 했지만 그것은 마음뿐이었다. 힘들다는 마음이 없으면 힘든 것도 없다는 것을 알게 되었다. 주님께서는 필요한 것을 필요한 때, 필요한 만큼 보내 주셨다. 그동안 하나님의 도움의 손길이 되어 주신 여러분께 감사를 드린다. 이름을 거명하고 싶어도 너무 많은 분들이라 일일이 언급하지 못함을 송구스럽게 생각하며, 그동안 함께 있어 힘이 되어 준 가족들과 한우리교회 식구들 모두에게 감사의 마음을 전하고 싶다.

이 글을 읽는 독자들에게 한 가지 바람이 있다면, 그것은 한 번 만이라도 주님을 더 생각해 주었으면 하는 것이다. 하루에 세 번 주님을 생각하는 사람이 이 글을 읽고 나서 하루에 네 번 주님을 생각하게 된다면 나의 수고가 충분히 보상받았다고 여길 것이다. 주님을 한 번 더 생각하게 된 것만으로도 나는 매우 만족할 것이다. 그의 삶 속에 주님이 한 번 더 간섭하시기에 그는 예전보다 가슴이 더 뜨거운 사람이 될 것이기 때문이다.

글을 마치고 보니 옷을 만들어 놓고 다림질을 다 못한 것 같은 기분이 든다. 다림질은 뜨거워진 가슴으로 주님을 생각하며 성령의 탄식을 애통함으로 받아들이는 독자들의 몫으로 남겨 둔다.

2009년 3월 9일

원주, 치악산 황골에서

빈탕 염기석

차 · 례

차 · 례

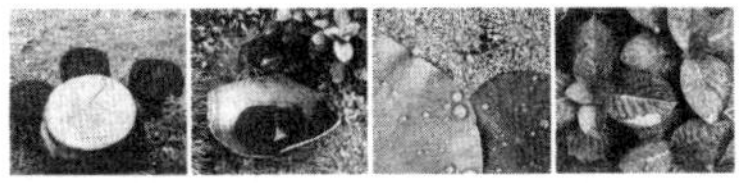

제1부 로마서 서문

1. 그리스도 예수의 종과 사도

〉〉〉 **1장 1절**

> 예수 그리스도의 종 바울은 사도로 부르심을 받아 하나님의 복음을 위하여 택정함을 입었으니.

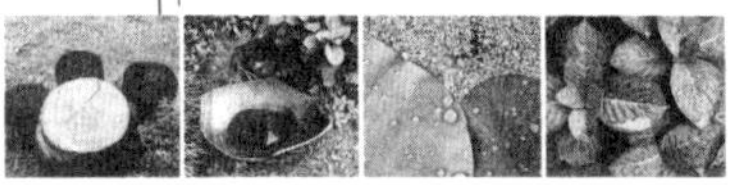

바울은 고대 희랍의 서신 양식을 따라 로마서를 시작한다. 당시 로마 교회에는 이방 그리스도인들과 유대 그리스도인들 사이에 갈등과 심각한 대립이 있었다. 바울은 이를 해결하고 갈등으로 인한 그들의 상처를 치유하기 위해 로마서를 썼다. 그러므로 로마서는 로마 교회 성도들인 유대인들과 이방인 모두를 위한 것이다.

그러나 로마서를 로마 교회에 보낸 편지로 읽는다든지, 로마 교회의 갈등을 해결하기 위해 썼다고만 생각한다면 우리와는 상관없는 글이 된다. 우리는 단지 남의 편지를 훔쳐 읽는 사람일 뿐이다. 또는 로마서를 구원론에 대한 교리를 설명하기 위한 글이나 예정론의 시각으로 읽는다면, 우리는 로마서를 이해할 수는 있어도 이를 통해 결코 은혜는 받을 수 없다.

로마서가 우리에게 감동을 주는 이유는, 그리스도 예수에 대한 바울의 경험과 우리의 경험이 로마서를 통해 하나가 되기 때문이다. 그러므로 로마서의 수신자는 로마 교회 성도가 아니라, 로마서를 읽는 바로 나 자신이다. 나를 구원하시는 말씀이며, 나의 갈등과 문제들을 해결하고, 나를 끊을 수 없는 그리스도의 사랑으로 묶어주는 말씀이다.

예수 그리스도의 종

바울은 자신을 그리스도의 종이며, 하나님의 복음을 전하기 위하여 거룩하게 구별된 사도라고 소개한다. 바울이 자신을 그리스도 예수의 종이라고 소개한 것은 구약의 전통에 따른 표현이다. 구약에서는 하나님의 특별한 선택에 의해 사명을 수행하는 자를 '여호와의 종' 또는 '주의 종'이라고 불렀다. 이스라엘 백성들은 모세를 여호와의 종이라고 불렀으며[1], 하나님도 모세를 나의 종[2]이라고 하셨다. 여호수아, 다윗, 솔로몬, 엘리야, 히스기야 등을 비롯하여 선지자들도 종이라고 불렀다. 또한 선택받은 이스라엘 백성을 하나님은 종이라고 표현하셨다.[3] 그러므로 종이라고 하는

1) 신 34:5, 이에 여호와의 종 모세가 여호와의 말씀대로 모압 땅에서 죽어.
2) 민 12:8, 그와는 내가 대면하여 명백히 말하고 은밀한 말로 하지 아니하며 그는 또 여호와의 형상을 보거늘 너희가 어찌하여 내 종 모세 비방하기를 두려워하지 아니하느냐.
3) 사 44:1, 여호와께서 말씀하신다. "내가 택한 나의 종 이스라엘아, 들어라."(현대인의 성경)

것은 하나님의 특별한 선택과 사명을 받은 자를 말하는 것으로 하나님의 소유와 애정이 담겨 있는 구약 전통에 따른 호칭이다.

바울이 자신을 구약의 전통에 따라 그리스도 예수의 종, 또는 하나님의 종[4]이라고 소개한 것은, 자신이 그리스도 예수와 하나님으로부터 복음의 사도로 선택받았음을 자랑스럽게 말하고 있는 것이다. 자신을 그리스도 예수의 종이라고 말하는 바울의 심정은 어떠할까? 첫째로는 가슴 뿌듯한 자부심을 느꼈을 것이고, 둘째로는 만삭 되지 못하여 난 자[5]와 같은 자신을 부르시고 택하셔서 종으로 삼으신 주님께 그저 한없는 감사와 감격의 마음이었을 것이다.

요즘은 목회자를 일컬어 '주의 종' 이라는 표현을 잘 쓰지 않는 것 같다. 아마도 종이라는 어감이 부르기에 부담스럽기 때문인 것 같다. 그 대신 '주의 사자' 라는 호칭을 많이 쓴다. 하지만 주의 종이라는 말을 잘 쓰지 않는 것도 문제지만 사자라는 호칭도 문제이다. 성경에서 '사자' 라는 표현은 일반적으로 하나님으로부터 특별한 사명을 가지고 인간에게 내려온 천사와 같은 신적 존재에게 사용하기 때문이다. 특히 신약성경에서 '주의 사자, 하나님의 사자' 라는 말은 천사(앙겔로스, ἄγγελος)를 지칭한다.[6]

그 외에 사람에게 사자(使者)라는 말을 쓸 경우에는 구약과 같은 용법으로 쓰였다. 구약에서 사자는 전령자(messenger)의 뜻으로

4) 딛 1:1, 하나님의 종이요 예수 그리스도의 사도인 나 바울이 사도 된 것은 하나님이 택하신 자들의 믿음과 경건함에 속한 진리의 지식과.

5) 고전 15:8~9, 맨 나중에 만삭 되지 못하여 난 자 같은 내게도 보이셨느니라 나는 사도 중에 가장 작은 자라 나는 하나님의 교회를 박해하였으므로 사도라 칭함 받기를 감당하지 못할 자니라.

6) 마 1:20; 눅 1:12; 행 5:19; 약 2:25; 계 2:1, 2:8, 3:1 등.

쓰였다. 왕의 명령을 전하는 자, 주인의 명령을 전하는 자를 사자로 불렀고, 선지자들에게는 잘 쓰지 않았다. 따라서 목회 활동을 하는 목회자에게 주의 사자란 표현은 쓰지 않는 것이 좋다. 이보다 주의 종이라고 부르는 것이 성경의 전통에 합당한 표현이라고 할 수 있다.

또한 개중에는 목회자를 주의 종님이라고 부르는 사람도 있다. 그러나 성경 어디에도 주의 종이나 선지자를 높여 부른다고 종님이라고 부른 적은 없다. 여호와의 종, 주의 종이란 말 자체가 선택받은 사명자를 높여 부르는 말이다. 주의 종이란 말 속에는 하나님으로부터 부여받은 권위를 인정함과 동시에 존경과 애정이 담겨 있다. 그러므로 성도들은 목회자를 주의 사자라는 말보다 주의 종으로 부르는 것이 당연하고 또 그래야 한다고 본다. 목회자들도 구약에서부터 내려오는 신앙 전통에 따라 바울처럼 주의 종으로서의 자부심과 부르신 주님을 향한 감사와 감격이 늘 살아 있어야 할 것이다.

예수 그리스도로 인하여 구원받은 성도들은 신분상으로는 하나님의 자녀이지만 사명의 차원에서 보면 누구나 하나님의 종이다. 바울은 성도들을 그리스도의 종,[7] 하나님의 종[8]이라고 부른다. 모세는 떨기나무 불 가운데서 사명을 받았지만 우리는 성령의 불 세례로 사명을 받은 자들이다. 그러므로 모세가 여호와의 종이

---

7) 엡 6:6, 눈가림만 하여 사람을 기쁘게 하는 자처럼 하지 말고 그리스도의 종들처럼 마음으로 하나님의 뜻을 행하고.

8) 롬 6:22, 그러나 이제는 너희가 죄로부터 해방되고 하나님께 종이 되어 거룩함에 이르는 열매를 맺었으니 그 마지막은 영생이라.

듯 우리는 그리스도의 종인 것이다. 구약에서는 특별히 선택받은 자만이 주의 종이 되었지만 우리는 그리스도로 인하여 목회자나 평신도들이나 모두가 주의 종이 되었다. 주의 종, 이 얼마나 복된 이름인가? 이 얼마나 자랑스러운 이름인가? 나를 주의 종으로 부르신 주님께 그저 송구하며 감사할 따름이다.

사도(아포스톨로스, *ἀπόστολος*)

'사도' 라는 말의 사전적 의미는 '사명을 위하여 권위자로부터 대표자, 혹은 사자로 파견된 자' 라는 뜻이다.[9] 예수께서는 제자들에게 사도라는 칭호를 부여하셨다.[10] 초대 교회에서는 특히 선교 사역과 관련된 구체적인 소명을 위해 택함 받은 자를 지칭할 때 사도라는 호칭을 사용하였다. 바울은 자기 자신은 물론 이방인 선교를 위하여 일하는 지도자나 교회의 대표자들에게 이 칭호를 주저없이 사용하였다.[11] 바울은 자신의 사도 됨을 부활하신 주님이 직접 그에게 나타나 계시하셨으며, 자신은 주님의 복음과 부활을 증거하는 자로 이방인을 위한 사도라고 말한다.[12]

---

9) 요 13:16에서 '보냄을 받은 자' 는 원어로 '아포스톨로스' (*ἀπόστολος*)이다.

10) 눅 6:13, 밝으매 그 제자들을 부르사 그 중에서 열 둘을 택하여 사도라 칭하셨으니.

11) 고전 1:1, 하나님의 뜻을 따라 그리스도 예수의 사도로 부르심을 받은 바울과 형제 소스데네는.
고전 12:28~29, 하나님이 교회 중에 몇을 세우셨으니 첫째는 사도요 둘째는 선지자요 셋째는 교사요 그 다음은 능력을 행하는 자요 그 다음은 병 고치는 은사와 서로 돕는 것과 다스리는 것과 각종 방언을 말하는 것이라 다 사도이겠느냐 다 선지자이겠느냐 다 교사이겠느냐 다 능력을 행하는 자이겠느냐.

그러나 우리가 알고 있는 주님의 12제자만이 12사도라고 규정된 것은 1세기 말이다. 즉 사도는 주님의 공생애 기간 동안 항상 주님과 함께하고 그의 부활하심을 증거하는 사람이다.[13] 이는 점차로 교회가 조직화되어 감에 따라 사도의 권위를 보호하기 위해 교회가 사도에 대한 규정을 명문화할 필요를 느끼게 되었기 때문이다. 결국에는 바울이 순교한 지 1세기 정도 지나서 초대 교부인 이레니우스(Irenaeus)에 의해 최종 정리되었는데, 그는 12제자 중 주님을 배반한 유다를 제외한 11인과 유다를 대신하여 새로 선출된 맛디아 그리고 바울, 이렇게 13인을 사도로 확정하였다.

사도들의 행적과 삶을 보면, 그들은 온 인류를 구원하기 원하셨던 주님의 꿈을 전하고 그 꿈을 위해 자신을 던진 자들이었다. 주께서는 그들과 함께하시며 그들의 가슴에 하나님 나라의 비전을 심어놓으셨다. 그 비전이 오순절의 성령 강림으로 생명의 폭발을 일으켜 그들의 삶을 이끌어갔다. 죽음도 그들의 꿈을 빼앗아가지 못했다. 그들은 주님이 주신 꿈을 위해 살았고, 그 꿈과 함께 죽음으로 그 꿈을 우리에게 전해 주었다.

바울도 꿈의 사람이었다. 그는 주님의 꿈을 증거하고 그것을 전파하는 사도의 사명을 감당하기 위해 얼마나 열심이었는가를 다음과 같이 말한다. "내가 수고를 넘치도록 하고 옥에 갇히기도 더 많이 하고 매도 수없이 맞고 여러 번 죽을 뻔하였으니 유대인들에

12) 롬 11:13, 내가 이방인인 너희에게 말하노라 내가 이방인의 사도인 만큼 내 직분을 영광스럽게 여기노니.

13) 행 1:21~22, 이러하므로 요한의 세례로부터 우리 가운데서 올려져 가신 날까지 주 예수께서 우리 가운데 출입하실 때에 항상 우리와 함께 다니던 사람 중에 하나를 세워 우리와 더불어 예수께서 부활하심을 증언할 사람이 되게 하여야 하리라 하거늘.

게 사십에서 하나 감한 매를 다섯 번 맞았으며 세 번 태장으로 맞고 한 번 돌로 맞고 세 번 파선하고 일 주야를 깊은 바다에서 지냈으며 여러 번 여행하면서 강의 위험과 강도의 위험과 동족의 위험과 이방인의 위험과 시내의 위험과 광야의 위험과 바다의 위험과 거짓 형제 중의 위험을 당하고 또 수고하며 애쓰고 여러 번 자지 못하고 주리며 목마르고 여러 번 굶고 춥고 헐벗었노라."[14]

무엇이 바울로 하여금 이렇게 열심히 그리스도를 전하게 하였으며, 그토록 복음 증거에 간절하게 하였는가? 그 무엇이 자신의 안위와 생명을 돌보지 아니하고 오직 주를 위해 헌신하게 하였는가?

예수를 박해하던 그가 다메섹으로 가는 노상에서 부활하신 주님을 만났던 사건 속에 그 해답이 있다. 바울은 바리새인으로 사두개인들과는 달리 부활을 믿는 사람이었다. 하지만 부활의 실제를 경험해 보지는 못했다. 그러한 그가 부활의 실체로 나타나신 주님을 만난 것이다. 이론적으로만 알았던 부활, 사람이 죽은 후, 주께서 심판하실 때에만 부활한다고 믿었던 그가 부활하신 주님을 직접 만난 것이다.

부활하신 주님을 빛 가운데서 만날 때 주님의 부활의 생명이 그의 영혼을 관통하는 역사가 일어났다. 그 순간 그리스도의 십자가와 부활이 바울 안에서 재현되었다. 주님의 꿈과 생명이 그의 것이 되었다. 그 생명과 꿈이 바울을 사도로 세웠고, 그 생명이 바울을 복음의 세계로 이끌어갔다. 아나니아에게 안수를 받고 눈을 뜨게

14) 고후 11:23~27.

된 그는 세례를 받고 즉시로 나아가, 예수께서 하나님의 아들이심과 예수가 그리스도이심을 전파하기 시작하였다.15) 그의 사도로서의 사명은 주님을 처음 만난 그 순간부터 시작되었다.

목회를 하다 보면 신앙의 활력을 잃고 슬럼프에 빠져 고민하는 성도들을 종종 만나게 된다. 이곳 산속까지 와서 시골 목사인 나에게까지 상담을 요청하곤 한다. 그들의 이야기를 듣노라면 한 가지 공통점을 발견하게 된다. 예전에는 신앙생활하는 것이 즐겁고 좋았는데 지금은 그렇지 못하다는 것이다. 그들은 처음 은혜받았을 때, 기쁨이 충만했던 그때를 회복하고 싶다고 말한다. 그때 나는 이렇게 말한다. "예전이 좋았으면 예전으로 다시 돌아가십시오." 물론 좋았던 때로 돌아가면 된다는 것을 그들도 알고 있다. 하지만 어떻게 돌아가느냐 하는 것이 문제이다.

성도가 신앙생활에서 슬럼프에 빠졌다는 것은 나를 향한 하나님의 꿈, 즉 비전의 방향을 상실했다는 것이다. 나를 향한 주님의 계획표대로 살아가지 못하고 있다는 증거이다. 그렇다면 나를 향한 하나님의 계획과 꿈이 언제 만들어졌는가를 생각해 보라. 언제부터 주님을 향한 내 인생의 계획과 비전이 시작되었는가? 그것은 바울이 그랬듯이 주님을 처음 만난 날부터이다. 물론 주님은 내가 태어나기 이전부터 나를 향한 계획과 꿈을 가지고 계셨다. 하지만 내가 그것을 깨닫고 하나님의 계획에 동참하기로 결심한 것은 주님을 처음 만난 날이다. 나를 사랑하시는 주님의 따사로운 손길을 경험하고 뜨거운 눈물로 주님께 사랑을 고백하던 그날이다. 내 인

15) 행 9:1~22를 보라.

생을 주님께 바치겠노라고, 주님 뜻대로 살겠노라고 고백한 바로 그날이다.

그날의 감격과 뜨거움을 다시 회복한다는 것은 감정상의 문제가 아니다. 설사 그때의 감동을 회복한다 하더라도 그것은 오래가지 못한다. 회복은 나를 향한 주님의 꿈과 계획을 재발견하고 다시금 그 꿈속에 내 인생을 던지는 것을 말한다. 그것은 나의 의지가 꺾이고 나를 위한 내 욕심이 죽는 것이다. 그때 비로소 주님의 꿈이 내 삶을 장악하게 된다.

그 꿈을 위해 살아가는 사람은 자신의 의지를 꿈에 복속시켜야 한다. 그 꿈에 자신의 의지를 복속시키는 자가 주님의 종이다. 우리 자신이 주를 위해 능동적으로 일하는 것 같지만 사실 그 의지는 수동적 의지일 뿐이다. 종은 언제나 수동적 의지만 가진다. 자신의 능동적 의지가 살아 있는 자는 좋은 종이 될 수 없다. 그러므로 신앙의 회복은 반드시 수동적 의지의 회복이며, 꿈의 회복이요 사명의 회복이어야 한다.

그리고 이러한 회복은 항상 회개를 전제로 한다. 회개란 자신의 잘못된 행위를 뉘우치는 후회의 차원이나 그때의 뜨거운 감정을 회복하는 차원에 머물러서는 안 된다. 회개는 하나님이 주신 그리스도의 꿈, 곧 사명을 다하지 못함을 고백하는 것이며, 비전의 방향을 상실한 것에 대한 애통함이다. 이러한 회개만이 신앙을 다시 회복하고 꿈과 비전을 회복할 수 있는 것이다.

그러므로 회개는 "나는 날마다 죽노라"16)라고 고백하는 자기

16) 고전 15:31, 형제들아 내가 그리스도 예수 우리 주 안에서 가진 바 너희에 대한 나의 자랑을 두고 단언하노니 나는 날마다 죽노라.

죽음의 선언이다. 하나님의 꿈을 가로막았던 내 자아, 욕심, 정욕 등을 끊임없이 죽여 나가는 것이다. 주님의 꿈과 그를 위한 나의 사명이 온전히 드러나 회복될 때까지 그리고 그 사명을 위해 나의 삶을 온전히 불사를 때까지 회개는 계속되어야 한다.

신앙에 슬럼프가 찾아오거든 처음 주님을 만난 그날로 돌아가라. 그리고 회개를 통해 그때의 감동과 열정을 다시 회복하라. 나를 향한 하나님의 꿈과 사명을 재발견하고 주님의 계획에 삶을 던져 동참하라.

2. 예수 그리스도

〉〉〉 **1장 2~7절**

이 복음은 하나님이 선지자들을 통하여 그의 아들에 관하여 성경에 미리 약속하신 것이라 그의 아들에 관하여 말하면 육신으로는 다윗의 혈통에서 나셨고 성결의 영으로는 죽은 자들 가운데서 부활하사 능력으로 하나님의 아들로 선포되셨으니 곧 우리 주 예수 그리스도시니라 그로 말미암아 우리가 은혜와 사도의 직분을 받아 그의 이름을 위하여 모든 이방인 중에서 믿어 순종하게 하나니 너희도 그들 중에서 예수 그리스도의 것으로 부르심을 받은 자니라 로마에서 하나님의 사랑하심을 받고 성도로 부르심을 받은 모든 자에게 하나님 우리 아버지와 주 예수 그리스도로부터 은혜와 평강이 있기를 원하노라.

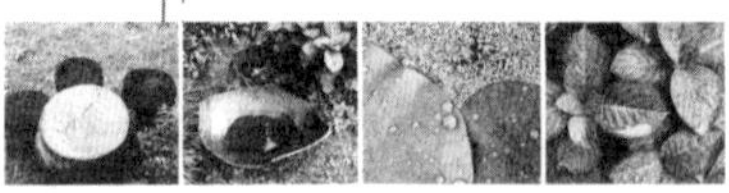

본문에서 바울은 자신이 전하는 복음이 무엇인지를 밝히고 있다. 복음은 하나님이 예언자들을 통해 성경에 미리 약속하신 것으로 하나님의 아들에 대한 말씀이다. 예수 그리스도는 복음의 창시자가 아니다. 그는 복음의 내용이며, 복음 자체이다. 복음이 능력인 것은, 복음 그 자체가 예수 그리스도이므로 그의 능력이 복음을 통해 자연스럽게 드러나기 때문이다. 또한 그는 교회를 세우시고 기독교를 창시하신 분도 아니다. 그는 교회의 머리이며, 교회의 목적이며, 기독교 그 자체이다. 바울은 복음 자체이신 예수 그리스도를 육신적인 면(이를 신학적으로 인성이라 함)과 영적인 면(신성이라 함)으로 나누어 설명하고 있다.

여기서 한 가지 정리해야 할 용어가 있다. 예수 그리스도와 그리스도 예수란 말이다. 예수는 '여호와는 구원이심' 이라는 여호수아에서 온 말로 '자기 백성을 죄에서 구원하실 자' [17]라는 뜻이다. 이 예수는 2천 년 전 육신을 입고 이 땅에 오신 역사적 실존 인물을 말한다. 그리스도는 '기름 부음을 받은 자' 라는 뜻의 히브리어 '메시아' 에 대한 헬라어의 표현이다. 구약, 특히 예언서에서 기름 부음을 받았다고 하는 것은, 하나님의 구원의 목적을 이루기 위해 특별히 선택받은 사람이란 뜻이다. 묵시문학에서는 인자와 메시아를 동일시한다.[18] 주님도 자신을 메시아와 동일시하여 인자라고 불렀다.

그러므로 예수 그리스도란 말은 '예수는 그리스도이십니다' [19]라는 뜻이며, 그리스도 예수란 말은 '그리스도이신 예수' 란 뜻이다.

---

17) 마 1:21, 아들을 낳으리니 이름을 예수라 하라 이는 그가 자기 백성을 그들의 죄에서 구원할 자이심이라 하니라.

18) 단 7:13~14, 내가 또 밤 환상 중에 보니 인자 같은 이가 하늘 구름을 타고 와서 옛적부터 항상 계신 이에게 나아가 그 앞으로 인도되매 그에게 권세와 영광과 나라를 주고 모든 백성과 나라들과 다른 언어를 말하는 모든 자들이 그를 섬기게 하였으니 그의 권세는 소멸되지 아니하는 영원한 권세요 그의 나라는 멸망하지 아니할 것이니라.

19) 행 5:42, 그들이 날마다 성전에 있든지 집에 있든지 예수는 그리스도라고 가르치기와 전도하기를 그치지 아니하니라.
행 17:3, 뜻을 풀어 그리스도가 해를 받고 죽은 자 가운데서 다시 살아나야 할 것을 증언하고 이르되 내가 너희에게 전하는 이 예수가 곧 그리스도라 하니.

인성과 신성

예수께서 육신으로는 다윗의 혈통으로 나셨다고 하였다. 이 말은 메시아가 다윗의 자손 중에 태어나리라는 성경의 예언이 성취되었음을 확증하는 선언이다.[20] 마태복음은 "다윗의 자손 예수 그리스도의 세계라"[21]라는 선언으로 시작한다. 사람들도 주님을 부를 때 "다윗의 자손 예수"[22]라고 불렀다. 예수께서 다윗의 자손으로 이 땅에 오셨다는 것을 당시의 사람들은 로마의 압제에서 그들을 해방시킬 구세주, 즉 메시아로 오셨다는 의미로 받아들였다.[23] 하지만 예수께서는 "내 나라는 이 세상에 속한 것이 아니라"[24]고 분명히 하셨다. 이는 유대의 정치적 회복을 위해 이 땅에 오신 것이 아니라 하나님 나라의 복음을 전하는 일,[25] 즉 인류 구원을 위해 오신 것이다.[26]

다음은 예수의 신성에 대한 부분으로 "거룩한 영으로는 죽은 사람들 가운데서 부활하심으로, 권능으로 하나님의 아들로 확정

---

20) 렘 33:15, 그 날 그 때에 내가 다윗에게서 한 공의로운 가지가 나게 하리니 그가 이 땅에 정의와 공의를 실행할 것이라.

21) 마 1:1, 아브라함과 다윗의 자손 예수 그리스도의 세계라.

22) 마 9:27; 21:9.

23) 참고. 행 1:6, 그들이 모였을 때에 예수께 여쭈어 이르되 주께서 이스라엘 나라를 회복하심이 이 때니이까 하니.

24) 요 18:36, 예수께서 대답하시되 내 나라는 이 세상에 속한 것이 아니니라 만일 내 나라가 이 세상에 속한 것이었더라면 내 종들이 싸워 나로 유대인들에게 넘겨지지 않게 하였으리라 이제 내 나라는 여기에 속한 것이 아니니라.

25) 눅 4:43, 예수께서 이르시되 내가 다른 동네들에서도 하나님의 나라 복음을 전하여야 하리니 나는 이 일을 위해 보내심을 받았노라 하시고.

26) 요 3:16, 하나님이 세상을 이처럼 사랑하사 독생자를 주셨으니 이는 그를 믿는 자마다 멸망하지 않고 영생을 얻게 하려 하심이라.

되셨으니"(표준새번역)라는 말씀이다. 이는 자칫 오해가 있을 수 있다. 거룩한 영은 성령을 말한다. 부활하심으로, 권능으로 하나님의 아들로 확정(인정)되었다는 말은, 그가 부활하셨기 때문에 아들로 인정되었다고 해석하면 안 된다. 그것은 이단으로 정죄받은 양자론(養子論)적인 해석이 된다.

인정되었다는 말은 두 가지로 볼 수 있는데, 첫째로는 3절의 '나셨고'에 대응하는 단어로 보는 것이다. 그렇게 되면 육신으로는 다윗의 자손으로 나셨고, 영으로는 하나님의 아들로 부활하신 분이라는 뜻이다. 둘째로는 2절에서 말하는 예언자들의 예언이 증명되었음을 성령에 의해 확정되었다고 해석할 수도 있다. 즉 육신으로 다윗의 자손으로 나실 것을 예언자들의 예언이 증명한 것처럼, 영적으로는 하나님의 아들이신 것을 성령께서 확실히 증명하셨다는 것이다.

예수 그리스도에 대한 신학 이론은 크게 기독론과 구원론으로 구분된다. 기독론은 예수 그리스도가 누구냐, 즉 그리스도의 인격(persona)을 다룬 것으로 본문에 해당되는 것이다. 그리고 구원론은 그리스도의 사역에 관한 것으로 그리스도께서 하신 일, 즉 구원 사역과 그 결과가 무엇이냐는 질문에 대한 대답이다.

다시 말하자면, 우리는 예수 그리스도를 인성과 신성을 가지신 분 곧 참 하나님이요 참 인간이라고 고백한다. 이 고백의 내용이 기독론이다. 그리고 '예수께서 우리를 어떻게 구원하시는가? 우리를 구원하시기 위해 무슨 일을 하셨는가? 우리가 예수를 구세주라고 믿음으로 고백하면 구원을 얻는다고 하는데, 그 원리는 무엇인가? 또한 구원받은 성도는 어떠한 삶을 살아가는가?' 등등 그리스도의 구원 사역과 그 구원의 결과에 대한 이론이 구원론이다.

하지만 기독론과 구원론은 이론적으로 구분하는 것이지 실제의 신앙생활에서 구별되지 않으며, 구별해서도 안 된다. 왜냐하면 구원과 연결되지 않는 기독론적 고백은 전혀 무의미하기 때문이다. 또한 구원받은 성도들의 삶 속에서 재현되지 않는 그리스도의 인격에 대한 고백도 무의미하기 때문이다. 그러므로 나를 구원하신 분이 누구냐는 것과 내가 어떻게 구원받았으며 구원받은 자로서 어떻게 살아야 하는가 하는 것은, 참된 신앙 안에서는 서로 구별되지 않는다.

"너희는 나를 누구라 하느냐?"는 주님의 질문에 "주는 그리스도시요 살아 계신 하나님의 아들이십니다"라고 베드로가 제대로 대답했다. 그 다음 주께서 자신이 고난받고 죽어야 할 것을 말씀하시자 베드로가 주님을 만류한다. 물론 주님의 책망이 뒤따른다. 뒤이어 주님께서는 "누구든지 나를 따라오려거든 자기를 부인하고 자기 십자가를 지고 나를 따를 것이니라"[27)]라고 말씀하셨다. 이 말씀은 주님에 대한 고백과 주님을 따르는 삶이 서로 나눠지지 않는다는 것을 말한다. 자기를 부인하고 십자가를 지는 삶과 고백은 반드시 일치해야만 한다는 것이다.

바울은 로마서에서 기독론에 대해서는 본문을 제외하고는 거의 언급하지 않는다. 로마서의 대부분은 구원론에 대한 기록이다. 이는 로마서가 믿지 않는 자들을 위한 글이 아니고 기존의 로마 교회 성도들을 위한 글이기 때문이다. 이미 구원받고 예수 그리스

27) 마 16:15~25.

도를 주로 고백하는 자에게 새로이 기독론을 펼쳐 예수 그리스도를 소개할 이유가 없었기 때문이다. 다음에서 예수 그리스도의 인성과 신성에 대해 좀더 깊이 살펴보자.

역사적 예수와 우주적 그리스도

신학자들은 역사적 인물인 예수와 우리가 체험하는 그리스도를 구별한다. 이를 역사적 예수와 우주적 그리스도라고 규정한다. 역사적 예수는 2천 년 전에 육신을 입고 이 땅에 오신 실존인물을 말한다. 유대 땅에 오셨다는 사실은 역사적으로 증명이 된다. 하지만 우리가 시간여행을 하지 않는 한 역사적 예수를 만날 수도 없고 그의 손을 잡아볼 수도 없다. 그러나 우리는 분명히 예수를 체험한다. 성령 안에서 체험하는 예수는 시공을 초월한 하나님이신 예수이시다. 태초 이전부터 하나님과 함께 계셨고, 이 세상의 창조에 관여하신 분이다.[28] 현실적으로는 경험할 수 없지만 우리가 시공을 넘어서 체험하는 예수를, 역사적 예수와 구별하여 우주적 그리스도라고 부른다.

신앙적으로 보면 우리는 결코 역사적 예수를 경험할 수 없다. 우리가 경험하는 것은 우주적 그리스도이다. 태초부터 하나님과 함께 계셨고, 창조의 주인이시며, 부활하신 주님이시며, 온 인류

28) 요 1:1~3, 태초에 말씀이 계시니라 이 말씀이 하나님과 함께 계셨으니 이 말씀은 곧 하나님이시니라 그가 태초에 하나님과 함께 계셨고 만물이 그로 말미암아 지은 바 되었으니 지은 것이 하나도 그가 없이는 된 것이 없느니라.

를 구원하신 분을 성령 안에서 체험하는 것이다. 기독교 영성의 핵심과 기독교 신앙 고백의 정수는 우리가 체험한 우주적 그리스도가 육신을 입고 이 땅에 오셔서 참 인간으로 사셨고, 십자가 위에서 나의 죄를 위해 죽으신 바로 그 역사적 예수시라는 것이다.

바울 서신들을 보면 역사적 예수, 즉 복음서에 나타난 예수의 가르침이 전혀 나타나지 않으며 거론조차 하지 않는다. 이는 바울이 역사적 예수와의 교제나 직접적인 지도가 없었던 이유만은 아니다. 오히려 바울은 자신이 체험한 우주적 그리스도가 역사적 예수라는 고백하에서 그의 신앙의 세계를 펼쳐나가고 있기 때문이다. 따라서 바울이 그리스도 예수라고 하는 것은, 문자적으로는 그리스도이신 예수란 뜻이지만 그 말 속에는 '내가 체험한 부활하신 그리스도가 곧 역사적으로 육신을 입고 오신 바로 그 예수이십니다'라는 고백이 담겨 있는 것이다.

체험하는 우주적 그리스도가 역사적 예수와 하나라는 고백이 기독교의 정체성의 핵심이다. 하지만 기독교 역사를 보면 아이러니컬하게도 역사적 예수와 우주적 그리스도의 갈등이 계속되어 왔다. 역사적 예수의 인성을 강조하는 부류와 우주적 그리스도의 신성을 강조하는 부류 간의 갈등이 최종적으로 봉합된 것은 451년, 칼세톤(Calceton)에서 열린 제4차 에큐메니컬 회의에서였다. 우리가 흔히 칼세톤 신조라고 부르는 이 신앙 고백 중에 예수 그리스도에 관한 사항은 다음과 같다.

"우리 주 예수 그리스도는 한 분 동일하신 아들이시며, 신성에 있어서 동일하게 완전하시고, 인성에 있어서 동일하게 완전하시고, 참 하나님이며 참 인간이시고, 이성적 영과 몸을 동일하게 가지신다. 그는 신성에 있어서 아버지와 동일본질이시고, 인성에 있어서는 우리와 동일본질이시나 죄를 제외하고는 우리와 똑같다. …… 두 본성이 혼돈이 없고, 변화도 없고, 구분도 없고, 분리도 없다."

예수 그리스도는 즉 신성과 인성, 역사적 예수와 우주적 그리스도가 하나인 완전한 하나님이시며, 완전한 인간이시라는 고백이다. 이것이 기독교의 정통 교리이며, 신앙 고백이며, 신앙의 지침이다.

자, 그렇다면 왜 기독교는 두 본성이 구별되지 않고 완전히 하나라는 것을 그토록 주장하는가? 그냥 편하게 우리를 구원하시는 분이니까 하나님이시라고 말하면 편할 텐데. 왜 참 인간이었다고 굳이 강조를 하는 것일까? 아니면 하나님은 어차피 계시니까 그냥 인간으로 오셔서 우리를 위해 죽으셨다는 것만으로도 충분하지 않을까? 어떻게 보면 삼위일체 교리나 기독론의 교리는 말장난 같다는 생각이 들 수도 있다.

첫째로, 우리 주 예수 그리스도는 참 인간이었다. 성경이 증언하는 인간 예수는 기도하는 사람이었고,[29] 근심과 노함이 있었으며,[30] 때로는 지치기도 하고,[31] 때로는 배고픔과 사탄의 진짜 유혹을 받았으며,[32] 실제로 죽음을 경험하였다.[33] 주님이 우리와

29) 막 1:35, 새벽 아직도 밝기 전에 예수께서 일어나 나가 한적한 곳으로 가사 거기서 기도하시더니.

30) 막 3:5, 그들의 마음이 완악함을 탄식하사 노하심으로 그들을 둘러보시고 그 사람에게 이르시되 네 손을 내밀라 하시니 내밀매 그 손이 회복되었더라.

31) 요 4:6, 야곱의 우물이 거기에 있었다. 예수께서 길을 가시다가 피로하여 우물가에 앉으셨다. 정오쯤이었다.(표준새번역)

똑같은 인간이었다는 사실 때문에 그로 인한 구원이 약화되지는 않는다. 오히려 주님이 참 인간이었다는 사실 때문에 우리의 신앙의 목표가 분명해진다. 만약에 주님이 우리와 다른 하나님이었다면 우리는 결코 그리스도를 본받지 못할 것이다. 또한 그의 인격을 흉내 내지도 못한다. 주님이 참 인간이시기에 우리는 그의 인격을 닮아갈 수 있고, 그의 삶을 이 땅에서 재현할 수 있는 것이다.

그런데도 그리스도인이 아닌 사람들이 그리스도께서 하나님이라는 사실을 믿지 못하는 것처럼, 그리스도인들은 주께서 인간이었다는 사실을 잘 믿지 못하는 것처럼 보인다. 성도들의 믿음의 삶은 그들 삶 속에 그리스도의 인간성이 얼마나 잘 보존되고, 잘 실현되느냐에 달린 것인데, 그것이 없다는 것은 주께서 인간이었다는 것을 잘 믿지 못한다는 증거이다.

둘째로, 예수 그리스도는 참 하나님이시다. 주님은 태초부터 하나님과 함께하신 분이었으며,[34] 하나님의 본성[35]을 가지신 분이다. 주는 구원하시는 하나님이라는 고백은 처음부터 기독교 신앙의 핵심이었다. 주께서 십자가 위에서 이루신 구원에는 하나님의 구원하시는 사랑이 담겨 있다. 이 십자가의 사랑이 하나님의 사랑이 아닌 인간의 사랑이었다고 한다면 그는 구원자가 될 수 없다.

우리는 부모나 친구 또는 연인들로부터 사랑을 받고 살아가지

---

32) 눅 4:2, 마귀에게 시험을 받으시더라 이 모든 날에 아무것도 잡수시지 아니하시니 날 수가 다하매 주리신지라.

33) 마 27:50, 예수께서 다시 크게 소리 지르시고 영혼이 떠나시니라.

34) 요 1:1~2, 태초에 말씀이 계시니라 이 말씀이 하나님과 함께 계셨으니 이 말씀은 곧 하나님이시니라 그가 태초에 하나님과 함께 계셨고.

35) 빌 2:6, 그는 근본 하나님의 본체(모르페, $\mu o \rho \phi \acute{\eta}$, form 또는 nature)시나 하나님과 동등 됨을 취할 것으로 여기지 아니하시고.

만 그들의 사랑은 우리를 구원하지 못한다. 그리스도의 십자가의 사랑이 우리를 구원하시는 것은, 그 사랑이 인간의 사랑이 아닌 하나님의 사랑이기 때문이다. 그리고 아무리 힘센 사람도 사람을 구원하지 못한다. 인간의 능력은 인간을 구원할 수 없다. 따라서 십자가의 능력은 인간의 능력이 될 수 없으며, 그것은 전능하신 하나님의 능력이다. 그러므로 도마의 고백처럼 주는 곧 그리스도시며 하나님이시다.36)

우리가 갖는 예수 그리스도에 대한 지식은 학문적이거나 역사적인 것이 아니다. 그것은 구원을 위한 신앙의 지식이다. 학문으로서의 지식은 매우 매력적이어서 한번 빠지면 끝없이 펼쳐지기에 헤어나오기가 쉽지 않다. 따라서 그리스도에 대한 지식은 전적으로 신앙을 위한 지식이 되어야 한다. 또한 신앙을 위한 지식이 된다는 것은 헌신과 삶이 뒤따르는 것을 전제로 한다. 그렇지 않으면 필연코 논리적 함정에 빠지게 되거나 교리의 틀에 갇혀버리게 된다.

그리스도의 체험은 무시간적이지만 체험의 원인과 내용은 항상 역사를 반영한다. 따라서 그리스도에 대한 고백은 시대와 장소에 영향을 받으며, 또한 영향을 주게 된다. 종교개혁자 마틴 루터는 오직 믿음으로만 의롭다 하심을 받아 구원에 이른다는 사실을 깨달았다. 이 깨달음으로 그는 십자가에 달리신 예수 그리스도만이 구원자이심을 체험하였다. 이것은 시대를 뛰어넘는 체험이지만 그는 이 체험을 바탕으로 종교개혁에 성공하게 된다. 그의 체

36) 요 20:28, 도마가 대답하여 이르되 나의 주님이시요 나의 하나님이시니이다.

험이 그 시대에 영향을 주어 중세시대의 종언을 고하고 새 시대를 열었던 것이다. 이처럼 개혁은 제도의 개선이 아닌 구원론의 재발견으로 이룩된다. 영원한 그리스도가 그 시대의 고백이 될 때 개혁은 가능한 것이다.

우리의 삶의 문제도 마찬가지이다. 성도들의 삶의 변화는 여건과 환경의 변화로 되는 것이 아니다. 만약에 여건이 변화하여 문제가 해결되었다고 하더라도 그것은 항상 일시적인 것에 불과하다. 성도의 모든 문제 해결이나 삶의 변화는 그리스도에 대한 체험과 고백으로 이루어져야 참된 변화를 가져오게 된다. 참된 변화란 항상 새로운 차원으로의 변화이다. 그리고 그리스도에 대한 체험은 언제나 구원에 대한 체험을 기초로 하며, 그럴 수밖에 없다. 따라서 그리스도에 대한 고백은 항상 구원에 대한 확신을 바탕으로 한 고백이 된다.

끝으로 우리가 분명히 알아야 할 것은, 교리는 바둑의 정석과 같은 것이어서 신앙의 원리를 깨닫게 해준다는 것이다. 하지만 바둑의 정석을 배웠다고 바둑의 실력이 완성되는 것은 아니다. 정석은 바둑을 둘 때 활용하는 것이다. 따라서 교리를 신앙의 최종점이라고 생각해서는 안 된다. 교리는 오히려 신앙의 출발점이 어디인지, 믿음의 길을 가는 데 있어서 어디쯤 가고 있는지를 가리키는 이정표에 불과하다. 신앙의 출발점은 믿음으로 의롭다 하심을 얻는 의인(義認)이며, 최종 목표점은 성화를 거쳐 완성에 이르는 것, 즉 그리스도의 삶과 인격을 완벽하게 재현하는 것이다. 즉 그리스도와 하나가 되는 것이다.

신앙의 균형

초대 교회 이후 적어도 5세기까지 이 기독론의 문제는 기독교의 근간을 흔들 정도로 매우 중요한 문제였다. 신학을 공부하지 않은 사람들에게는 조금 생소하고 어려운 내용일 수 있는데도 불구하고 이렇게 쓴 이유는 교리를 설명하고자 함이 아니다. 우리의 신앙생활 속에서도 역사적 예수와 우주적 그리스도 사이에 균형을 이루지 못하고 이에 대한 갈등이 엄연히 존재하기 때문이다. 그 갈등은 개인을 넘어서 집단적으로 나타나기도 하고, 자신과 다른 신앙 양태를 가진 개인이나 집단을 비난하기도 하며 심지어 적대시하기까지 한다. 그러므로 이 문제는 오늘날에도 매우 중요할 수밖에 없다.

역사적 예수를 강조하는 신앙은 예수의 삶과 그의 가르침에 초점을 맞춘다. 그러므로 인격의 완성이 곧 신앙의 목표가 된다. 그러나 이러한 신앙의 양태는 자연히 체험이나 신비에 관심을 두지 않기에 무미건조한 신앙, 생동감이 결여된 신앙이 되고 만다. 초자연적 체험보다는 윤리적 삶이 목적이 되므로 이해되지 않는 기적이나 체험을 거부하기까지 한다. 신앙에 대한 지식이 없는 체험적 신비주의자들을 저속한 신비주의, 또는 열광주의자들로 치부하고 무시한다. 이들은 자칫 문자주의와 율법주의적인 신앙으로 빠질 위험이 다분히 있다.

역사적으로는 근세에 나타난 계몽주의 신학이 이에 속한다고 볼 수 있으나, 오늘날에도 우리 주위에서 얼마든지 찾아볼 수 있다. 특히 체험 없이 오랜 세월 신앙생활을 한 사람들 중에 신앙은 이래야 한다고 믿는 부류들, 신앙의 생동감이 없이 교리에 충실하며 의무감으로 신앙생활을 하는 부류들이 이에 속한다고 할 수 있다. 이들 신앙의 장점이 흔들리지 않는 믿음과 말씀 중심적 삶에 있다고 한다면, 단점은 신앙에 대한 열정과 뜨거움이 없으며 말씀으로 또는 교리적으로 자신 뿐만 아니라 남을 비판하기 좋아한다는 것이다. 교리적 잣대나 의무감으로 하는 신앙은 항상 죄책감에 빠지게 된다. 그들이 생각하는 잣대나 의무감을 충족시킬 수 있는 사람은 아무도 없기 때문이다.

우주적 그리스도를 중시하는 신앙은 신비 체험, 은사 강조, 기도 등에 초점을 맞춘다. 이러한 신앙 양태는 체험을 특히 중시하기에 역사성과 현실성, 또는 윤리성 등이 삶 속에서 종종 무시된다. 이들은 이론적으로 설명되지 않는 은사 체험과 신비 체험을 위한 신앙생활을 하기에 세상과 구별되기를 좋아한다. 이들은 신학과 같은 학문을 무시한다. 신학자들은 체험이 없어 자신들의 세계에 대해 잘 모르고, 그저 이론적으로 머리로만 믿는 자들이며, 체험을 가진 자신들만이 그리스도를 올바로 안다고 자부한다. 은사 추구를 위해 가정사와 같은 개인적인 생활을 등한시하기에 종종 사회적으로나 가정적으로 물의를 일으키곤 한다.

은사, 체험 등을 강조하는 미국의 오순절주의자들 중 일부가 개인의 사생활과 윤리성 등의 사회적 물의를 일으키는 것이나, 1970~1980년대 우리나라에서 활약하던 성령의 능력을 강조하고 부흥을 주도했던 은사주의자들 중에 사회 문제나 역사 문제를 도외시했던 부류들이 이에 속한다고 볼 수 있다. 물론 중세 신비주의 영성과 같은 정통신비주의를 말하려는 것은 아니다. 사회성과 역사성이 결여된 채 신비만을 추구하려는, 이른바 저속한 신비주의요 열광주의를 말하려는 것이다.

바울을 비롯하여 기독교가 예수 그리스도의 인성과 신성은 하나라고 규정하고 그것을 끊임없이 고백하는 것은 그 어느 한쪽으로 치우친 신앙을 경계하기 때문이다. 현실적인 삶과 역사를 떠난 체험은 참된 신앙이라고 할 수 없다. 가정과 직장을 등한시하고 은사나 체험, 기도나 전도 등에 전념하는 것도 참 신앙이 아니다. 가정과 직장, 이 사회 속에서 하나님의 뜻을 실현하며, 사명을 감당하는 것이 참 신앙인의 모습이다. 태초 이전의 그리스도를 경험하고 신비한 이상과 은사를 경험한 사람은 반드시 현실로 되돌아와야 한다. 그리고 자신이 체험한 것을 전하고 삶 속에서, 가정과 사회에서 실현해야 한다.

체험 없는 신앙 또한 참된 신앙이 될 수 없다. 그런 부류의 사람들은 영적 공허감 속에 살아간다. 이들은 영적 공허감을 봉사나 헌신, 교리나 교회법 조항 등으로 채우려 한다. 신앙의 생동감이 없기에 은혜로 일을 처리할 줄을 모른다. 그저 법대로 정죄하기에 급급하다. 성령의 뜨거움이 그 속에 없는 사람은 주님께서 회칠한 무덤이라고 비난한 바리새인들과 다를 바 없다.[37] 무엇보다도 자신 속에 침잠하여 내면에 계신 주님과 만남의 체험이 있어야, 모든 사람이 사랑의 대상이요 나와 다름없는 하나님의 자녀임을 알게 되는데, 그러한 점이 부족하다. 윤리적인 신앙, 무미건조한 의무에 사로잡힌 신앙인이 그들이다.

37) 마 23:27, 화 있을진저 외식하는 서기관들과 바리새인들이여 회칠한 무덤 같으니 겉으로는 아름답게 보이나 그 안에는 죽은 사람의 뼈와 모든 더러운 것이 가득하도다.

이제까지 이들의 양 극단을 말했는데, 이 둘은 서로 조화와 균형을 이루지 않으면 안 된다. 그리스도의 인성과 신성이 하나인 것처럼 체험적인 신앙과 윤리적인 신앙은 하나로 만나야 된다. 체험적인 신앙을 가진 자들은 교회의 질서를 지켜나가야 하며, 그들의 뜨거움을 가정과 교회와 사회에서 구체적으로 실천해 가야 한다. 그리고 윤리적이고 무미건조한 신앙을 가진 자들은 하나님의 은혜를 구하고 성령 체험을 위해 기도해야 한다. 교회를 교회답게 하고 사회적 사명을 가능케 하는 근본 에너지는, 항상 성령의 뜨거움이며 그의 역동성이라는 사실을 깨닫고 가슴으로 다가서는 신앙 자세를 가져야 한다.

체험을 중시하는 자들을 위해 한마디 더 하자면, 사람은 신비체험 속에서 살아갈 수 없다. 체험 이후에는 반드시 자연성으로 되돌아온다는 것을 잊어서는 안 된다. 발은 항상 땅을 딛고 살아야지 허공을 거닐며 살 수는 없는 것이다. 내가 딛고 살아가는 이 세상은 하나님이 주신 소중한 것이다. 이 세상에서 풀지 못하면 하늘에서도 풀리지 않는다.[38] 세상을 소홀히 하면 하나님과의 관계도 당연히 소홀해진다.

38) 마 18:18, 진실로 너희에게 이르노니 무엇이든지 너희가 땅에서 매면 하늘에서도 매일 것이요 무엇이든지 땅에서 풀면 하늘에서도 풀리리라.

3. 로마 방문 계획

>>> **1장 8~13절**

먼저 내가 예수 그리스도로 말미암아 너희 모든 사람에 관하여 내 하나님께 감사함은 너희 믿음이 온 세상에 전파됨이로다 내가 그의 아들의 복음 안에서 내 심령으로 섬기는 하나님이 나의 증인이 되시거니와 항상 내 기도에 쉬지 않고 너희를 말하며 어떻게 하든지 이제 하나님의 뜻 안에서 너희에게로 나아갈 좋은 길 얻기를 구하노라 내가 너희 보기를 간절히 원하는 것은 어떤 신령한 은사를 너희에게 나누어 주어 너희를 견고하게 하려 함이니 이는 곧 내가 너희 가운데서 너희와 나의 믿음으로 말미암아 피차 안위함을 얻으려 함이라 형제들아 내가 여러 번 너희에게 가고자 한 것을 너희가 모르기를 원하지 아니하노니 이는 너희 중에서도 다른 이방인 중에서와 같이 열매를 맺게 하려 함이로되 지금까지 길이 막혔도다.

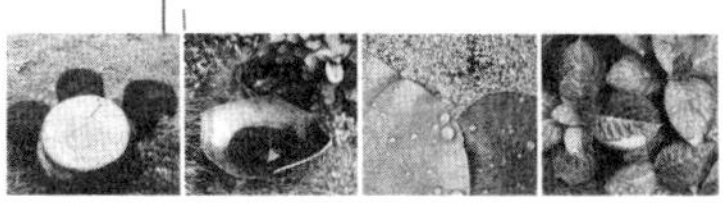

본문에서 바울은 자신의 로마 방문 계획을 밝히고 있다. 로마 방문 계획에 대해서는 로마서 15장 22~33절에 보다 상세하게 나온다. 또한 사도행전 19장부터 마지막 28장까지를 보면 로마서를 쓸 당시부터 로마까지의 바울의 여정이 기록되어 있다. 로마에 가려고 하는 바울의 의도는 무엇일까? 로마서와 사도행전의 본문들을 종합해 재구성해 보면 다음과 같다.

바울은 54년 초에 에베소에서 석방되었을 것이다. 그리고 55년 겨울 마지막으로 고린도를 방문한다. 그 해 겨울, 약 석 달 동안 고린도에 머물면서 로마서를 썼을 것이다. 그렇게 되면 로마서는 56년 초에 쓴 것이 된다. 기록 장소는 고린도의 가이오의 집이었을 것이다.[39] 그리고 로마서는 뵈뵈를 통해 로마에 전달되었을 것이다.[40] 주후 1년경에 출생하였을 것이라고 추측되는 바울은 로마서를 쓸 당시 환갑을 목전에 둔 나이였을 것이다. 그는 자신의 생명과 사명이 막바지에 이르렀음을 알았다.[41] 그러므로 자신의 마지막 사명을 당시 대제국의 수도인 로마를 거쳐 제국의 끝인 서바나(스페인)에서 마감하려 했음이 분명하다.

바울은 자신의 마지막 전도 여행의 시발점을 주께서 부활하신 예루살렘, 초대 교회의 모체인 예루살렘 교회에서부터 시작하고 싶었다. 즉 마지막 4차 전도 여행을 예루살렘에서부터 시작하여 로마로, 그리고 로마 교회의 후원을 받아 최종 목적지인 스페인까지 가고자 했다. 이렇게 함으로 땅 끝까지 복음을 전하는 사도로서의 사명을 다하고자 했던 것이다. 그러나 그의 계획대로 되지

39) 롬 16:23, 나와 온 교회를 돌보아 주는 가이오도 너희에게 문안하고 이 성의 재무관 에라스도와 형제 구아도도 너희에게 문안하느니라.

40) 롬 16:1~2, 내가 겐그레아 교회의 일꾼으로 있는 우리 자매 뵈뵈를 너희에게 추천하노니 너희는 주 안에서 성도들의 합당한 예절로 그를 영접하고 무엇이든지 그에게 소용되는 바를 도와줄지니 이는 그가 여러 사람과 나의 보호자가 되었음이라.

41) 참고. 행 20:22~25.

행 21:13, 바울이 대답하되 여러분이 어찌하여 울어 내 마음을 상하게 하느냐 나는 주 예수의 이름을 위하여 결박당할 뿐 아니라 예루살렘에서 죽을 것도 각오하였노라 하니.

않고 바울은 로마에서 순교하게 된다.[42)]

로마서의 수신자는, 로마에 있는 하나님의 사랑하심을 입고 성도로 부르심을 입은 모든 자로 되어 있다. 바울의 다른 서신들을 보면 그 지역과 교회를 거론하며 문안하는 것을 볼 수 있다.[43)] 하지만 로마서는 '로마에 있어 하나님의 사랑하심을 입고 성도로 부르심을 입은 모든 자에게' 보낸 것으로 되어 있다. 바울이 아굴라와 브리스길라의 집에서 모인 교회[44)]에 문안하는 것과 서로 문안하라는 것을 보면, 로마에는 이들 가정교회 외에는 오늘날과 같은 교회가 없었을 것이다. 그래서 로마 교회가 아닌 로마에 있는 성도들에게 편지를 보낸 것이다.

그 어떤 사도도 로마에 가서 복음을 전한 적이 없었다. 만약에 그랬다면 대제국의 수도인 로마의 중요성을 볼 때 사도행전에 기록되지 않았을 리 없기 때문이다. 그렇다면 로마에 전하지도 않은 복음이 존재하는 이유는 무엇일까? 그것은 아마도 '로마로부터 온 나그네들'[45)]에 그 해답이 있을 것이다. 베드로는 오순절에 성령 강림의 체험을 하고 즉시로 나가 담대히 그리스도를 전하였다. 그때

---

42) 바울이 서바나까지 가려고 한 것으로 보아 로마서를 쓸 당시에는 자신이 로마에서 순교하게 되리라는 사실을 몰랐던 것이 분명하다. 그러나 사도행전을 보면 그는 자신이 예루살렘에서 결박되어 환난을 당하게 될 것을 예루살렘에 올라가는 도중에 알았던 것 같다(행 20:23; 21:13). 그리고 로마로 가서 순교하게 되리라는 것은 예루살렘에서 알았던 것이 분명하다(행 23:11; 27:24).

43) 예를 들면, '고린도에 있는 하나님의 교회'(고전 1:2), '갈라디아에 있는 여러 교회들'(갈 1:2), '데살로니가인의 교회'(살전 1:1) 등이다.

44) 롬 16:3~5, 16장을 근거로 보면 당시 로마에는 총 11개의 가정 교회가 있었을 것으로 추정된다.

45) 행 2:10, 브루기아와 밤빌리아, 애굽과 및 구레네에 가까운 리비아 여러 지방에 사는 사람들과 로마로부터 온 나그네 곧 유대인과 유대교에 들어온 사람들과.

그의 설교를 듣고 회심한 3천 명 중에 그들이 있었다. 이들이 로마로 가서 자신들이 체험한 신앙을 전함으로 로마 교회가 시작되었던 것이다. 이렇게 자생적으로 생겨난 로마 교회를 바울은 하나님께 감사한다고 하였다. 그리고 그들에게 가서 복음을 전함으로 로마에 복음을 전한 최초의 사도로 기록되기를 바랐을지도 모른다.

로마 방문 계획을 설명하는 바울의 글 속에서 우리가 관심 가져야 할 몇 가지 중요한 대목이 있다. '예수 그리스도로 말미암아', '내 심령으로 섬기는 하나님', '무슨 신령한 은사를 너희에게 나누어주어' 등이다.

예수 그리스도로 말미암아

바울은 로마 교회와 성도들의 믿음이 자생적으로 생겨났다는 사실과 온 세상에 전파되었다는 것에 대해, 예수 그리스도로 말미암아 하나님께 감사드린다고 하였다. 여기서 '예수 그리스도로 말미암아'(διά)라는 말은 예수 그리스도를 통하여라는 말이다. '예수 그리스도를 통하여'라는 말이 들어가지 않아도 문맥상 전혀 이상하지 않음에도 바울은 왜 이 말을 덧붙였을까? 우리는 이 어휘를 통하여 그리스도 예수를 향한 바울의 마음이 어떠한지를 엿볼 수 있다.

신앙인이라면 누구나 범사에 하나님께 감사하며 살아야 한다. 하나님의 도우심과 성령의 인도하심을 인정하는 자는 항상 감사하며 산다. 그러나 내가 내 인생의 주인으로 살아가는 사람은 감사할 수 없다. 내가 한 것을 가지고 그 누구에게 감사를 한단 말인가? 그러므로 감사가 없는 신앙은 마음이 교만해졌다는 증거이다.

만약에 우리가 감사할 일이 많이 생겼다고 하자. 하지만 그리스도 없는 감사, 그리스도와 함께하지 않는 감사라면 무슨 소용이 있는가? 그리스도 없는 천국이 무슨 의미가 있는가? 주님을 믿지 않는 사람도 좋은 일이 생기면 하나님께 감사하곤 한다. 그리스도를 통하지 않는 감사라면 믿는 자와 믿지 않는 자의 구별이 무엇인가? 따라서 좋은 일이 생겨 하나님께 감사하는 것도 그리스도로 말미암아, 그리스도를 통하여 감사하는 것이 마땅하다.

바울이 그리스도를 통하여 하나님께 감사하는 것은 그의 인생의 중심이 오직 그리스도이기 때문이다. 그리스도 없이는 감사도 없다. 그리스도를 향한 사랑이 넘쳐나는 자만이 그리스도와 함께 감사를 나누고, 그를 통해 하나님과 더불어 기쁨을 누린다. "내가 간절히 기대하며 바라는 것은, 내가 어떤 일에나 부끄러워하지 않고, 전과 같이 지금도 온전히 담대하여, 살든지 죽든지, 나의 몸으로 말미암아 그리스도께서 존귀하게 되시는 것입니다. 나에게는, 사는 것이 그리스도이시니, 죽는 것도 유익합니다."[46]

내 심령으로 섬기는 하나님

9절에 "내가 그 아들의 복음을 전하는 데 있어서 내 심령으로

46) 빌 1:20~21(표준새번역).

섬기는 하나님이 나를 증언하시는 분이십니다"(**표준새번역**)라고 하였다. 여기서 심령이라는 말은 헬라어로 '프뉴마'(πνεῦμα)이다. 그러므로 '내 심령으로 섬기는 하나님'이란 말은 하나님을 내 영으로 섬긴다는 뜻이다. 헬라어에서는 인간의 영(πνεῦμα)과 인간의 영혼(**또는 혼, 프쉬케,** ψυχή)은 동의어로 쓰인다. 바울 역시 인간의 영과 성령을 구별하고 있다. 인간의 영은 이성(**누스,** νοῦς), 즉 자기의식을 말한다.[47] 하지만 본문에서 말하는 인간의 영은 보통 인간의 영, 즉 거듭나지 않은 인간의 영을 말하는 것이 아니다. "성령이 친히 우리의 영과 더불어 우리가 하나님의 자녀인 것을 증언하시나니"[48]라는 말씀에서 보듯이 하나님의 자녀 된 사람의 영을 말한다.

다음 구절을 보자. "여러분의 몸은 성령의 전입니다. 여러분은 하나님으로부터 성령을 받아서 여러분 안에 모시고 있습니다."[49] 우리는 우리 안에 성령을 모시고 있다. 우리 안에서 성령과 인간의 영이 때로는 하나가 되기도 하고, 때로는 대립하기도 한다. 성령이 내 삶을 주장하게 하려면 내 영이 성령에 굴복하는 수밖에 없다. 그것을 바울은 "나는 날마다 죽노라"[50]라고 표현하였다. 날마다 죽는 것은 외적인 것이 아니라 내면적인 것이다. 나의 자기의식이

47) 참고. 고전 5:4, 주 예수의 이름으로 너희가 내 영과 함께 모여서 우리 주 예수의 능력으로.
고전 14:14, 내가 만일 방언으로 기도하면 나의 영이 기도하거니와 나의 마음은 열매를 맺지 못하리라.

48) 롬 8:16.

49) 고전 6:19(표준새번역).

50) 고전 15:31, 형제들아 내가 그리스도 예수 우리 주 안에서 가진 바 너희에 대한 나의 자랑을 두고 단언하노니 나는 날마다 죽노라.

죽음으로 내 내면에서 성령이 살아 역사하시는 것이다. 그러므로 내 영으로 하나님을 섬긴다고 하는 것은 그리스도와 함께 죽고 그의 부활에 연합한 자의 영으로 하나님을 섬기는 것을 말한다.[51]

다시 말해 나의 영, 또는 자기의식(자아)이 죽음으로 하나님의 의식, 성령의 의지와 하나가 되는 영적 상태를 합일이라고 하는데, 그 상태의 정도를 가리키는 말이 영적 성숙이다. 그리고 그러한 영적 상태를 추구하는 신앙생활을 영성 생활이라고 하며, 그런 상태에서 하는 기도, 봉사, 찬양을 우리는 영적인 기도, 영적인 찬양 및 봉사라고 한다. 이러한 영적 상태에서 하나님을 섬기는 것을 바울은 내 심령으로 하나님을 섬긴다고 표현한 것이다.

다음으로 '섬긴다' 는 단어를 보자. 섬긴다는 말은 헬라어로 '라트류오' (λατρεύω)란 단어인데 이는 '고용된 하인' 이란 뜻의 라트리스(λάτρις)에서 유래된 단어이다. 그러므로 하나님을 섬긴다는 말의 원어적 의미는 하나님께 고용되어 봉사하며 섬긴다는 뜻으로 예배의 의미도 함께 가지고 있다. 신약성서 중에 '라트류오' (λατρεύω)란 단어가 총 21곳에서 나오는데, 하나님을 영적으로 섬기는 것이 어떤 것인가 하는 것은 그 중 몇 구절만 찾아보아도 그 의미를 쉽게 알 수 있을 것이다.

"하물며 영원한 성령을 힘입어 자기 몸을 흠 없는 제물로 삼아 하나님께 바치신 그리스도의 피야말로, 더욱더 우리들의 양심을 깨끗하게 하여, 우리를 죽은 행실에서, 떠나 살아 계신 하나님을

51) 롬 6:5, 만일 우리가 그의 죽으심과 같은 모양으로 연합한 자가 되었으면 또한 그의 부활과 같은 모양으로 연합한 자도 되리라.

섬기게 하지 않겠습니까?"[52] 이 말씀에서 보듯이 그리스도의 피로 거듭난 자가 깨끗한 양심을 가지고 죽은 행실을 버리고 하나님을 섬기는 것이 하나님을 영적으로 섬기는 것이다.

여기서 양심이란 말은 '쉬네이데시스'(συνείδησις)란 말로, 단순히 선악을 구별하여 선택한다는 의미에서의 양심이 아니라, 성령의 조명하심을 받아 선악을 알고 행동으로 옮기는 하나님으로부터 부여받은 내면적인 속성을 말한다. 따라서 심령으로 하나님을 섬긴다는 말은 성령의 조명하심을 받는 양심으로 죽은 행실을 버리고 선을 택하여 살아가는 삶 자체를 말한다고 할 수 있다.

"경건함과 두려움으로 하나님을 기쁘시게 섬길지니"[53]라는 말씀은 경건함과 두려움으로 하나님을 섬기는 것을 말한다. 경건함과 두려움은 하나님의 존재 앞에 선 모든 인간이 가지는 기본 속성이다.[54] 두렵고 떨림으로 하나님께 나아가는 자는 구원을 이루지만[55] 하나님을 두려워하지 않는 자에게는 하나님의 진노하심이 임한다.[56]

바울이 디모데에게 보낸 편지에서 이르기를 "내가 밤낮 간구하는 가운데 쉬지 않고 너를 생각하여 청결한 양심으로 조상 적부터 섬겨 오는 하나님께 감사하고"[57]라고 하였다. 이 말은 뒤에 나오는 거짓 없는 믿음으로 하나님을 섬기는 것으로, 그 믿음은 조상

---

52) 히 9:14(표준새번역).

53) 히 12:28, 그러므로 우리가 흔들리지 않는 나라를 받았은즉 은혜를 받자 이로 말미암아 경건함과 두려움으로 하나님을 기쁘시게 섬길지니.

54) 참고. 창 15:1; 출 3:6; 단 8:17 등.

55) 빌 2:12, 그러므로 나의 사랑하는 자들아 너희가 나 있을 때뿐 아니라 더욱 지금 나 없을 때에도 항상 복종하여 두렵고 떨림으로 너희 구원을 이루라.

적 즉 외조모 로이스와 어머니 유니게로부터 물려받은 것이다. 따라서 거짓 없는 믿음으로 하나님을 섬기는 것이 영적으로 하나님을 섬기는 것이다.

이상을 종합해 보면, 하나님을 영적으로 섬긴다는 것은 육체적 경건함을 추구하는 것이나 은사나 영적 신령함을 추구하는 것이 아님을 알 수 있다. 하나님으로부터 부여받은 깨끗한 양심과 거짓 없는 믿음과 두렵고 떨림으로 자아, 자기의식을 죽이고 내 안에 계신 성령의 인도하심을 받아 하나님을 섬기며 살아가는 삶을 말한다. 다시 말해 영적으로 하나님을 섬긴다는 것은 골방에 들어앉아 기도하는 것이나 이 세상에서 죄 짓지 않고 세상을 멀리하고 오직 하나님만 구하는 것이 아니라, 성령의 조명하심과 인도하심을 받아 두렵고 떨림으로, 온 마음과 정성을 다하여 이웃과 하나님을 사랑하며 살아가는 것이다.

56) 렘 44:10~14, 그들이 오늘까지 겸손하지 아니하며 두려워하지도 아니하고 내가 너희와 너희 조상들 앞에 세운 나의 율법과 나의 법규를 지켜 행하지 아니하느니라 그러므로 만군의 여호와 이스라엘의 하나님께서 이와 같이 말씀하시니라 보라 내가 얼굴을 너희에게로 향하여 환난을 내리고 온 유다를 끊어버릴 것이며 내가 또 애굽 땅에 머물러 살기로 고집하고 그리로 들어간 유다의 남은 자들을 처단하리니 그들이 다 멸망하여 애굽 땅에서 엎드러질 것이라 그들이 칼과 기근에 망하되 낮은 자로부터 높은 자까지 칼과 기근에 죽어서 저주와 놀램과 조롱과 수치의 대상이 되리라 내가 예루살렘을 벌한 것 같이 애굽 땅에 사는 자들을 칼과 기근과 전염병으로 벌하리니 애굽 땅에 들어가서 거기에 머물러 살려는 유다의 남은 자 중에 피하거나 살아 남아 소원대로 돌아와서 살고자 하여 유다 땅에 돌아올 자가 없을 것이라 도망치는 자들 외에는 돌아올 자가 없으리라 하셨느니라.

57) 딤후 1:3.

은사의 교류

11절에서 바울은 신령한 은사(**카리스마 프뉴마티코스**, *χάρισμα πνευματικός*)를 로마 교회 성도들에게 나누어주기를 원한다는 말을 한다. 이는 해석상 논란이 되는 말씀이기도 하다. 은사는 인간의 공로와 상관없이 하나님이 주시는 선물이란 뜻이다.[58] 그런데도 바울은 자신이 영적 은사를 나누어주겠다고 하니 논란이 있을 수밖에 없다. 이 문제를 해결하기 위해 우리는 은사의 두 가지 측면, 즉 본질적 차원과 기능적 차원을 살펴보아야 한다.

첫째로, 본질적인 차원에서 본다면 은사는 우리를 구원하기 위해 주시는 하나님의 선물이다. 은사(**카리스마**, *χάρισμα*)라는 말 자체가 선물이라는 뜻이다. 그러므로 우리를 의롭다 하심에 이르게 하기 위해 하나님과 예수 그리스도의 은혜로 주시는 선물이며,[59] 우리에게 주신 그리스도의 생명 자체가 은사이다.[60] 하나님은 그리

---

58) 엡 2:8, 너희는 그 은혜에 의하여 믿음으로 말미암아 구원을 받았으니 이것은 너희에게서 난 것이 아니요 하나님의 선물이라.
약 1:17, 온갖 좋은 은사와 온전한 선물이 다 위로부터 빛들의 아버지께로부터 내려오나니 그는 변함도 없으시고 회전하는 그림자도 없으시니라.

59) 롬 5:15~18, 그러나 이 은사는 그 범죄와 같지 아니하니 곧 한 사람의 범죄를 인하여 많은 사람이 죽었은즉 더욱 하나님의 은혜와 또한 한 사람 예수 그리스도의 은혜로 말미암은 선물은 많은 사람에게 넘쳤느니라 또 이 선물은 범죄한 한 사람으로 말미암은 것과 같지 아니하니 심판은 한 사람으로 말미암아 정죄에 이르렀으나 은사는 많은 범죄로 말미암아 의롭다 하심에 이름이니라 한 사람의 범죄로 말미암아 사망이 그 한 사람을 통하여 왕 노릇 하였은즉 더욱 은혜와 의의 선물을 넘치게 받는 자들은 한 분 예수 그리스도를 통하여 생명 안에서 왕 노릇 하리로다 그런즉 한 범죄로 많은 사람이 정죄에 이른 것같이 한 의로운 행위로 말미암아 많은 사람이 의롭다 하심을 받아 생명에 이르렀느니라.

60) 롬 6:23, 죄의 삯은 사망이요 하나님의 은사는 그리스도 예수 우리 주 안에 있는 영생이니라.

스도의 생명을 우리에게 주심으로 영생을 누리게 하신다. 따라서 은사는 우리의 의지나 행위와 상관없이 하나님께서 일방적으로 우리에게 주시는 것으로, 그 본질은 생명이요 그리스도이다. 그러므로 본문에서 바울이 신령한 은사를 나눠주겠다고 한 것은 그들에게 그리스도의 생명을 전하겠다는 의도로 한 말씀이다.

둘째로, 기능적 차원에서의 은사이다. 로마서 12장이나 고린도전서 12장에 나오는 방언, 예언, 치유, 봉사 등과 같은 은사는 성령께서 교회의 유익을 위해 그 뜻대로 주시는 것이다. 교회의 유익을 위한, 또는 성도들의 신앙생활에 도움을 주기 위해 주시는 기능적인 목적의 은사를 말한다. 이는 은사의 본질이신 그리스도의 생명이 나타나는 현상으로서의 은사이다. 생명을 위한 사역에 도움을 주는 것이다. 그러므로 자신을 극대화시키기 위한 능력이 아니라 모든 분열과 경쟁을 종식시키고 교회에 유익을 주는 것이 은사이다. 하지만 이것도 성령의 뜻에 따라 주께서 주시는 것이다.

자, 그렇다고 한다면 신령한 은사를 은사의 본질적 차원과 기능적 차원에서 설명할 수 있다. 첫째로는 본질적 차원에서 모든 은사의 본질인 그리스도의 은혜와 생명을 전하겠다는 것이다. 무엇보다도 바울은 15장 29절에서 "내가 너희에게 나아갈 때에 그리스도의 충만한 복을 가지고 갈 줄을 아노라"라고 말한다. 그러므로 신령한 은사는 영적인 선물을 말하는 것으로서 바울이 로마 교회 성도들에게 그리스도의 축복, 복음을 나눠주겠다는 의미로 볼 수 있다.

둘째로는 바울이 로마 교회 성도들에게 기능적인 차원의 신령한 은사를 나누어주어 교회와 그들의 신앙을 견고케 하려고 한다는 것이다. 다만 자신이 가진 은사를 나누어주는 것이 아니라, 성령의 은사를 자신을 통하여 나누어주겠다는 말이다. 이를 좀더 분명히 이해하기 위해 다음 구절을 보자.

"그러므로 나는 그대를 일깨워서, 내가 그대에게 안수할 적에 그대가 받은 하나님의 은사를 다시금 불붙게 하고자 합니다."[61] 이 구절의 내용인즉, 바울이 예전에 디모데에게 인수를 하였는데 그때에 디모데가 하나님의 은사를 받았다. 바울은 디모데에게 편지함으로 그때를 일깨워서 전에 받은 은사가 다시금 불붙게 하고자 한다는 것이다. 여기서도 분명한 것은 바울이 안수할 때 디모데가 성령의 은사를 받았다. 그러므로 로마 교회에 바울이 은사를 나누어주겠다고 한 것은, 자신의 은사가 아니라 그들로 하여금 성령의 은사를 받게끔 하겠다는 뜻이다.

이와 유사한 부분이 성경에 여러 군데 나온다. 바울이 에베소 교회에서 성도들에게 안수할 때 성령이 그들에게 임하여 방언도 하고 예언도 했다.[62] 즉 성령의 은사가 에베소 교인들에게 임했다. 여기서도 바울이 자신의 은사를 나누어준 것이 아니라 성령의 은사가 바울의 안수를 통하여 그들에게 임한 것이다. 또한 베드로가 고넬료의 집에서 말씀을 전할 때 성령이 모든 사람에게 임하여 그들이 방언을 하였다고 했다.[63] 여기서도 베드로가 말씀을 전할 때 고넬료의 집안 식구들이 받은 은사는 베드로의 것이 아니라,

61) 딤후 1:6(표준새번역).

62) 행 19:6, 바울이 그들에게 안수하매 성령이 그들에게 임하시므로 방언도 하고 예언도 하니.

63) 행 10:45~46, 베드로와 함께 온 할례 받은 신자들이 이방인들에게도 성령 부어 주심으로 말미암아 놀라니 이는 방언을 말하며 하나님 높임을 들음이러라.

베드로를 통해 임한 것이다.

사람들이 은사 체험이나 성령 체험을 할 때를 보면 혼자 기도하다 받는 경우는 거의 없다. 특히 은사는 더더욱 그렇다. 대부분의 사람들은 부흥회 등과 같이 성령 충만한 집회에서 안수를 받거나 통성기도할 때 은사를 체험하게 된다. 이때 안수하는 목회자는 자신의 은사를 나누어주는 것이 아니라 그저 성령께서 그들에게 임하도록 하는 통로 역할을 하는 것이다. 바울도 이러한 성령의 통로 역할을 하겠다는 것이다.

그러나 영적 체험의 실제적인 면으로 좀더 깊이 들어가 보면, 단지 통로의 역할로 그치지 않고 은사의 교류 및 전달 등이 일어남을 볼 수 있다. 즉 성령의 능력은 그 능력이 강한 사람에게서 약한 사람에게로 전달된다. 은사도 마찬가지로 은사가 강한 사람에게서 약한 사람에게로 전달된다. 나는 이를 은사의 교류라고 부른다. 은사의 전이라는 표현을 쓰는 사람들도 있다. 은사의 전이는 일방적인 은사의 내림 현상이지만 은사의 교류는 쌍방적인 영적 교제이다. 따라서 은사의 교류는 은사의 전이 현상을 포함하는 보다 넓은 개념의 영적 교제를 말한다.

지금까지 은사를 두 가지 차원에서 살펴보았다. 그러나 이러한 구분은 설명을 위한 구분이지 사실은 하나이다. "믿는 자들에게는 이런 표적이 따르리니 곧 그들이 내 이름으로 귀신을 쫓아내며 새 방언을 말하며 뱀을 집어올리며 무슨 독을 마실지라도 해를 받지 아니하며 병든 사람에게 손을 얹은즉 나으리라 하시더라"64)라는

64) 막 16:17~18.

주님의 말씀을 보면, 믿는 자에게는 모든 은사 현상이 나타남을 알 수 있다. 믿는 자는 그 안에 은사의 본질인 그리스도의 생명을 담지하고 있다. 따라서 기능적인 은사를 따로 받으려고 애쓸 필요가 없다. 그리스도의 생명이 있는 자는 그 생명 현상이 나타나는데, 그것이 기능적인 은사이다. 생명을 선물(은사)로 받은 자는 믿는 자로서 주를 위해 살아가기에 충분한 기능적인 차원의 은사도 함께 주어져 있다. 따로 받으려 하지 말고 내게 주신 그의 생명을 믿음으로 활용하면 되는 것이다.

마지막으로 바울이 신령한 은사를 나눠주겠다고 한 것은 자신의 사도적 권위를 은연 중에 내세우려는 의도가 있다는 것을 보여준다. 바울은 자신이 이방인의 사도로서 신령한 은사를 나눠줄 수 있는 능력과 권위가 있음을 보여주려는 것이며, 은사를 나눠줌으로써 로마 교회 성도들의 믿음을 더욱 굳세게 하려는 의도가 담겨 있다고 할 수 있다.

4. 빚진 자

〉〉〉 1장 14~15절

헬라인이나 야만인이나 지혜 있는 자나 어리석은 자에게 다 내가 빚진 자라 그러므로 나는 할 수 있는 대로 로마에 있는 너희에게도 복음 전하기를 원하노라.

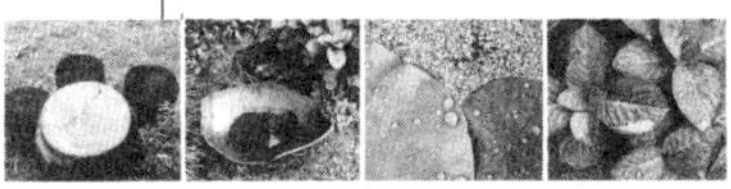

바울 당시에 헬라인은 민족적, 인종적인 단어가 아니다. 헬라인은 헬라어나 라틴어를 사용하며 헬라 문화권에 사는 문명인을 가리키는 말이다. 이와 대조적으로 야만인은 원래 '알아듣지 못할 말을 하는 자'라는 뜻으로, 외국어를 사용하는 헬라화되지 못한 사람들을 말한다. 또한 지혜 있는 자와 어리석은 자는 교육을 받은 자와 교육을 받지 못한 자를 대조하여 하는 말이다. 그러므로 바울이 "헬라인이나 야만인이나 지혜 있는 자나 어리석은 자에게 다 내가 빚진 자라"라고 말하는 것은, 자신이 전하는 복음은 모든 자에게 차별이 없으며, 자신은 모든 자에게 복음을 전할 사명이 있음을 천명하는 말이다.

그리고 바울은 로마를 거쳐 스페인까지 복음을 전하겠다는 의지를 표명했는데, 로마 사람들을 헬라인 또는 지혜 있는 자로, 스페인 사람들은 야만인 또는 어리석은 자로 규정하고 이들 모두에게 복음을 전하고자 하는 자신의 소망을 피력한 것으로 볼 수 있다. 당시 스페인은 로마 제국에서 볼 때, 서쪽 끝자락에 위치한 곳으로 야만인들의 지역이었다.

빚진 자

그리스도의 복음을 향한 바울의 심정을 '빚진 자' 처럼 잘 표현한 말이 있을까? 주를 향한 간절함과 열정으로 충만하였던 바울은 그 사랑과 복음을 전하지 않고는 견딜 수 없는 심정을 '빚진 자'라는 단어에 담았다. '빚진 자' 라는 말은 그의 전 존재 안에서 용솟음치는 복음을, 부활하신 주님으로부터 직접 받은 복음을 전하지 않은 만큼 빚으로 남아 있다는 말이다. 그는 이 빚을 갚기 위해 전 생애를 불살랐다. 로마서도 로마에 있는 성도들에게 이 빚을 갚기 위해 썼다. 그러므로 로마서를 이론이나 교리로 받아들여서는 안 된다. 로마서는 이 빚을 갚기 위해 부르짖는 사자후요, 웅변이다.

예언자 예레미야도 바울과 비슷한 심정을 경험했다. 그런 심정을 예레미야는 다음과 같이 전한다. "내가 다시는 여호와를 선포하지 아니하며 그의 이름으로 말하지 아니하리라 하면 나의 마음이 불붙는 것 같아서 골수에 사무치니 답답하여 견딜 수 없나이다."[65] 예레미야는 자신에게 주신 여호와의 말을 전할 때마다 사람들의 조롱거리가 되고 모욕을 받았다. 그때마다 이제는 여호와의 말씀을 전하지 않겠다고 다짐을 해보지만 중심이 불붙는 것 같고 골수에 사무치니 답답하여 전하지 않을 수 없었다고 고백한다. 이는 말씀 전하는 것이 자신의 의지와 상관없는 여호와의 강권에 의한 것이라는 말이다.

바울이 그의 서신들에서 구약의 말씀을 자유자재로 인용하고 있는 것으로 보아 그가 구약성서에 정통하였음을 알 수 있다. 결정적으로 고린도후서에서 예레미야의 글을 인용한 것[66]을 보면 바울은 예레미야의 이 고백을 알고 있었음이 틀림없다. 바울도 복음을 전하며 당하는 고난 속에서 예레미야의 심정을 헤아렸음이 분명하다. 그러나 바울은 예레미야의 이 고백을 '빚진 자' 라는 단어로 승화시켰다.

죄에 빠진 이스라엘에게 심판을 선언하시면서까지 그들이 돌아오기를 바라는 하나님의 사랑을 알기에, 예레미야는 조롱도 무릅쓰고 어찌할 수 없는 심정으로 전했다. 하지만 바울은 부활하신 주님으로부터 받은 사랑과 복음을 빚진 자의 심정으로 전했다. 복음을 위하여 자신이 받는 고난보다도 교회를 염려하는 눌린 마음[67]으로 전하는 자신의 심정을 '빚진 자' 라는 한마디로 표현했다.

---

65) 렘 20:9.

66) 고후 6:16~18, 하나님의 성전과 우상이 어찌 일치가 되리요 우리는 살아 계신 하나님의 성전이라 이와 같이 하나님께서 이르시되 내가 그들 가운데 거하며 두루 행하여 나는 그들의 하나님이 되고 그들은 나의 백성이 되리라 그러므로 너희는 그들 중에서 나와서 따로 있고 부정한 것을 만지지 말라 내가 너희를 영접하여 너희에게 아버지가 되고 너희는 내게 자녀가 되리라 전능하신 주의 말씀이니라 하셨느니라.

67) 고후 11:28, 그 밖의 것은 제쳐놓고서라도, 모든 교회를 염려하는 염려가 날마다 내 마음을 누르고 있습니다(표준새번역).

바울이 말하는 빚은 의무감에 속박된 것으로서의 빚이 아니다. 의무감에 속박된 빚은 사람으로 하여금 끊임없이 소진하게 만들어 결국에는 탈진에 이르도록 한다. 그러나 바울의 빚은 그리스도를 향한 끝없는 열정에서 나오기에 항상 새롭고 힘이 넘친다. 바울의 '빚진 자'는 의무감의 표현이 아니라 진정한 자유함의 표현이다. 의무감으로 목회하는 목회자나 의무감으로 봉사하는 성도들은 끝내 탈진하게 되지만 주님을 향한 사랑과 열정으로, 자유롭게 된 의지로 하는 목회나 봉사는 달려갈 길을 다 갈 때까지 언제나 새롭고 기쁨이 넘친다.

자신을 빚진 자로 고백하는 바울의 심정을 가슴으로 접하는 자는 모두가 빚진 자들이다. 이 글을 쓰면서 죽을 때까지 갚아도 다 갚지 못할 빚이지만, 단 한 번만이라도 주님께 받은 이 빚, 복음과 사랑의 빚을 제대로 갚을 수 있었으면 하는 마음이다. 바울처럼은 못하지만 할 수 있음에도 못하는 나의 무기력함을 애통해 마지않는다. 단 한 번만이라도 주님이 기뻐하시도록 빚을 갚고 싶은 것이 나의 고백이며, 이 글을 읽는 우리의 고백이 되기를 바란다.

사랑도 빚이다

바울은 복음의 빚 외에도 사랑의 빚을 말한다. "피차 사랑의 빚 외에는 아무에게든지 아무 빚도 지지 말라."[68] 바울은 너무나도

68) 롬 13:8.

많은 사랑의 빚을 진 사람이다. 주님을 박해하던 자가 부활하신 주님을 만나 복음의 대사도가 되었으니, 참으로 주님께 엄청난 사랑의 빚을 진 자이다. 또한 그를 돕는 많은 성도들이 있었다. 로마서 마지막 장에 나오는 많은 사람들이 복음 증거를 위해 헌신하는 그를 도왔다. 바울은 그들의 사랑을 한 몸에 받은 자임과 동시에 그들에게 사랑의 빚진 자이다.

우리는 하나님으로부터 받는 사랑을 너무 당연하게 생각한다. '하나님이니까. 그리고 나는 그의 자녀이니까.' 하지만 이 세상에는 희생 없는 사랑, 대가(代價)를 치르지 않는 사랑이란 없다. 당연히 받는 사랑이지만 하나님은 그 사랑을 위해 엄청난 희생을 치르셨다. 우리가 그 대가를 치르지 않았을 뿐이다. 그 대가는 하나님이 치르셨다. 친히 십자가를 지고 죽으신 것이다. 당신의 생명을 내던지시고 그 대신 우리의 생명을 얻으셨다. 오직 생명만이 생명을 구할 수 있기에, 당신의 생명을 희생하시고 그 대가로 우리에게 생명을 주셨다. 이 사랑이 너무 크기에 우리는 다만 은혜라고 밖에 말할 수 없다.

여기서 성숙한 성도와 미성숙한 성도가 구별된다. 미성숙한 성도는 이러한 주님의 사랑을 빚이라 여기지 아니하고 당연한 것으로만 생각한다. 마치 철없는 아이가 부모의 사랑을 당연한 것으로 여기고 끊임없이 사랑받기만을 요구하는 것과 같다. 자기 마음에 들지 않으면 투정하고 떼쓰고, 심지어 부모를 원망하기까지 하는 것처럼 말이다. 미성숙한 성도는 그 사랑의 희생을 모르기에 사랑받는 것을 당연한 것처럼 여기고, 시련이 오면 하나님을 원망하기까지 한다. 하나님의 계획과 마음을 헤아려볼 생각조차 안 하고 오직 자신의 유익을 위해 하나님께 요구하기만 한다. 이들은 '하나님을 위한 나'는 생각지도 않고 오직 '나만을 위한 하나님'이 되시기를 바란다.

하지만 성숙한 성도는 다르다. 그들은 더 이상 철없는 아이와 같은 신앙인이 아니다.[69] 하나님의 한없는 사랑을 은혜로 받되 그 사랑을 갚아야 할 빚으로 여기는 자들이다. 주님의 사랑을 감격의 눈물로 받되 자신의 눈물로 갚기를 원하는 자들이다. 주님의 사랑을 감사함으로 받되 영광 돌림으로 갚기를 원하는 자들이다. 십자가의 희생의 사랑을 온몸으로 받되 온몸으로 갚기를 원하는 자들이다. 주님의 생명의 빚을 자신의 생명으로 갚기를 원하는 자들이다. 단 한 번만이라도 자신을 통해 주님께서 존귀하게 여김받으시기를 소망하는 자들이다. 이들이 성숙한 성도이다. 하지만 이들은 자신이 성숙한 성도로 불리기를 감당할 수 없어 "그저 무익한 종입니다"[70] 하며 머리를 숙일 뿐이다.

우리는 또한 우리 주위의 모든 사람들로부터 사랑을 받는다. 부모, 형제자매, 남편과 아내, 친구, 동료, 주님 안에서의 형제들 등 우리가 관계하는 모든 사람들로부터 사랑을 받는다. 그 사랑은 당연히 받는 것이 아니라 우리가 갚아야 할 빚이다. 우리는 할 수 있는 대로 사랑의 빚을 갚아야 한다. 하지만 다 갚을 수는 없다. 사랑의 빚을 갚기 위해 애쓰는 우리의 마음을 주님은 아실 것이다.

---

69) 고전 13:11, 내가 어렸을 때에는 말하는 것이 어린아이와 같고 깨닫는 것이 어린아이와 같고 생각하는 것이 어린아이와 같다가 장성한 사람이 되어서는 어린아이의 일을 버렸노라.

70) 눅 17:10, 이와 같이 너희도 명령 받은 것을 다 행한 후에 이르기를 우리는 무익한 종이라 우리가 하여야 할 일을 한 것뿐이라 할지니라.

주님께서는 우리가 다 갚지 못한 사랑의 빚을 축복으로 대신 그들에게 갚아 주신다.

상처도 빚이다

우리는 살면서 많은 상처를 받는다. 사람이 100이라는 강도로 스트레스를 받으면 내 몸에 100이라는 스트레스가 쌓이게 된다. 그럴 때 우리 몸에서 100 정도의 스트레스를 내보내면 정신적으로 균형을 이루게 되어 스트레스가 해소된다. 이를 위해 사람들은 술과 노래, 오락, 운동 등으로 몸 안에 쌓인 스트레스를 날려버리려고 애쓴다. 상처도 마찬가지이다. 내가 받은 상처만큼 되돌려주면 상처는 치유된다.

이론적으로는 그렇다. 하지만 현실은 그렇지 않다. 왜냐하면 사람들은 남이 받은 스트레스나 상처보다 자신이 받은 스트레스나 상처를 더 크게 생각하기 때문이다. 그러므로 상처를 받은 사람은 몇 배를 갚아도 결코 만족하지 못한다. 자신의 목숨보다 더 큰 상처가 없음에도 사람들은 너무 쉽게 눈에 흙이 들어와도, 목에 칼이 들어와도 용서하지 못한다고 말한다. 이러한 사람들의 심리 상태를 하나님께서 잘 아시고 '눈에는 눈, 이에는 이',[71] 즉 받은 상처만큼만 갚도록 하셨다. 이를 동태복수법이라고 한다.

71) 출 21:23~25, 그러나 다른 해가 있으면 갚되 생명은 생명으로, 눈은 눈으로, 이는 이로, 손은 손으로, 발은 발로, 덴 것은 덴 것으로, 상하게 한 것은 상함으로, 때린 것은 때림으로 갚을지니라.

받은 상처를 받은 만큼 되갚아야 하는 것이라고 한다면 이 역시 빚이다. 하지만 많은 사람들이 상처를 상처로 갚으려고만 하지 사랑으로 갚아야 할 빚이라는 생각은 하지 못한다. 이것을 깨우쳐 주신 분이 바로 우리 주님이시다.

"또 눈은 눈으로, 이는 이로 갚으라 하였다는 것을 너희가 들었으나 나는 너희에게 이르노니 악한 자를 대적하지 말라 누구든지 네 오른편 뺨을 치거든 왼편도 돌려 대며 또 너를 고발하여 속옷을 가지고자 하는 자에게 겉옷까지도 가지게 하며 또 누구든지 너로 억지로 오 리를 가게 하거든 그 사람과 십 리를 동행하고 네게 구하는 자에게 주며 네게 꾸고자 하는 자에게 거절하지 말라 또 네 이웃을 사랑하고 네 원수를 미워하라 하였다는 것을 너희가 들었으나 나는 너희에게 이르노니 너희 원수를 사랑하며 너희를 박해하는 자를 위하여 기도하라."[72] 이 말씀은 상처를 상처가 아닌 사랑으로 갚아야 한다는 것을 우리에게 가르쳐 주신 것이다.

얼마 전에 아주 절친한 친구 목사를 만나 이야기를 하던 중에 그 친구가 자신이 받은 상처에 대해 말했다. 그리고 그 상처를 이제는 주님의 사랑으로 용서할 수 있을 것 같다고 하였다. 이야기를 들으면서 그동안 이 친구가 말은 안 했어도 정말 힘들었구나 하는 생각이 들었다. 그것을 주님의 사랑으로 용서하겠다고 하니 참으로 감사했다. 하지만 나는 이렇게 말했다. "상처도 갚아야 할 빚이다. 그동안 받은 상처를 용서하는 수준에서 끝내지 말고 사랑을 갚아라."

72) 마 5:38~44.

모름지기 성도라면 받은 상처 때문에 아프다고 주님 앞에서 소리칠 것이 아니다. 상처 준 사람을 주님의 사랑으로 용서하게 해 달라고 기도하는 수준에 머물러서도 안 된다. 내가 받은 상처를 사랑으로 갚을 수 있도록 해 달라고 기도해야 한다. 그것이 안 되면 성숙하지 못한 자신의 사랑의 한계를 통탄해하며 애통해야 한다. 그리고 십자가 위에서 받은 상처로 나의 상처를 치유해 주신 주님을 바라보라. 사람들에게 받은 상처를 사랑으로 갚아라. 우리 주님께서 십자가 위에서 하신 일이 그것이다. 그리고 십자가 위에서 나 때문에 받으신 주님의 상처도 사랑으로 갚아라.

성도는 오상(五傷), 즉 주님께서 십자가를 지시며 받은 상처 외에는 상처가 없어야 한다. 주님의 거룩한 오상은 몸에 지니되, 사람으로부터 받은 상처는 사랑으로 되갚아 몸 안에 있게 해서는 안 된다. 머리의 가시 면류관으로 인한 상처, 못자국 난 손과 발, 창에 찔린 옆구리, 채찍에 맞아 난 등의 상처 등, 주님의 거룩한 상처는 영적 아픔으로 간직하라. 하지만 이 상처들 외에 용서 못할 상처가 어디 있으며, 사랑으로 갚지 못할 상처가 어디 있는가? 복음의 빚, 사랑의 빚, 내가 받은 상처와 모욕의 빚을 온전히 주를 위해, 주님과 함께 갚는 빚진 자의 심정을 회복하라.

5. 복음의 능력

>>> 1장 16~17절

내가 복음을 부끄러워하지 아니하노니 이 복음은 모든 믿는 자에게 구원을 주시는 하나님의 능력이 됨이라 먼저는 유대인에게요 그리고 헬라인에게로다 복음에는 하나님의 의가 나타나서 믿음으로 믿음에 이르게 하나니 기록된 바 오직 의인은 믿음으로 말미암아 살리라 함과 같으니라.

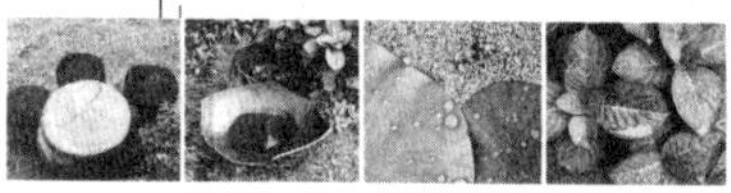

바울은 앞 절에서 "나는 할 수 있는 대로 로마에 있는 너희에게도 복음 전하기를 원하노라"라고 말했다. 이제부터는 자신이 전하고자 하는 복음이 무엇인지를 말한다. 본문은 본격적인 논증에 들어가기 전에 서론이자 대전제에 해당되는 말씀이다.

본문은 로마서 전체의 주제에 해당하는 말씀으로, 길이는 짧지만 그 영향은 매우 길어 기독교 전 역사와 일치한다. 그만큼 기독교 신앙의 정수를 잘 표현한 구절이다. 이 구절은 기독교 역사의 흐름을 바꾸어 놓는 종교개혁의 시발점이 된 말씀이기도 하다. 또한 '믿음으로 의롭다 하심을 받는다' 는 구원론의 토대가 되는 말씀이다. 본문은 세 부분으로 나누어 볼 수 있는데, 첫째는 복음에 나타난 하나님의 의와 이를 가능케 하시는 그의 능력, 둘째는 믿음에서 믿음으로, 즉 하나님의 의를 성취하는 믿음, 셋째는 의인의 삶이다.

본론에 들어가기에 앞서 본문 이해를 돕기 위해 몇 가지 살펴보아야 할 것이 있다. 첫째로 '나는 이 복음을 부끄러워하지 않는다' 는 바울의 표현이다. 여기서 복음을 부끄러워하지 않는다는 말은 심리적인 의미에서의 부끄러움을 말하지 않는다. 오히려 수사학적인 표현으로 강조를 위한 반어법으로 쓰였다. 다시 말하면 복음을 부끄러워하지 않는다는 말은 나는 복음을 자랑스럽게 여긴다는 고백의 역설적 표현이다.

또한 무엇보다도 이 '부끄러워하다' (ἐπαισχύνομαι)란 말은 복음과 관련하여 실제적인 문제였다. 복음은 구원자 예수 그리스도에 관한 말씀인데, 예수 그리스도는 어떤 분이신가? 헬라의 문명인들이 보기에는 야만인 출신이다. 이름 없는 유대의 한 촌에서 태어나 교육도 받지 못했고, 어느 날 갑자기 나타나 하나님 나라를 외치다 로마의 반역자로 십자가 위에서 죽었다. 그의 추종자들은 그가 부활했다고 하나 증명되지는 않았다.

십자가 위에서 죽은 예수를 구원자로 전하니 유대인들에게는 거리끼는 것이요, 헬라인에게는 미련한 것으로 보일 수밖에 없었다.[73] 그들이 보기에 예수를 믿는 것은 부끄러운 일일 수밖에 없

73) 고전 1:22~23, 유대인은 표적을 구하고 헬라인은 지혜를 찾으나 우리는 십자가에 못 박힌 그리스도를 전하니 유대인에게는 거리끼는 것이요 이방인에게는 미련한 것이로되.

다. 이에 예수께서도 "나와 내 말을 부끄러워하면 인자도 아버지의 영광으로 거룩한 천사들과 함께 올 때에 그 사람을 부끄러워하리라"[74]고 하셨다. 그러므로 그리스도를 부끄러워하는 것은 그의 존재를 부끄러워하는 것이므로 예수를 부인한다는 의미가 된다. 이런 의미에서 바울은 자신이 전하는 복음을 부끄러워하지 않는다고 말하는 것이다.

둘째로, "첫째는 유대인에게요 또한 헬라인에게로다"라는 말이다. 본문의 의미상 이 말은 모든 사람이란 뜻으로, 복음은 아무에게도 차별이 없이 임한다는 의미이다. "유대인이나 헬라인이나"라는 표현은 바울의 서신들 가운데 여러 곳에서 찾아볼 수 있다.[75] 이 역시 모든 사람이란 의미로 쓰였다. 하지만 "첫째는 유대인이요, 또한 헬라인에게"처럼 마치 유대인들에게 우선권을 주는 것과 같은 표현은 오직 로마서에만 나타난다.[76] 그 이유는 두 가지인데, 첫째는 하나님의 구원 계획에 대한 연속성을 부여하기 위함이고[77] 둘째는 로마 교회의 문제인 강한 자와 약한 자의 갈등을 해소하려는 바울의 의도를 반영한 것이다.[78]

---

74) 막 8:38, 누구든지 이 음란하고 죄 많은 세대에서 나와 내 말을 부끄러워하면 인자도 아버지의 영광으로 거룩한 천사들과 함께 올 때에 그 사람을 부끄러워하리라.

75) 참고. 고전 1:24, 12:13; 갈 3:18; 골 3:11 등.

76) 롬 2:9~10, 악을 행하는 각 사람의 영에는 환난과 곤고가 있으리니 먼저는 유대인에게요 그리고 헬라인에게며 선을 행하는 각 사람에게는 영광과 존귀와 평강이 있으리니 먼저는 유대인에게요 그리고 헬라인에게라.

77) 9~11장의 유대인의 구원 계획 부분을 보라.

78) 바울은 이방 그리스도인들을 강한 자로, 유대 그리스도인들을 약한 자로 설명하며, 강한 자는 약한 자의 약점을 돌봐야 함을 말한다. 그러므로 약한 자인 유대 그리스도인들에게 우선권을 주기 위해 이러한 표현을 썼다. 자세한 것은 14:1~15:7에 나오는 강한 자와 약한 자의 갈등과 대립을 해소하기 위한 바울의 권면 부분을 보라.

주제

우리는 흔히 로마서의 주제를 '이신칭의(以信稱義)', 즉 '믿음으로 의롭다 하심을 받는다' 라고 말한다. 이를 구원론에서는 의인(義認)이라고 부른다. 바울은 로마서 1장 18절부터 3장 20절까지에서는 죄와 심판을, 3장 21절부터 4장까지에서는 의인과 그에 대한 예를 들고 있다. 그리고 5장부터 8장까지에서는 의인의 결과 우리가 누리는 자유(영생)의 삶을 말한다. 그 뒤로는 이스라엘의 구원 계획, 그리고 성도의 삶에 대한 교훈 등을 이야기하는데, 모든 논의가 의인을 전제로 하고 있다. 그리고 의인의 전제는 하나님의 의이다.

로마서의 내용상 주제는 '구원을 이루시는 하나님의 의' 이다. 로마서는 모두 7단원으로 나눠지는데, 각 단원의 주제마다 구원을 이루시는 하나님의 의라는 관점에서 서술되고 있다. 즉 제2단원은 죄와 심판을 말하는데, 죄는 하나님의 의에 의해 드러나게 되며, 심판은 하나님의 의에 의한 심판이다. 그러므로 '죄와 심판 속에 드러난 하나님의 의' 가 제2단원의 주제가 된다. 제3단원에서는 의인론을 말하는데, 사람을 의롭다고 인정하시는 것은 하나님의 의로 말미암는다. 따라서 제3단원의 주제는 '의인에게 드러난 하나님의 의' 가 된다. 이렇게 바울은 자신의 계획과 인사말로 끝맺는 마지막 7단원을 제외하고는 모든 단원을 하나님의 의라는 관점에서 서술하고 있다.

'구원을 이루시는 하나님의 의' 가 내용상의 주제가 되는 것은 분명하지만, 바울이 로마서를 통해 궁극적으로 말하고자 하는 것은 누가 뭐라 해도 '예수 그리스도' 이다. 로마서는 그리스도에 관한 이야기이다. 단어 하나 하나에 그리스도에 대한 마음과 그를 향한 열정이 담겨 있다. 내용상의 주제는 '하나님의 의' 이지만 가슴으로 와 닿는 것은 '그리스도' 이다. 그러므로 우리를 구원하시는 그리스도와 믿음으로 구원받은 성도의 삶에 대한 교훈이 로마서의 실제적인 주제요, 내용이다.

주제와 더불어 우리에게 혼란을 가져다줄 수 있는 문제가 있다. 그것은 우리가 흔히 쓰는 표현인 믿음으로 구원받는다는 말을 쓰지 않고, 바울이 본문에서 믿음으로 의롭다 하심을 얻는다고 표현하는 것이다. 복음서에 보면 예수께서 '너의 믿음으로 구원받았다'[79]고 선언하심으로 믿음에 의한 구원을 분명히 하셨다. 그러나 바울서신 전체에서 믿음으로 구원받았다는 직접적인 표현은 단 한 군데에 나올 뿐이다.[80] 그리고 대부분은 믿음으로 의롭다 하심을 받는다고 하였다. 구원받는 것과 의롭다 하심을 얻는 것과의 차이가 있는가?

그 차이는 있다고 할 수도 있고, 없다고 할 수도 있다. 첫째로, 그 차이가 있다고 볼 경우이다. 로마서에 의거해 보면 바울은 그 차이를 인정한다. "그러면 이제 우리가 그의 피로 말미암아 의롭다 하심을 받았으니 더욱 그로 말미암아 진노하심에서 구원을 받

79) 막 5:34, 예수께서 이르시되 딸아 네 믿음이 너를 구원하였으니 평안히 가라 네 병에서 놓여 건강할지어다.
막 10:52, 예수께서 이르시되 가라 네 믿음이 너를 구원하였느니라 하시니 그가 곧 보게 되어 예수를 길에서 따르니라.
눅 18:42, 예수께서 그에게 이르시되 보라 네 믿음이 너를 구원하였느니라 하시매.

80) 엡 2:8, 너희는 그 은혜에 의하여 믿음으로 말미암아 구원을 받았으니 이것은 너희에게서 난 것이 아니요 하나님의 선물이라.

을 것이니"[81]라는 말씀에서 보듯이 구원은 의인의 결과이다. 즉 믿음으로 의롭다 하심을 받아야 구원을 얻게 된다는 것으로, 믿음으로 의롭다 하심을 받는 것은 구원을 얻기 위한 전제 조건이다.

둘째로, 그 차이가 없다고 볼 경우이다. 우리가 믿을 때, 하나님의 구원하시는 능력이 임하여 의롭다 하심을 받는다. 그것은 비자를 신청하고 며칠이나 몇 달을 기다렸다가 비자가 나오는 그런 것이 아니다. 그것은 순간의 문제이다. 믿는 즉시 그리스도의 피로 의롭다 하심을 받아 우리는 구원에 이른다. 이처럼 의롭다 하심을 받는 것은 체험의 차원이다. 체험은 순간에 이루어진다.

의인과 죄인의 구별이 의롭다 하심이라는 선언에 있는데, 그 선언의 순간 우리의 신분이 달라진다. 이 찰나의 순간을 전후로 구분하면 구원과 의롭다 하심은 차이가 있는 것이고, 굳이 구별할 필요가 없다고 한다면 그 차이는 없는 것이다. 그 차이를 중요하게 여기는 사람도 있지만 실제 우리의 신앙생활에서는 그 차이를 구별하지 않는 것이 보통이다. '당신은 구원받았습니까?' 라고 말하지 '당신은 의롭다 하심을 얻어 구원을 받았습니까?' 라고 하지는 않는다.

또 다른 면에서 볼 때 의롭다 하심과 구원의 차이는 단지 구원을 설명하는 방식이 다를 뿐이라고 말할 수 있다. 의롭다 하심은 믿음으로 구원받는 것을 법률적 용어로 설명한 것이다. 구원은 죄로부터의 구원이다. 죄 사함을 받아야 구원받은 것이다. 죄 사함을 받으면 더 이상 죄인이 아니다. 그는 의인이 된 것이다. 죄를 짓

---

81) 롬 5:9.

지 않아서 의인(義人)이 아니라 죄를 사함받았기에 법률적으로 의인이다. 이것이 의롭다고 인정하셨다는 말이다. 하나님께서 의롭다고 인정하신 것을 인간 편에서 의롭다 하심을 얻었다고 말하는 것이다. 바울이 믿음으로 구원받았다는 표현보다는 믿음으로 의롭다 하심을 얻었다는, 구체적이고 법률적인 표현을 즐겨 썼을 뿐이지 다른 말은 아니다.

바울이 믿음으로 의롭다 하심을 얻는다는 표현을 즐겨 쓰는 또 하나의 이유는, 그것이 구원을 설명하는 유대적 표현이기 때문이다. 유대인들은 구원을 율법을 행함으로 인해 하나님으로부터 의롭다고 인정받는 것이라고 여긴다. "우리가 그 명령하신 대로 이 모든 명령을 우리 하나님 여호와 앞에서 삼가 지키면 그것이 곧 우리의 의로움이니라 할지니라"[82]라는 말씀에서 보듯이 율법적 의가 곧 구원이라는 것이다. 그러므로 구원을 곧 의롭다 하심을 얻는 것이라고 한 것은 유대인들의 방식으로 표현한 것이다.

하나님의 의와 능력

유대 전통에서 하나님의 의는 오직 율법에 나타나 있으며, 그 율법을 지키는 자가 하나님으로부터 의롭다 하심을 얻게 된다. 하지만 바울은 율법에 의한 하나님의 의를 반대한다. 율법의 속성상 그 누구도 온전히 지킬 수 없기 때문이다.[83] 율법을 하나라도 지

82) 신 6:25.

키지 못하면 그는 죄인이다.[84] 큰 죄인이냐, 작은 죄인이냐의 차이일 뿐이다. 따라서 율법 아래 있든지 그렇지 않든지 간에 모든 사람은 다 죄인이다.

죄 아래 있는 사람들을 구원하시기 위해 하나님은 새로운 의를 나타내 보이셨는데, 그것이 복음이다. 복음에는 하나님의 의가 나타나 있으며, 그 의는 믿음으로 쟁취된다.[85] 그러므로 유대인을 비롯하여 헬라인에게 이르기까지 모든 사람들이 복음을 믿을 때 구원을 받는다. 그리고 이 모든 것을 가능케 하는 것은 하나님의 능력이다.

성경을 보면 하나님의 모든 능력은 우리를 구원하시는 구원에 집중되어 있다. 인간을 향한 하나님의 사역은 구원 사역이며, 하나님에 의한 역사는 구원의 역사이다. 하나님의 모든 섭리와 계획은 구원을 위한 것이다. 그리고 이를 가능케 하는 힘은 전적으로 하나님의 무한하신 능력에 의지한다.

왜 하나님이 인간 구원에 집중하시는가? 그것은 사랑 때문이다.[86] 사랑 때문에 우리를 구원하시려고 당신의 모든 능력을 쏟아

---

83) 롬 3:20, 그래서 율법을 지키는 것으로는 하나님 앞에서 아무도 의롭다는 인정을 받을 수가 없습니다. 율법은 다만 우리가 죄인이라는 사실을 깨닫게 하는 것뿐입니다.(현대인의 성경)

84) 약 2:10, 누구든지 온 율법을 지키다가 그 하나를 범하면 모두 범한 자가 되나니.

85) 롬 3:26~28, 곧 이때에 자기의 의로우심을 나타내사 자기도 의로우시며 또한 예수 믿는 자를 의롭다 하려 하심이라 그런즉 자랑할 데가 어디냐 있을 수가 없느니라 무슨 법으로냐 행위로냐 아니라 오직 믿음의 법으로니라 그러므로 사람이 의롭다 하심을 얻는 것은 율법의 행위에 있지 않고 믿음으로 되는 줄 우리가 인정하노라.

86) 요 3:16, 하나님이 세상을 이처럼 사랑하사 독생자를 주셨으니 이는 그를 믿는 자마다 멸망하지 않고 영생을 얻게 하려 하심이라.
요일 4:8~9, 사랑하지 아니하는 자는 하나님을 알지 못하나니 이는 하나님은 사랑이심이라 하나님의 사랑이 우리에게 이렇게 나타난 바 되었으니 하나님이 자기의 독생자를 세상에 보내심은 그로 말미암아 우리를 살리려 하심이라.

부으시는 것이다. 하나님이 인간의 몸을 입고 이 땅에 오셨다는 것은 사실상 논리나 과학으로는 설명할 수 없는 신비이다. 무한하신 하나님이 어떻게 유한한 인간의 몸을 입고 오실 수 있는가? 어떻게 하나님이 인간으로 죽으실 수 있단 말인가? 또한 완전히 인간이 되었는데, 어떻게 인간이 죽었다가 부활할 수 있는가? 무엇보다도 예수 그리스도를 믿는다는 이유만으로 그를 구원하실 수 있는가?

이 모든 질문의 해답은 하나님의 능력에 있다. 성육신, 고난, 부활, 구원, 이 모든 것을 가능케 할 수 있는 것은 전능하신 하나님의 능력 때문이다. 그의 사랑의 능력이 우리로 하여금 그리스도를 믿고 주님으로 고백하게 하시며 구원하신다.

이제 우리는 죽음의 저주 아래 있는 자가 아니라, 믿음으로 구원받은 하나님의 자녀다. 우리의 공로나 능력이 아니라, 하나님의 능력으로 된 것이다. 이 하나님의 능력이 우리를 죄인에서 의인으로 근본부터 바꾸셨다. 우리의 신분을 죄의 종에서 의의 자녀, 하나님의 자녀로 바꾸셨다. 참으로 놀라운 은혜이다. 하늘을 두루마리 삼고 바다를 먹물로 삼아 나를 구원하신 그 크신 하나님의 은혜를 기록한다 하더라도 다 기록할 수 없다. 만 개의 입이 내게 있다 할지라도 하나님의 사랑을 다 노래할 수 없다.

믿음에서 믿음으로

복음에는 하나님의 의가 나타나서 믿음으로 믿음에 이르게 한다고 하였다. 여기서 '나타났다' 고 하는 말은 '아포칼립토' (ἀποκαλύπτω)란 단어인데 이는 '나타내다, 덮개를 제거하다, 폭로하다' 란 뜻이다. 즉 복음에는 하나님의 의에 이르는 길이 드러나 있으며, 믿음으로 믿음에 이르는 길이 밝히 드러나 있다는 말이다.

'믿음으로 믿음에 이른다' 는 말은 헬라어로 '에크(ἐκ) 피스테오스(πίστεως) 에이스(εἰς) 피스틴(πίστιν)' 이란 말이다. 이는 '믿음으로부터 믿음까지' (from faith to faith, KJV)란 뜻이다. 믿음에서 시작하여 믿음까지라는 말은 결국 처음부터 끝까지 믿음으로라는 말이다. 이러한 언어적 표현은 연속성을 강조하는 셈어의 수사학적 표현이다. 바울은 이런 식의 숙어를 여러 번 사용했다.[87] 또한 요한복음의 '은혜 위에 은혜' [88]란 표현도 마찬가지로 셈어의 수사학적 표현이다.

'믿음에서 믿음으로' 라는 말을 에른스트 케제만은 "이것은 오직 믿음으로만(sola fide)의 의미에서 깨뜨려지지 않은 연속성을, 보다 정확히 말해 새로운 세계의 차원을 분명히 드러낸다"고 하였다. '믿음에서 믿음으로' 라는 표현이 믿음의 연속성을 의미한다고 할 때, 이는 분명히 믿음으로 시작하여 새로운 믿음의 차원에 이른다는 뜻이다. 그렇다면 앞의 믿음은 무엇이며, 뒤에 나오는 새로운 차원의 믿음은 어떤 것인가? 이에 대해 수많은 해석이 있다.

---

87) 참고. 고후 2:16, 이 사람에게는 사망으로부터 사망에 이르는 냄새요 저 사람에게는 생명으로부터 생명에 이르는 냄새라 누가 이 일을 감당하리요.
고후 3:18, 우리가 다 수건을 벗은 얼굴로 거울을 보는 것같이 주의 영광을 보매 그와 같은 형상으로 변화하여 영광에서 영광에 이르니 곧 주의 영으로 말미암음이니라.

88) 요 1:16, 우리가 다 그의 충만한 데서 받으니 은혜 위에 은혜러라.

이들 해석을 검토하는 것만으로도 족히 한 권의 책은 될 것이다. 여기서 나는 다른 이들의 주장을 소개해야 할 아무런 필요를 느끼지 않는다. 이 책이 학문을 위한 것이나 주석을 위한 책이 아니기 때문이다.

나는 앞의 믿음을 능동적 믿음, 뒤에 나오는 믿음을 수동적 믿음으로 본다. 즉 능동적 믿음에서 출발하여 수동적 믿음에 이르는 것이다.

첫째로, 능동적 믿음이란 내가 하나님의 은혜와 도우심을 믿고 은혜의 보좌 앞으로 담대히 나아가는 믿음이다.[89] 주님은 우리의 연약함을 아신다.[90] 우리가 주님의 은혜 없이 살 수 없다는 사실도 아신다. 그렇기 때문에 주께서 친히 십자가를 지심으로 우리의 연약함을 담당하셨다. 또한 우리의 연약함을 위해 때를 따라 돕는 은혜를 베푸신다. 그러므로 진실한 마음과 의지를 가지고 은혜 주심을 믿고 주님 앞으로 나아가는 믿음이 능동적 믿음이다. 물론 타락한 인간이 거룩하신 하나님 앞에 나아갈 수 있다는 것은 십자가의 은총이 모든 사람들에게 이미 주어졌기 때문이다. 이를 웨슬리는 '선행 은총'이라고 불렀다. 선행 은총이 이미 주어졌기에 우리는 죄를 깨닫고 능동적으로 주님 앞에 나아갈 수 있는 것이다.

둘째로, 수동적 믿음이란 주어지는 믿음이다. 이는 인간에게서 난 믿음이 아니라 하나님께서 선물로 주시는 믿음이다.[91] 하나님

89) 히 4:16, 그러므로 우리는 긍휼하심을 받고 때를 따라 돕는 은혜를 얻기 위하여 은혜의 보좌 앞에 담대히 나아갈 것이니라.

90) 히 4:15, 우리의 대제사장은 우리의 연약함을 동정하지 못하시는 분이 아닙니다. 그는 모든 점에서 우리와 마찬가지로 시험을 받으셨지만, 죄는 범하지 않으셨습니다(표준새번역).

이 주시는 믿음은 체험의 세계를 말한다. 그러므로 이전과는 다른 새로운 차원의 믿음이며, 새로운 세계의 열림이다. 다시 말해 수동적 믿음은 구원을 확증하는 믿음이며, 논리나 이해가 아닌 체험의 믿음을 말하는 것이다.

능동적 믿음에서 출발하여 수동적 믿음에 이르는 것을 예를 들면 다음과 같다. 예수께서 십자가를 지시기 위해 예루살렘으로 가는 길에 여리고를 지나가셨다. 거기서 소경 바디매오를 만나 그의 눈을 뜨게 하신 말씀이다.[92] 바디매오가 예수께서 지나가신다는 말을 듣고 "다윗의 자손 예수여 나를 불쌍히 여기소서" 하고 소리를 질렀다. 주께서 어디쯤 지나가고 계신지 보이지 않으니 그는 소리를 지를 수밖에 없었다. 주위 사람들의 핀잔에도 아랑곳하지 않고 혹시 자기의 소리를 듣고 만나 주시리라는 생각에서 그는 더욱 소리를 크게 질렀다. 주께서 그의 소리를 들으셨다. 그리고 바디매오를 부르셨다. 주님은 그에게 "네게 무엇을 하여 주기를 원하느냐"라고 물으셨다. 그는 "선생님이여 보기를 원하나이다"라고 대답했다. 주께서 "가라 네 믿음이 너를 구원하였느니라" 하시니 저가 곧 보게 되었다.

바디매오가 왜 그토록 소리를 질렀는가? 그것은 주님을 만나면 주께서 그의 눈을 뜨게 해주실 것이라는 믿음이 있었기 때문이다. 그 믿음은 어디서 왔는가? 그것은 예수의 소문을 듣고 생겨났다. 거지였던 그는 거리에서 사람들이 하는 이야기를 들었다. 나사렛

---

91) 마 16:17, 예수께서 그에게 말씀하셨다. "시몬 바요나야, 너는 복이 있다. 너에게 이것을 알려 주신 분은 사람이 아니라, 하늘에 계시니 나의 아버지시다."(표준새번역)

92) 막 10:46~52.

예수란 분이 그에게 나아가는 모든 사람들의 병을 고쳐 주셨다는 이야기이다. 그 말을 들었을 때 자신도 주님을 만나면 눈을 뜰 수 있다는 믿음이 그에게 생겨났던 것이다. 믿음은 들음에서 나온다는 말이 이 말이다.93) 그는 자신에게 생긴 믿음을 행동으로 옮겼다. 그리고 소리를 지르기 시작했다. 이와 같이 자신의 의지를 행동으로 옮기는 이 믿음이 능동적 믿음이다. 구원을 향한 출발은 능동적 믿음에서부터 시작하는 것이다.

그렇다고 자신에게 생긴 믿음을 가지고 소리를 지른다고 해서 그의 눈이 떠진 것은 아니다. 소리를 지른다고 구원을 이룰 수만 있다면 목이 쉬도록 소리를 지르겠지만, 눈물을 흘려서 구원을 이룰 수만 있다면 온 몸의 물을 짜서 눈물로 흘리겠지만, 그런 것이 아니다. 울어도 못하고, 참아도 못하고, 힘써도 못하는 것이 구원이다. 그것은 오직 구원을 베풀어 주시는 주님의 능력만이 할 수 있다. 주님께서 바디매오에게 "네 믿음이 너를 구원하였다"고 선언하실 때 그의 눈이 열려 보게 되었다. 이것이 수동적인 믿음이다. 주님으로부터 오는 믿음, 구원을 주시는 믿음이 구원을 확증하는 것이다. 그러므로 이 믿음은 우리에게서 난 것이 아니라 전적으로 하나님이 주시는 선물이다.94)

또 다른 예를 들어 보자. 농부가 밭을 갈고 씨는 뿌리지만 자라게 하거나 열매를 맺게 할 수는 없다. 그것은 하나님만이 하시는

93) 롬 10:17, 그러므로 믿음은 들음에서 나며 들음은 그리스도의 말씀으로 말미암았느니라.

94) 엡 2:8, 너희는 그 은혜에 의하여 믿음으로 말미암아 구원을 받았으니 이것은 너희에게서 난 것이 아니요 하나님의 선물이라.

일이다. 하지만 자라고 열매 맺는 일을 할 수 없다고 하여 농부가 아무 일도 하지 않는 것은 어리석은 것이다. 농부는 자라고 열매 맺게 하시는 하나님의 은혜를 믿고, 열심히 밭 갈고, 씨 뿌리고, 가꾸어야 한다. 이처럼 농부가 구원을 이루시는 하나님을 믿고 그 은혜를 구하며 열심히 일하는 것을 능동적 믿음에 비유할 수 있다. 그리고 구원의 열매는 오직 하나님만이 하실 수 있는 것이므로 주시는 풍성한 열매를 수확하는 것은 수동적 믿음의 결과이다. 따라서 구원은 전적으로 수동적인 것이다. 그러므로 농부의 열심과 하나님의 은혜가 만나 구원의 열매를 맺는 것이다.

구원은 믿음에서 출발하여 믿음에 이름으로 성취된다. 내게 있는 믿음을 행동으로 옮길 때, 주님으로부터 오는 믿음이 나를 구원하시는 것이다. 믿음을 그저 마음의 결단이나 확실한 이해 정도로만 생각해서는 안 된다. 믿음은 행동으로 증명되는 것이며, 믿음에 의하지 않는 행동은 구원과 아무 상관이 없다. 이는 행위로 구원받지 못한다는 말과는 다른 것이다. 믿음의 행위를 말한 것이다. 믿음의 능동적 행위가 주님으로부터 오는 수동적 믿음에 이르게 함으로, 우리를 구원으로, 즉 새로운 차원의 체험의 세계로 이끌어가는 것이다. 이 수동적 믿음이 우리를 의인으로 확정하는 것이다. 능동적 믿음은 체험의 세계로 나아가려고 하는 의지의 행위이며, 수동적 믿음은 주님으로부터 오는 새로운 차원의 체험 세계이다.

의롭다 하심을 받는다는 것이 수동적 믿음으로 새로운 차원에 이르는 것이라고 할 때, 그 새로운 차원은 어떠한 것인가? 이에 대해서 성경에는 여러 가지 표현들이 나온다. 주께서 니고데모에게 말씀하신 '거듭남'[95]이 그것이다. 거듭남은 사람의 힘과 행위로 되는 것이 아니라, 전적으로 성령의 능력으로 되는 것이다. 육의 사람이 영의 사람으로 차원이 달라지는 것이다.[96] 차원의 변화는 오직 체험으로만 된다.

바울은 이 새로운 차원을 죄에 대해 죽고 그리스도의 생명으로 다시 살아났다고 표현함으로 역시 거듭남과 같은 의미로 설명하고 있다.[97] 또한 당시 유대인들의 종교와 삶을 규정하고 있는 율법에 대해서도 이미 죽었다고 선언함으로 종교와 삶의 관습 자체가 새로운 차원으로 옮겨졌음을 말하고 있다.[98] 다른 서신에서도 새로운 차원을 이전과는 전혀 다른 새로운 피조물이 되는 것이라고 말한다.[99] 과거의 죄에서 벗어나는 것은 아예 새로이 창조되는 것이다. 그러므로 우리가 의롭다 하심을 받는다는 것은 마치 송충이가 나비가 되는 것처럼, 굼벵이가 매미가 되는 것처럼 삶의 차원 자체, 즉 우리의 가치 자체가 변한 것을 의미한다. 바울은 차원 자체의 변화인 의인에 대해서 반복해서 계속 논의를 한다.

---

95) 요 3:3, 예수께서 대답하여 이르시되 진실로 진실로 네게 이르노니 사람이 거듭나지 아니하면 하나님의 나라를 볼 수 없느니라.

96) 요 3:6, 육으로 난 것은 육이요 영으로 난 것은 영이니.

97) 롬 6:11, 이와 같이 너희도 너희 자신을 죄에 대하여는 죽은 자요 그리스도 예수 안에서 하나님께 대하여는 살아 있는 자로 여길지어다.

98) 롬 7:4, 그러므로 내 형제들아 너희도 그리스도의 몸으로 말미암아 율법에 대하여 죽임을 당하였으니 이는 다른 이 곧 죽은 자 가운데서 살아나신 이에게 가서 우리가 하나님을 위하여 열매를 맺게 하려 함이라.

99) 고후 5:17, 그런즉 누구든지 그리스도 안에 있으면 새로운 피조물이라 이전 것은 지나갔으니 보라 새것이 되었도다.

의인의 삶

"기록된 바 오직 의인은 믿음으로 말미암아 살리라 함과 같으니라"라는 말씀에서 '기록된 바'라는 말은 바울이 '의인은 믿음으로 말미암아 산다'[100]는 하박국서를 인용하여 말하고 있기 때문이다. 이 인용을 통해 바울은 자신의 주장에 대한 성경의 근거를 제시하고 있는 것이다. 그리고 의인(義人)은 의로운 사람을 말하는 것이 아니고, 의롭다 하심을 받은 자이기에 의인이라는 뜻이다. 또한 '살리라'는 말은 헬라어로 '제세타이'(ζήσεται)인데 3인칭 미래형 동사이다. 즉 '살 것이다'(shall live, KJV)라는 말이다.

이 구절은 두 가지로 해석할 수 있다. 첫째, '믿음으로 의롭게 된 사람은 살리라'로 해석할 수 있다. 이는 대체로 종교개혁자들의 견해이다. 공동번역서는 이러한 의도로 번역하였다.[101] 둘째로, 우리가 읽는 개역개정판에서처럼 "의인은 믿음으로 말미암아 살리라"로 해석하는 것이다. 이는 주로 가톨릭이나 경건주의자들의 해석이다.

---

100) 합 2:4, 보라 그의 마음은 교만하며 그 속에서 정직하지 못하나 의인은 그의 믿음으로 말미암아 살리라.
히브리어로 된 하박국서를 직역하면 "의인은 자신의 믿음으로 살게 될 것이다"라는 뜻이 된다. 따라서 믿는 자의 신실성을 강조하는 의미가 된다. 하지만 헬라어로 번역한 70인역은 이를 "의인은 하나님의 신실성을 신뢰함으로 살아야 한다"는 의미로 번역하였다. 바울은 70인역을 인용하기는 하였지만 믿음을 신실성으로 이해하지는 않는다.

101) 롬 1:17, 복음은 하느님께서 인간을 당신과 올바른 관계에 놓아 주시는 길을 보여 주십니다. 인간은 오직 믿음을 통해서 하느님과 올바른 관계를 가지게 됩니다. 성서에도 "믿음을 통해서 하느님과 올바른 관계를 가지게 된 사람은 살 것이다"라고 하지 않았습니까?(공동번역)

이 두 해석의 차이는 그 강조점을 어디에 두느냐의 문제이다. '믿음으로 의롭게 된 사람은 살리라' 라는 종교개혁자들의 해석은 믿음에 그 강조점이 있는 것이다. 왜냐하면 바울은 복음에는 의가 나타나서 믿음으로 믿음에 이르게 한다고 말하고 이어 하박국서를 인용하고 있기 때문이다. 이는 믿음으로 의롭다 하심을 받는다는 것을 하박국서를 인용함으로 증명하는 것이라고 보기 때문이다.

둘째, 우리가 읽는 개역개정판에서처럼 "의인은 믿음으로 말미암아 살리라"로 해석하면 그 강조점이 의인의 삶에 있게 된다. 17절 전반부, 즉 믿음으로 믿음에 이르게 한다는 말에 뒤이어, 그렇기 때문에 믿음으로 의롭다 하심을 받은 의인은 믿음으로 살아간다는 뜻이 된다.

어느 해석을 선택하든 그것은 문제될 것이 없다. 나는 믿음에 강조점을 둔 전자의 해석이 더 논리적이고 타당하다고 본다. 그러나 개인적으로는 믿음으로 의롭다 하심을 받은 자는 믿음으로 살아야 한다는 믿음의 삶에 강조점을 두는 것을 더 선호한다. 그러므로 "의인은 믿음으로 말미암아 살리라"는 의도로 의인의 삶에 대해 말하고자 한다.

의롭다고 인정받은 자, 즉 구원받은 하나님의 자녀는 믿음으로 살아가는 것이다. 구원은 영적인 구원만을 말하는 것이 아니다. 흔히 죽어서 천국 가는 그런 구원만을 말하는 것도 아니고, 지금부터 영원까지의 모든 삶을 주께서 주신 믿음으로 산다는 의미이다. 만약에 구원을 내세적으로만 이해한다면 믿음으로 의롭다 하심을 받은 후부터 죽기까지의 삶은 의미가 없어진다. 그러므로 성경이 말하는 구원은 내세적 구원만을 말하지 않는다. 오히려 항상 현재,

지금 이 순간의 구원을 말한다. 왜냐하면 우리가 경험하는 시간, 살아가는 시간은 항상 현재이기 때문이다.

예전에 읽은 시 중에 이런 이야기가 있다. 한 어린아이가 엄마에게 물었다. "엄마, 내일이 뭐야?" 엄마는 "오늘 밤 자고 나면 새날이 밝아오는데 그걸 내일이라고 해"라고 말해 주었다. 아이는 밤에 잠자리에 들면서 "엄마 내일 봐" 그리고 잠이 들었다. 그 다음 날 아침 아이가 일어나면서 엄마에게 물었다. "엄마, 오늘이 내일이야?" "아니, 오늘은 오늘이고 내일은 자고 나면 새날이 오는데 그게 내일이야." 또 다음날 아침, "엄마, 오늘이 내일이야?"라고 묻자 엄마는 "아니, 오늘은 오늘이고 자고 나면 새날이 오는데 그게 내일이야"라고 대답했다. 아이는 내일이 무엇인지 몹시 궁금했다. 자고 나면 내일이라고 했는데, 자고 나도 항상 오늘이었다. 매일 아침마다 엄마에게 물어도 엄마는 매일 똑같은 말만 하고 내일은 오지 않았다. 그렇게 아이는 항상 오늘만 살았다는 이야기다.

우리는 항상 오늘을 살아간다. 그러기에 하나님이 역사하시는 시간도 내일이 아니라 항상 오늘, 지금이다. 항상 오늘, 항상 지금을 영원한 현재라고 한다. 그러므로 우리가 구원의 체험을 한 것이 과거일 수 없다. 비록 물리적 시간상으로 과거의 어느 시점일 수 있으나, 구원의 체험은 과거에 매이지 않는다. 과거 속에 있는 체험은 생명이 없다. 지나간 바람으로 바람개비를 돌릴 수 없는 것과 마찬가지이다. 과거의 추억 속에 갇힌 신앙은 아쉬움과 허무감만 가져다줄 뿐이다. 그러므로 구원의 체험은 항상 새로운 현재가 되어야 한다.

구원이 항상 새로움의 현재라고 하는 것은 구원하시는 하나님의 능력이 역사하는 현재이기 때문이다. 따라서 우리가 주 안에서 날마다 죽고 날마다 살아나는 것이다. 우리가 가진 문제들이 날마다 죽고 주의 능력으로 새롭게 해결되는 것이다. 우리의 상처들이 미래가 아닌 지금 현재에 치유되는 것이다. 우리가 미래의 어느 시점에 죽어서 하나님 앞에 가는 것이 아니라 지금 현재 하나님 앞에 서 있는 것이다. 그 상태로 죽음 이후까지 영원히 사는 것이다. 이 모든 것이 가능한 것은 구원하시는 하나님의 능력이 현재 나와 함께한다는 믿음 때문이다. 그러므로 의인은 믿음으로 항상 오늘을 살아가는 것이다.

의인으로서 살아가는 오늘은, 의인 이전의 오늘과 똑같은 오늘이지만 차원이 다른 오늘이다. 종으로 오늘을 살아가는 것과 자녀로 오늘을 사는 것은 분명 다른 것이다. 죽음 안에서 오늘을 사는 것과 그리스도의 생명 안에서 오늘을 사는 것은 비교할 수 없는 전혀 다른 차원의 삶이다. 정욕과 미움, 시기와 질투 등 죄로 인해 괴로움을 당하며 살아가는 오늘이 아닌 하나님과 화목하고 평화를 누리며 살아가는 오늘이다.

그렇다면 의인의 믿음의 삶의 내용은 무엇인가? 그것은 그리스도의 인격과 삶의 재현이다. 첫째로, 그리스도의 인격을 재현한다는 것은 그리스도의 마음을 가지고 우리의 삶 속에서 그의 인격을 실현하는 것이다. 주님의 얼굴빛을 가지고 살아가는 것이며, 모든 행동에 주님의 사랑이 드러나는 것이다. 세상을 향해 주님의 아픔을 가지고 함께 아파하는 것이며, 주님의 기쁨을 가지고 함께 기뻐하는 것이다. 무엇보다도 우리의 인격을 보고 사람들이 주님을 떠올릴 수 있어야 한다. 그것이 인격의 재현이다.

둘째로, 그리스도의 삶의 재현이다. 그리스도의 삶은 구원을 위한 삶이다. 따라서 우리가 그리스도의 삶을 재현한다고 하는 것은 이 세상에서 고귀하고 거룩하게 살아간다는 것만을 말하는 것은 아니다. 그것은 구원 사역의 연속성을 뜻하는 것이다. 그리스도가 사셨던 삶을 내가 사는 것이요, 그리스도가 하셨던 일을 내가 하는 것이다. 주께서 세상을 구원하기 원하셨기에 나도 세상을 구원하기를 원하는 것이요, 주께서 구원을 위해 십자가를 지셨던 것처럼 나도 이 세상에서 십자가를 지는 것이다. 이것이 진정한 재현의 의미이다. 따라서 의인의 삶의 내용은 그리스도의 인격과 삶의 재현이다.

제2부 죄와 심판

복음에 나타난 하나님의 의는, 믿는 자에게 주시는 수동적 의이며, 구원의 의다. 바울은 복음을 믿는 모든 자에게 하나님의 의가 임함으로 구원에 이르며, 의롭다 하심을 받은 의인은 믿음으로 살아간다고 하였다. 구원은 죄로부터의 구원이다. 모든 인간은 죄인이므로 심판을 면할 수 없다. 하지만 죄를 지은 인간이 그리스도를 믿음으로 죄 사함을 받아 의롭다고 인정하셨기에 우리는 더 이상 죄인이 아니라 의인이 된 것이다. 죄를 짓지 않아서가 아니라 죄 사함을 받았기에 의인이 된 것이다.

이제부터는 하나님의 의가 사람들에게 어떻게 임하는가 하는 문제를 구체적으로 다룬다. 우선 본 단원에서는 이방인부터 유대인까지, 즉 모든 사람은 죄인이라는 사실과 심판을 면할 수 없는 존재라는 것을 밝히고 있다. 이는 다음 단원에서 예수 그리스도를 믿는 믿음 안에서 죄인인 모든 사람에게 하나님의 의가 나타나 의롭다 하심을 받는다는 것을 논증하기 위함이다.

1. 이방인들의 죄

>>> 1장 18~32절

하나님의 진노가 불의로 진리를 막는 사람들의 모든 경건하지 않음과 불의에 대하여 하늘로부터 나타나나니 이는 하나님을 알 만한 것이 그들 속에 보임이라 하나님께서 이를 그들에게 보이셨느니라 창세로부터 그의 보이지 아니하는 것들 곧 그의 영원하신 능력과 신성이 그가 만드신 만물에 분명히 보여 알려졌나니 그러므로 그들이 핑계하지 못할지니라 하나님을 알되 하나님을 영화롭게도 아니하며 감사하지도 아니하고 오히려 그 생각이 허망하여지며 미련한 마음이 어두워졌나니 스스로 지혜 있다 하나 어리석게 되어 썩어지지 아니하는 하나님의 영광을 썩어질 사람과 새와 짐승과 기어다니는 동물 모양의 우상으로 바꾸었느니라 그러므로 하나님께서 그들을 마음의 정욕대로 더러움에 내버려 두사 그들의 몸을 서로 욕되게 하게 하셨으니 이는 그들이 하나님의 진리를 거짓 것으로 바꾸어 피조물을 조물주보다 더 경배하고 섬김이라 주는 곧 영원히 찬송할 이시로다 아멘 이 때문에 하나님께서 그들을 부끄러운 욕심에 내버려 두셨으니 곧 그들의 여자들도 순리대로 쓸 것을 바꾸어 역리로 쓰며 그와 같이 남자들도 순리대로 여자 쓰기를 버리고 서로 향하여 음욕이 불 일듯 하매 남자가 남자와 더불어 부끄러운 일을 행하여 그들의 그릇됨에 상당한 보응을 그들 자신이 받았느니라 또한 그들이 마음에 하나님 두기를 싫어하매 하나님께서 그들을 그 상실한 마음대로 내버려 두사 합당하지 못한 일을 하게 하셨으니 곧 모든 불의, 추악, 탐욕, 악의가 가득한 자요 시기, 살인, 분쟁, 사기, 악독이 가득한 자요 수군수군하는 자요 비방하는 자요 하나님께서 미워하시는 자요 능욕하는 자요 교만한 자요 자랑하는 자요 악을 도모하는 자요 부모를 거역하는 자요 우매한 자요 배약하는 자요 무정한 자요 무자비한 자라 그들이 이같은 일을 행하는 자는 사형에 해당한다고 하나님께서 정하심을 알고도 자기들만 행할 뿐 아니라 또한 그런 일을 행하는 자들을 옳다 하느니라.

죄에 대한 자각이 없이는 무엇이 죄인지를 알 수 없다. 자신의 행위가 옳은지 그른지를 판단할 수 있는 것은 죄에 대한 자각이 있기 때문이다. 유대인들은 죄의 기준이 되는 율법을 가지고 있지만 이방인들은 그렇지 못하다. 이 문제를 해결하기 위해 바울은, 하나님께서는 하나님을 알 만한 것을 모든 사람에게 밝히 보여주셨다고 한다. 이를 신학에서는 자연계시, 또는 일반계시라고 한다.[1] 즉 창조 때부터 하나님의 보이지 않는 속성, 곧 그의 영원하신 능력과 신성을 그 지으신 만물을 보고 깨달을 수 있게 하셨다는 것이다. 그러므로 사람들은 죄가 무엇인지, 하나님이 누구인지를 모른다고 핑계할 수 없다고 바울은 말한다.

이방인들도 자연을 통하여 하나님의 속성을 깨달을 수 있고 죄를 자각할 수 있다는 것을 밝혔기에, 이제 바울은 그들의 죄가 무

1) 19절과 20절은 자연계시와 특수계시의 논쟁을 불러일으킨 말씀이기도 하다. 자연계시는 하나님께서 창조하신 모든 만물들을 보고 하나님을 알 수 있다는 것이며, 특수계시는 오직 그리스도만을 통해 하나님을 알 수 있다는 주장이다. 언뜻 보기에는 자연계시가 타당하다고 생각할 수 있으나, 그것은 치명적인 논리적 약점을 가지고 있다. 그리스도 예수가 탄생하기 이전에도 인간은 자연계시를 통해 하나님을 알고 하나님과 관계할 수 있었다는 논리가 성립하게 되며, 이는 타종교도 자연계시로 하나님을 섬겨왔다는 논리로도 연결되기 때문이다. 이러한 실존론적 해석은 바르트를 중심으로 한 계시중심주의자들의 반발을 가져왔다. 그리하여 이들은 그리스도 계시 이외의 그 어떠한 계시도 부정하는 특수계시를 주장하게 된다.
그러나 바울은 자신의 글로 인해 이러한 논쟁이 벌어지리라고는 꿈에도 생각을 못했을 것이다. 바울의 의도는 계시의 속성이나 신 인식에 대한 신학적 입장을 말하려는 것이 아니다. 그는 이방인들이 하나님을 알면서도 하나님께 영광을 돌리지도 감사치도 아니하였다는 것을 지적하려는 것뿐이다. 그러므로 본문을 신학적인 논리로 보지 말아야 할 것이다.
계시는 글자 그대로 하나님의 자기-드러내심이다. 이는 신학적 용어가 아니라 체험의 언어이다. 하나님을 체험한 사람은 분명히 안다. 그리스도의 십자가를 통해 하나님이 자신의 사랑을 어떻게 드러내셨는가를, 그리고 풀잎 하나, 들꽃 한 송이 속에서 하나님의 숨결이 드러나 있음을 안다. 모든 만물, 모든 사람이 다 하나님의 아름다움이요, 그리스도의 사랑의 열매라는 것을 안다.

엇인지 구체적으로 지적한다. 본문은 사람들의 죄를 불경건함과 불의함으로 크게 구별하고, 각각 죄의 원인과 그 결과로서의 행위를 설명하고 있다.

불경건함은 하나님께 대한 죄이며, 불의함은 사람과 사람 사이의 죄를 말한다. 불경건함은 하나님을 영화롭게 하지 않는 것과 감사하지 않는 것이다. 바울은 우상숭배와 부적절한 성관계를 불경건함의 구체적인 행위라고 말한다. 불경건함의 원인은 사람들의 마음이 어리석어 어두워졌기 때문이다.[2] 그리고 불의함은 현실의 삶에서 타락한 결과 나타나는 죄인데, 온갖 불의한 행위, 즉 불의, 악행, 탐욕, 시기, 분쟁 등을 말한다. 그 원인은 삶 속에서 하나님을 인정하지 않는 것에서 비롯된다. 그러므로 바울은 죄의 원인과 그 원인으로부터 파생되는 행위로서의 죄를 구별하여 설명하고 있다.

불경건함

불경건함은 '아세베이아'(ἀσέβεια)란 단어로 '하나님께 대한 경배 부족, 불신앙'이란 뜻이다. 즉 자연을 통해 하나님을 알면서도 하나님께 영광을 돌리지도 않고 감사하지도 않는 것을 말한다. 그 이유는, 그들의 지각 없는 마음에 어둠이 가득 차 허망하고 어리석기 때문이다. 그 결과 불경건함이 현실의 삶으로 나타난 것이

2) 요 1:5, 빛이 어둠에 비치되 어둠이 깨닫지 못하더라.

우상숭배와 부적절한 성관계이다.

우주 만물을 보면 당연히 하나님을 알 수 있음에도 불구하고 사람들이 하나님을 제대로 알지 못하는 이유가 무엇일까? 그것은 사람들의 마음에 어두움이 가득 차 있기 때문이다. 어두우면 보이지 않는다.

20여 년 전, 대학 시절에 영월에 있는 알려지지 않은 석회동굴에 들어간 적이 있었다. 손전등을 미처 준비하지 못하여 양초 몇 자루와 성냥을 가지고 들어갔다. 입구에서 머리를 숙이고 약 10여 미터를 간신히 기어 들어가면 200~300여 평 정도 되는 넓은 공간이 나온다. 그리고 거기서부터는 여러 갈래로 굴이 나뉘어져 있다. 그 굴에 들어가 본 적이 있는 사촌형이 먼저 들어가고 다음에 내가 들어갔다. 나는 거기서 빛이 하나도 없는 흑암을 경험했다. 넓은 공간에 도착해 보니 사촌형의 목소리는 들리는데 아무것도 보이지 않았다. 흑암 자체였다. 잠시 후 형이 성냥을 켜서 양초에 불을 붙였다. 그러자 동굴 내부가 보이기 시작했다. 어두워 보이지 않던 석회동굴의 신비한 형상들이 보인다. 빛의 양만큼, 내게 보이는 만큼 보이는 것이었다.

어느 심리학자가 말한 대로 인간에게는 어둠에 대한 원초적 두려움이 있다. 그것은 보이지 않기 때문이다. 사람은 눈에 보여야 자신의 위치나 환경을 가름하고 판단할 수 있는데, 그렇지 못하니 두려울 수밖에 없는 것이다. 나는 그때의 경험을 바탕으로 이 말씀을 보면서 사람들이 왜 우상숭배를 하는가를 알 수 있게 되었다.

하나님은 보이지 않는다. 그래서 사람들은 하나님을 두려워한다. 이 두려움을 극복하고자 사람들은 눈에 보이는 하나님을 만들고 섬기는 것이다. 그렇기 때문에 바울은 보이지 않는 하나님을 눈에 보이는 피조물의 형상으로 바꾸어 놓았다고 말한다. 사람들은 눈에 보이는 우상이 그들에게 복을 주고 그들의 삶을 인도한다고 믿고, 우상에게 영광을 돌리며 감사하는 것이다.

다음은 불경건함이 실제 생활에서 부적절한 성관계로 나타난다는 것에 대해 살펴보자. 여기서 부적절한 성관계는 동성애를 말하는 것이다. 우리가 익히 아는 것처럼 로마는 성적으로 매우 문란하였다. 왜 바울은 성적 문란과 불경건함을 연결하여 말하는가? 그것은 성서적 전통에 따른 해석이다. 성경은 우상숭배를 간음이라고 말한다.[3] 따라서 불경건함이 삶으로 표현될 때 성적 문란으로 나타나는 것이다.

바울은 고린도전서에서 이를 좀더 구체적으로 말한다.[4] 사람이 범하는 죄는 몸 밖에 있지만 음행은 자기 몸에게 죄를 범하는 것이다. 그런데 우리의 몸은 하나님께로부터 받은 것으로 성령께서 거하시는 성전이다. 따라서 음행은 자신의 몸, 즉 성령의 전을 더럽히는 죄이다. 또한 간음하는 자는 하나님과 원수이다.[5] 그러므로 성적 문란을 하나님께 대한 불경건함으로 규정하는 것이다.

---

3) 렘 3:6, 요시야 왕 때에 여호와께서 또 내게 이르시되 너는 배역한 이스라엘이 행한 바를 보았느냐 그가 모든 높은 산에 오르며 모든 푸른 나무 아래로 가서 거기서 행음하였도다.
겔 16:17, 네가 또 내가 준 금, 은 장식품으로 너를 위하여 남자 우상을 만들어 행음하며.

4) 고전 6:18, 음행을 피하라 사람이 범하는 죄마다 몸 밖에 있거니와 음행하는 자는 자기 몸에 죄를 범하느니라.

5) 약 4:4, 간음한 여인들아 세상과 벗 된 것이 하나님과 원수 됨을 알지 못하느냐 그런즉 누구든지 세상과 벗이 되고자 하는 자는 스스로 하나님과 원수 되는 것이니라.

불의함

불의는 '아디키아'(ἀδικία)란 단어로 법적으로나 도덕적으로 잘못된 행동을 말한다. 바울은 사람들이 불의한 행동을 하는 이유를 하나님을 마음에 두기를 싫어하기 때문이라고 말하며, 그러한 사람들을 상실한 마음대로 내어버려 합당치 못한 일을 하게 하셨다고 한다. 하나님을 마음에 두기를 싫어한다는 말은 매사에 하나님을 인정하지 않는다는 말이다. 또한 상실한 마음대로 내어버려 합당치 못한 일을 하게 하셨다는 말은, 하나님께서도 부패한 마음으로 악한 일을 하도록 내버려두셨다는 뜻이다.

어떤 사람이 불의한 사람인가를 바울은 서술적으로 나열하고 있다. "모든 불의, 추악, 탐욕, 악의가 가득한 자요 시기, 살인, 분쟁, 사기, 악독이 가득한 자요 수군수군하는 자요 비방하는 자요 하나님께서 미워하시는 자요 능욕하는 자요 교만한 자요 자랑하는 자요 악을 도모하는 자요 부모를 거역하는 자요 우매한 자요 배약하는 자요 무정한 자요 무자비한 자라"(롬 1:29~31). 이중에 수군수군하는 자를 불의한 자로 지목한 것은 아마도 바울의 상황이 고려된 것으로 보인다. 바울에게는 많은 적대자들이 있었는데, 그들 대부분은 바울 뒤에서 그를 험담하곤 했다.[6] 아마도 그들을 염두에 둔 것이 아니면 그런 부류의 사람들을 염두에 둔 것이 아닌가 생각된다.

---

6) 고후 10:10, 그들의 말이 그의 편지들은 무게가 있고 힘이 있으나 그가 몸으로 대할 때는 약하고 그 말도 시원하지 않다 하니.
고후 11:1, 원하건대 너희는 나의 좀 어리석은 것을 용납하라 청하건대 나를 용납하라.

행위로서의 불의함은 뒤에 회개 부분에서 다시 다루기로 하고, 여기서 우리가 주의 깊게 관심을 가져야 하는 것은 "내어버려 두사"라는 대목이다. 하나님은 불경건한 사람들을 그대로 내버려두사 그 결과 부적절한 성관계로 자신을 더럽히게 하시고, 또한 불의한 자도 타락하도록 내버려 두신다고 하였다. 어찌 사랑의 하나님이 그러실 수가 있을까? 사람을 구원하시기 위해 아들까지 아낌없이 내어주셨다[7]고 하였는데, 왜 구원하시지 않고 내버려 두시는 것일까?

하나님은 사랑의 하나님이시며, 동시에 정의의 하나님이시다. 사랑과 정의가 어떻게 공존할 수 있을까? 죄를 덮어 주는 것은 정의가 아니다. 그것은 사랑도 아니다. 하나님은 지은 죄에 대해서는 단호하게 심판을 내리신다. 구약 예언서를 보면 예언자들이 심판을 예언하는데, 그들의 증언이 말하는 것이 바로 하나님의 정의이다. 하나님은 정의로 불의를 심판하신다. 그러나 회개한 죄에 대해서는 기억조차 아니 하신다고 하였다.[8] 하나님의 사랑이 바로 이것이다.

하나님은 회개치 아니하는 죄에 대해서는 공의로 심판하시나, 회개한 죄는 사랑으로 덮어 그 흔적까지 사하시고 기억조차 하지 않으신다. 그러므로 주를 믿는 자는 죄 사함의 은혜를 이미 받은 자들이기에 심판을 받지 아니할 뿐 아니라, 주님의 사랑의 대상이

---

7) 롬 8:32, 자기 아들을 아끼지 아니하시고 우리 모든 사람을 위하여 내주신 이가 어찌 그 아들과 함께 모든 것을 우리에게 주시지 아니하겠느냐.

8) 사 1:18, 여호와께서 말씀하시되 오라 우리가 서로 변론하자 너희의 죄가 주홍 같을지라도 눈과 같이 희어질 것이요 진홍같이 붉을지라도 양털같이 희게 되리라.

된다. 하지만 믿지 아니하는 자는 회개도 아니 하고 죄 사함을 받지 않았기에 그들에게는 오직 심판만이 기다리고 있는 것이다.

그런데 예수께서는, 믿지 않는 자들은 이미 심판을 받은 것이라고 하셨다.[9] 예를 들어 보자. 아름다운 정원을 망가뜨리려면 어떻게 해야 할까? 땅을 파헤치고 나무를 자르고 할 필요도 없다. 단지 관리하지 않고 그냥 내버려두면 된다. 그러면 저절로 망가진다. 정원에 심은 화초는 사랑으로 돌볼 때 잘 자라지만 내버려 두면 잡초가 자라 저절로 망가지고 만다. 이렇게 본다면 죄 가운데 버려둠을 당하는 것 자체가 이미 심판이다. 불경건함과 불의를 행하는 자에 대한 하나님의 방법은 내버려 두는 것이다. 죄 가운데 살아가도록 하는 것보다 더 심한 심판이 어디 있겠는가?

우상 숭배

바울은 "썩어지지 아니하는 하나님의 영광을 썩어질 사람과 새와 짐승과 기어다니는 동물 모양의 우상으로 바꾸었느니라"(롬 1:23)라고 우상숭배에 대해 지적하고 있다. 하나님은 모든 존재(being)를 넘어선 존재(Beyond Being)이시다. 시공의 제한도 받지 아니하시며, 모든 물질적인 것에 의해 제약받지 않으시는 자유 그 자체이시다.

이에 비해 우상은 하나님의 신성을 제한하는 모든 것을 말한다.

---

9) 요 3:18, 그를 믿는 자는 심판을 받지 아니하는 것이요 믿지 아니하는 자는 하나님의 독생자의 이름을 믿지 아니하므로 벌써 심판을 받은 것이니라.

이를 다른 말로 표현하자면 하나님을 지상의 가치로 바꾸는 것이 우상이며, 형상이 없으신 하나님을 눈으로 볼 수 있는 인간이나 동물의 형상으로 만든 것이 우상이다. 그러므로 물질로 만든 형상, 눈에 보이는 형상으로 무제약자이신 하나님을 섬기는 것이 우상 숭배의 죄이다.

역사적으로 보면 천사상(天使像), 성인상(聖人像)과 같은 성상(聖像) 등을 우상으로 볼 것인가, 아니면 종교 사실과 관념을 사실적, 상징적으로 표현한 예술로 볼 것인가 하는 논쟁이 있어 왔다. 대표적인 것이 8~9세기에 있었던 성상 파괴 논쟁이다. 성상 파괴론자들은 10계명 중 제 1, 2계명[10]을 들어 성상을 우상이라고 주장한 반면, 성상 숭배론자들은 성상이 주는 상징성과 그 상징성을 넘어서 신성과 초월의 세계로 인도함은 물론, 관계를 추구하도록 하기에 성상은 신앙에 도움을 준다고 주장하였다. 이처럼 성상은 신앙의 유용성과 한계를 동시에 갖고 있다. 개신교에서는 성상 숭배를 인정하지 않는다. 따라서 성상을 숭배의 대상으로 인식한다면 이는 우상이다.

오늘날 기독교 안에서 우상의 문제는 성상의 문제가 아니다. 하지만 사람들이 어두움에 빠져 하나님을 보지 못하고 오히려 보이는 것을 하나님으로 알고 섬기는 우상숭배는 얼마든지 찾아볼 수 있다. 눈에 보이는 돈, 명예, 출세 등을 눈에 보이지 않는 하나님

---

10) 출 20:3~5상, 너는 나 외에는 다른 신들을 네게 두지 말라 너를 위하여 새긴 우상을 만들지 말고 또 위로 하늘에 있는 것이나 아래로 땅에 있는 것이나 땅 아래 물 속에 있는 것의 어떤 형상도 만들지 말며 그것들에게 절하지 말며 그것들을 섬기지 말라.

보다 우선하는 것이 우상이다. 사람들은 말한다. 우리는 하나님을 돈보다 더 사랑한다고. 하지만 하나님을 위한 돈, 명예, 출세냐, 아니면 돈, 명예, 출세를 위한 하나님이냐? 우리 인생의 궁극적 목적이 어디에 있느냐에 따라 우상숭배냐, 하나님 섬김이냐, 그리고 불경건함이냐, 경건함이냐가 결정된다.

나아가 우상숭배는 다른 여타 종교에서처럼 신상을 만들어 놓고 그것이 마치 신인 양 절하고 섬기는 것만을 말하지는 않는다. 유형, 무형으로 하나님의 신성을 제한하는 모든 행위가 다 우상숭배이다. 이렇게 본다면 하나님은 모든 물질로부터 자유하시고 물질의 창조자이신데, 하나님을 마치 복을 주시는 분으로 여기고 섬기는 것도 우상숭배이다. 왜냐하면 하나님 자체가 복이므로 그 안에 거하는 것이 축복받은 것이기 때문이다. 그런데 또 무슨 복을 따로 받으려 하는가? 이는 욕심에 따라 하나님을 수단화하여 제한하는 것이므로 우상숭배이다. 그런 신앙을 기복신앙이라고 부르고 경계하는 이유가 이 때문이다.

또한 하나님은 스스로 만물을 창조하시고 만물에 질서를 부여하셨는데, 자신의 욕심에 따라 하나님의 질서를 바꾸려는 것도 우상숭배이다.

예를 들어 보자. 왜 하나님께서 어떤 기도는 이루어 주시고, 또 어떤 기도는 이루어 주시지 않는가? 화사한 봄날 다른 나무들은 다 꽃을 피우는데, 병이 들어 꽃을 피우지 못하는 나무가 있다고 하자. 그럴 때 "하나님, 봄에 꽃을 피우는 것은 하나님의 질서에 순응하는 것인데, 저 나무는 병들어 꽃을 피우지 못합니다. 저 나무에게 은혜를 베풀어 주시어 꽃을 피움으로 하나님의 질서와 뜻에 순응하게 하옵소서"라고 진실하게 기도한다면, 이는 반드시 이루어진다. 그러나 눈 내리는 한겨울에 복숭아가 먹고 싶다고 "주님, 복숭아가 너무 먹고 싶으니 이 나무에 복숭아가 열리게 하옵소서"라고 기도한다면 아무리 금식하며 철야를 한다 할지라도 이루어질 수 없다.

하나님의 질서 안에서 충돌됨이 없이 순응하는 것이 참 신앙이다. 하지만 그 질서를 바꾸려고 한다거나, 또 바꿀 수 있다고 믿는 신앙은 우상숭배이다.

그렇다면 왜 사람들은 우상숭배를 하는 것인가? 하나님은 인간을 창조하시고 인간에게 자유의지(freedom of will)를 주셨다. 이 자유의지는 인간 마음대로 살아가라고 주신 것이 아니라, 하나님의 창조에 스스로 동참하고, 하나님의 신성에 순응하며 살도록 하기 위해 주신 것이다. 그런데 인간의 욕심과 교만으로 인해 자유의지가 타락하게 되었다. 타락은 자유의지가 자기의지(self-will)로 바뀌었다는 것을 말한다.

교만은 스스로의 자만심에 빠져 자유의지를 상실한 것이며, 겸손은 자유의지로 하나님을 찾고 그 앞에 서는 것을 말한다. 그러므로 사람들은 성령의 인도하심을 따라 자유의지로 하나님을 섬기지 아니하고 욕심에 이끌려 마음대로 하나님을 섬기는 것이다. 이 자기의지로 하나님을 섬기는 것이 우상숭배이다.

이 문제를 좀더 깊이 있게 영적인 관점에서 살펴보자. 성령 체험을 비롯한 각종 영적 체험들은 눈에 보이지 않는 하나님을 우리의 감각으로 인식하는 것이다. 몸에 열이 나고, 시공을 초월한 각종 현상들이 보이고, 들리며, 몸의 감각으로 느껴진다. 설명할 수 없는 일들이 내 몸을 통해 나타난다. 이러한 것들이 사역을 통해 나타날 때 우리는 이러한 현상을 은사라고 부른다. 이것은 영이신 주님의 임재의 현상이다. 현상은 본질의 드러남이다. 영적 현상은 본질에서부터 유출된 것이기는 하지만 본질 자체는 아니다.

우리가 햇볕 아래 앉아 있으면 따뜻해진다. 그것은 태양의 열기가 우리에게 전달되기 때문이다. 그 열기는 태양으로부터 유출되어 나온 것이지만 태양 자체는 아니다. 다만 우리는 그 열기를 통해 태양을 인식하고 감지할 수 있을 뿐이다. 아무리 어리석은 사람도 열기를 태양이라고 믿지는 않는다.

영적 현상도 마찬가지이다. 영적 현상은 본질이신 주님으로부터 유출된 것이지만 본질 자체는 아니다. 다만 현상을 통해 본질을 인식하고 감지하는 것뿐이다. 그러므로 영적 현상이나 신비한 은사를 추구하는 신앙은 우상숭배일 수밖에 없다. 왜냐하면 우리의 신앙은 오직 그리스도를 추구하는 것이지 그리스도에게서 파생된 현상을 추구하는 것이 아니기 때문이다. 그것이 설령 영적 현상이나 은사로 나타난다 하더라도 달라지는 것은 없다.

어느 정도의 영적 단계를 넘어서게 되면 그때부터는 은사나 현상을 추구하는 것이 잘못된 것임을 깨닫게 될 것이다. 오히려 방해가 될 뿐이다.

영적 현상을 통해 본질 자체이신 하나님이 계시다는 것을 분명히 인식하게 되면, 그때부터는 현상에 머무르는 것이 아니라 나를 죽이는 작업이 시작된다. 처음에는 내가 나를 죽이는 것 같지만 그것도 내가 하는 것이 아니다. 내 자아가 죽고, 몸도 죽고, 내게 나타나는 모든 현상도 죽는다. 이러한 정화의 과정을 지나 합일에 이르게 된다. 그것은 현상이 사라진 고요와 침묵이다. 너와 나의 구별이 사라지고 오직 하나만이 있을 뿐이다. 구별되는 것도 비교할 것도 없기에 영성가들은 이를 '절대 무'(absolute nothing)라고 부른다.

2. 심판

〉〉〉 2장 1~16절

그러므로 남을 판단하는 사람아, 누구를 막론하고 네가 핑계하지 못할 것은 남을 판단하는 것으로 네가 너를 정죄함이니 판단하는 네가 같은 일을 행함이니라 이런 일을 행하는 자에게 하나님의 심판이 진리대로 되는 줄 우리가 아노라 이런 일을 행하는 자를 판단하고도 같은 일을 행하는 사람아, 네가 하나님의 심판을 피할 줄로 생각하느냐 혹 네가 하나님의 인자하심이 너를 인도하여 회개하게 하심을 알지 못하여 그의 인자하심과 용납하심과 길이 참으심의 풍성함을 멸시하느냐 다만 네 고집과 회개하지 아니한 마음을 따라 진노의 날 곧 하나님의 의로우신 심판이 나타나는 그 날에 임할 진노를 네게 쌓는도다 하나님께서 각 사람에게 그 행한 대로 보응하시되 참고 선을 행하여 영광과 존귀와 썩지 아니함을 구하는 자에게는 영생으로 하시고 오직 당을 지어 진리를 따르지 아니하고 불의를 따르는 자에게는 진노와 분노로 하시리라 악을 행하는 각 사람의 영에는 환난과 곤고가 있으리니 먼저는 유대인에게요 그리고 헬라인에게며 선을 행하는 각 사람에게는 영광과 존귀와 평강이 있으리니 먼저는 유대인에게요 그리고 헬라인에게라 이는 하나님께서 외모로 사람을 취하지 아니하심이라 무릇 율법 없이 범죄한 자는 또한 율법 없이 망하고 무릇 율법이 있고 범죄한 자는 율법으로 말미암아 심판을 받으리라 하나님 앞에서는 율법을 듣는 자가 의인이 아니요 오직 율법을 행하는 자라야 의롭다 하심을 얻으리니 (율법 없는 이방인이 본성으로 율법의 일을 행할 때에는 이 사람은 율법이 없어도 자기가 자기에게 율법이 되나니 이런 이들은 그 양심이 증거가 되어 그 생각들이 서로 혹은 고발하며 혹은 변명하여 그 마음에 새긴 율법의 행위를 나타내느니라) 곧 나의 복음에 이른 바와 같이 하나님이 예수 그리스도로 말미암아 사람들의 은밀한 것을 심판하시는 그 날이라.

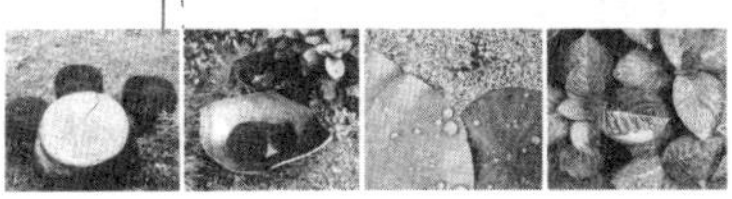

바울은 앞서 인간에게 죄가 무엇인지, 하나님이 누구신지를 알 수 있음을 자연계시적 차원에서 설명한 후, 하나님을 모르는 사람들을 대표하는 이방인들의 죄에 대하여 불경건함과 불의함으로 나누어 그 원인과 그에 따른 행위를 구체적으로 지적하였다. 이제 본문에서는 죄에 따른 심판이 있음과 그 심판의 기준이 무엇인지를 밝히고 있다.

하나님의 심판은 유대인과 이방인 모두에게 차별 없이 임하는데, 율법을 소유한 유대인은 율법을 실천하는가의 여부에 따라, 율법이 없는 이방인들은 양심에 따라 심판받게 된다. 양심은 자연계시와 상응하는 개념이다. 율법을 모르는 사람의 마음속에는 율법의 요구가 기록되어 있으며, 양심이 이를 증명한다고 하였다.

바울은 하나님의 심판을 말하기 전에 먼저 남을 심판하지 말라고 한다. 죄인이 어찌 죄인을 심판할 수 있으며, 똑같이 죄를 지었으면서 어찌 남을 정죄하고 비판할 수 있느냐는 것이다. 나아가 남을 정죄하고 심판하는 자는 하나님의 심판을 피할 수 없다고 한다. 이는 구약의 전통과 일치하는 견해이다.[11] 예수께서도 이와 같은 말씀을 하셨다. "비판을 받지 아니하려거든 비판하지 말라 너희가 비판하는 그 비판으로 너희가 비판을 받을 것이요 너희가 헤아리는 그 헤아림으로 너희가 헤아림을 받을 것이니라."[12]

뒤에서 바울은 남을 심판하지 말아야 하는 이유를 보다 근본적으로 밝히고 있다. 그것은 사람에게는 본질적으로 무엇이 참인지 거짓인지를 구별할 수 있는 능력 자체가 없기 때문이라고 말한

11) 시 50:6, 하늘이 그의 공의를 선포하리니 하나님 그는 심판장이심이로다(셀라).
12) 마 7:1~2.

다.[13] 하나님께서 혼미한 영을 주셨기 때문에 들어도 깨닫지 못하고, 보아도 보지 못하도록 하셨다는 것이다. 그러므로 사람에게는 진리를 깨달을 수 있는 능력도 없고 선악을 구별할 수 있는 능력도 없다. 보고 들어도 그것이 참인지 거짓인지를 구별할 줄 아는 능력이 없다. 남을 심판할 능력 자체가 없으므로 심판해서는 안 되는 것이다.

그러므로 사람은 남을 비판하거나 정죄해서는 안 된다. 심판하시는 이는 하나님이시니, 사람은 오직 하나님의 말씀에 따라 서로 사랑하며 용서하고 사는 것이 사람답게 사는 것이다. "네 원수가 배고파하거든 음식을 먹이고 목말라하거든 물을 마시게 하라 그리 하는 것은 핀 숯을 그의 머리에 놓는 것과 일반이요 여호와께서는 네게 상을 주시리라."[14] 여기서는 하나님의 심판의 기준, 삶 속에서의 심판, 최후의 심판, 그리고 양심에 대해서 살펴보고자 한다.

심판의 기준

앞서 바울은 행위가 아닌 믿음으로 구원을 받는다고 하였다. 그런데 본문에서 하나님은 믿음이 아니라 각 사람의 행위에 따라 심

13) 롬 11:8, 성경에 이렇게 기록된 바와 같습니다. "하나님께서 그들에게는 혼미한 영을 주셨으니, 오늘까지 그들은 눈이 있어도 보지 못하고, 귀가 있어도 듣지 못한다"(표준새번역).
신 29:2, 그러나 바로 오늘까지, 주께서는 너희에게 깨닫는 마음과 보는 눈과 듣는 귀를 주지 않으셨다(표준새번역).

14) 잠 25:21~22; 롬 12:17~21.

판하신다고 하였다. "하나님께서 각 사람에게 그 행한 대로 보응하시되 참고 선을 행하여 영광과 존귀와 썩지 아니함을 구하는 자에게는 영생으로 하시고 오직 당을 지어 진리를 따르지 아니하고 불의를 따르는 자에게는 진노와 분노로 하시리라"(롬 2:6~8). 즉 선을 행하느냐, 불의를 행하느냐가 심판의 기준이다.

언뜻 보기에도 믿음으로 구원받는 것과 행위로 심판받는 것 사이에 모순이 있는 것처럼 보인다. 믿음으로 구원을 받는다면 심판의 기준도 믿음이 되어야 하지 않는가? 믿음이 없다면 당연히 구원받지 못하므로 심판을 받아 마땅하지 않는가? 또한 행위가 심판의 기준이라면 행위로 구원을 받는다고 해야 하지 않는가? 그럼에도 바울은 믿음이 아닌 각 사람의 행위대로 하나님이 심판하신다고 한다.

위에서 제기한 모순은 우리가 믿음과 행위를 반대 개념으로 생각하기 때문에 생겨나는 것으로, 사실은 전혀 모순된 것이 아니다. 이는 우리의 오해에서부터 비롯된 것이다. 의롭다 하심을 얻는 것은 인간의 행위가 아니라 믿음인 것을 바울은 분명하게 말한다.[15] 아브라함도 행위로 의롭다 하심을 얻은 것이 아니라 믿음으로 의롭다고 인정받았다.[16] 즉 구원은 주를 믿는 믿음으로 받는 것이지

15) 롬 3:27, 그런즉 자랑할 데가 어디냐 있을 수가 없느니라 무슨 법으로냐 행위로냐 아니라 오직 믿음의 법으로니라.
엡 2:8~9, 너희는 그 은혜에 의하여 믿음으로 말미암아 구원을 받았으니 이것은 너희에게서 난 것이 아니요 하나님의 선물이라 행위에서 난 것이 아니니 이는 누구든지 자랑하지 못하게 함이라.

16) 롬 4:2~3, 만일 아브라함이 행위로써 의롭다 하심을 받았으면 자랑할 것이 있으려니와 하나님 앞에서는 없느니라 성경이 무엇을 말하느냐 아브라함이 하나님을 믿으매 그것이 그에게 의로 여겨진 바 되었느니라.

구원을 위한 인간의 노력과 행위로 받는 것이 아니다.

만약에 인간이 스스로의 노력과 행위로 구원을 받을 수 있다고 한다면 예수 그리스도의 십자가는 무용지물이 되고 만다. 그리스도의 피 흘림이 적용되지 않는 구원이 있다는 것은 복음이 불완전하다는 것이다. 그러므로 구원은 그 구원을 이루고자 하는 사람들의 노력과 행위가 아닌 절대적으로 그리스도를 믿는 믿음으로만 이룰 수 있는 것이다.

그런데도 행위로 심판받는다는 말은 또 무엇인가? 심판은 구원을 결정하는 법적 구속력을 가진 선고인데, 그 기준이 믿음이 아니고 행위라는 것은 무엇을 말하는가?

여기서의 행위는 구원을 이루고자 하는 행위나 노력을 말하는 것이 아니다. 삶 속에서 행해지는 인간의 모든 행동을 말하는 것이다. 하나님을 믿는 자는 믿음으로 살기에 믿음으로 선을 행하며 살아가는 것이고, 믿지 아니하는 자는 믿음으로 살지 않기에 행위 자체가 악한 것이다. 왜냐하면 그리스도를 믿지 않는 것 자체가 이미 죄이기 때문이다.[17] 바울도 믿음으로 아니 하는 모든 것이 죄라고 선언한다.[18]

이에 대해 바울은 로마서 5~7장에서 자세하게 설명을 한다. 자세한 것은 그때 논의하기로 하고 대략적으로 설명하자면 다음과 같다. 우리는 앞서 의인, 즉 믿음으로 의롭다 하심을 받은 사람은 새로운 차원을 사는 것이라고 하였다. 새로운 차원은 죄에서 떠나

---

17) 요 16:9, 죄에 대하여라 함은 그들이 나를 믿지 아니함이요.

18) 롬 14:23, 의심하고 먹는 자는 정죄되었나니 이는 믿음을 따라 하지 아니하였기 때문이라 믿음을 따라 하지 아니하는 것은 다 죄니라.

새로운 피조물이 되었고, 성령의 인도하심을 받아 거듭난 자가 되었다는 것이다. 신분으로도 죄의 종에서 의의 종, 하나님의 자녀가 되었다.

바울이 말하는 구원받은 자는 이미 죄에 대해 죽은 자이다.[19] 죄에 대해서 죽은 자는 다시는 죄에 거할 수 없다. 죄를 짓는 자마다 죄의 종이지만 우리는 이미 죄에 대해 죽었으므로 죄의 차원에서 떠난 의의 종이다.[20] 죄의 세계인 아담의 세계에서 떠나 생명의 세계인 그리스도의 세계로 차원이 바뀐 자들이다.[21] 행위로 의롭다 하심을 받는 율법에 대해서도 이미 죽은 자들이며, 육신의 정욕으로부터 자유함을 받은 자들이다.[22] 이런 사람이 믿음으로 구원받은 자들라고 바울은 말한다.

그러므로 죄에 대해 죽은 자가 심판 때에 어찌 죄의 행위로 멸망을 당할 수 있겠는가? 믿음 안에 있는 자가 어찌 심판에 이르는 죄의 행위를 할 수 있겠는가? 이미 차원이 달라졌는데 어찌 예전의 차원으로 심판받을 수 있겠는가?

봄이 오면 온 산과 들에 살아 있음을 자랑이라도 하듯 꽃이 피고, 새싹이 돋아난다. 생명이 활동을 하는 것이다. 그러나 어떤 꽃

---

19) 롬 6:2, 그럴 수 없느니라 죄에 대하여 죽은 우리가 어찌 그 가운데 더 살리요.

20) 롬 6:18, 죄로부터 해방되어 의에게 종이 되었느니라.

21) 롬 5:18, 그런즉 한 범죄로 많은 사람이 정죄에 이른 것같이 한 의로운 행위로 말미암아 많은 사람이 의롭다 하심을 받아 생명에 이르렀느니라.

22) 롬 7:4~6, 그러므로 내 형제들아 너희도 그리스도의 몸으로 말미암아 율법에 대하여 죽임을 당하였으니 이는 다른 이 곧 죽은 자 가운데서 살아나신 이에게 가서 우리가 하나님을 위하여 열매를 맺게 하려 함이라 우리가 육신에 있을 때에는 율법으로 말미암는 죄의 정욕이 우리 지체 중에 역사하여 우리로 사망을 위하여 열매를 맺게 하였더니 이제는 우리가 얽매였던 것에 대하여 죽었으므로 율법에서 벗어났으니 이러므로 우리가 영의 새로운 것으로 섬길 것이요 율법 조문의 묵은 것으로 아니할지니라.

이 피는지, 어떤 새싹이 나오는지 임의로 되는 것이 아니다. 작년에는 진달래꽃을 피웠으니 올해는 개나리꽃을 피워야겠다고 해서 그럴 수 있는 것이 아니다. 그 속에 어떤 생명이 있느냐에 따라 이미 결정되어 있는 것이다. 그리스도의 생명이 있는 자는 그리스도의 꽃이 피고, 그의 생명이 없는 자는 죄의 싹이 나는 것이다. 그러므로 믿지 않는 것 자체가 죄이고, 믿음으로 하지 않는 것은 죄일 수밖에 없다. 따라서 심판의 기준이 되는 행위는 믿음이 있고 없음의 결과로 나타난 행위, 또는 그 속에 그리스도의 생명이 있고 없음을 구별해 주는 행위를 말하는 것이다.

예수께서도 말씀하시기를 "아들을 믿는 사람은 심판을 받지 않는다. 그러나 믿지 않는 사람은 이미 심판을 받았다. 그것은 하나님의 독생자의 이름을 믿지 않았기 때문이다"[23]라고 하셨다. 믿지 않는 자는 죄인이요 죄인의 행위는 당연히 죄이다. 그러므로 죄인은 심판을 받을 수밖에 없다. 시편 말씀에도 이르기를 "악인은 악을 잉태하여 재난과 거짓을 낳는구나"[24]라고 하였는데 이도 마찬가지로 악인이기에 죄를 짓는 것이며, 죄를 짓기에 심판을 면할 수 없는 것이다.[25]

그러므로 믿음으로 산다는 것은 세상과 상관없이 고고하게 믿음을 지키며 살아가는 것을 말하는 것이 아니라, 믿음의 행위로 살아가는 것이다. 역으로 말하면 믿음은 믿음의 행위의 열매로 증

23) 요 3:18(표준새번역).
24) 시 7:14(표준새번역).
25) 삼상 24:13, 옛날 속담에 '악은 악인에게서 나온다'는 말이 있습니다. 그래서 나는 왕을 해치지 않을 것입니다(현대인의 성경).

명되는 것이다. 믿음으로 구원받은 자는 믿음의 행위로 사는 것이다. 그 믿음의 행위를 본문에서는 영광과 존귀와 불멸의 것을 구하고, 참고, 선을 행하는 것이라고 하였다. 이에 대한 심판의 결과는 영원한 생명이다.

믿지 아니하는 자는 그리스도를 믿지 아니하므로 그들 속에 그리스도의 생명이 없다. 그리스도의 생명이 없으므로 삶의 행위에 믿음의 열매도 없다. 오직 이기심에 얽매여 진리를 거스르고 불의를 행할 뿐이다. 이런 자에게는 고통과 환난이 있다고 바울은 말한다. 또한 그리스도에 대한 믿음이 없으므로 회개치도 아니한다. 회개란 스스로 자신의 죄를 하나님께 고발하고 죄 사함을 구하는 것인데, 하나님을 믿지 아니하므로 회개치 못하니 죄가 그대로 남아 있는 것이다. 회개하지 않는 것은 하나님의 풍성하신 인자하심과 관용하고 오래 참으심을 업신여기는 것이다. 그러므로 신성모독에 해당한다. 하나님은 그 행위의 죄와 회개하지 않는 사람을 심판하시는데, 그 결과는 진노와 형벌이다.

하나님이 각 사람의 행위대로 심판하신다는 것은 구약성경 전반에 걸쳐 기록되어 있다.[26] 예수께서도 최후의 심판 때에 사람들의 행위대로 심판하실 것을 말씀하신다.[27] 양으로 비유된 의인들은 영생에, 염소로 비유된 저주받은 자들은 영벌에 처해진다. 여

---

26) 창 18:25, 주께서 이같이 하사 의인을 악인과 함께 죽이심은 부당하오며 의인과 악인을 같이 하심도 부당하니이다 세상을 심판하시는 이가 정의를 행하실 것이 아니니이까.
욥 40:8, 네가 내 공의를 부인하려느냐 네 의를 세우려고 나를 악하다 하겠느냐.
시 9:8, 공의로 세계를 심판하심이여 정직으로 만민에게 판결을 내리시리로다(참고. 사 11:4; 겔 33:20 등).

기에서 주님의 심판의 기준은 작은 자에게 했느냐, 하지 않았느냐, 즉 행위가 그 기준이다. 작은 자에게 한 것이 곧 예수께 한 것이며, 작은 자에게 하지 않은 것이 예수께 하지 않은 것이다. 따라서 모든 믿는 자들은 자신의 행위에 그리스도의 생명과 성령의 열매가 드러나는지 살펴서 내가 구원받았는지를 확인해야 한다.

삶 속에서의 심판

하나님은 우리가 잘못한 죄를 꾹 참고 모아 두셨다가 최후의 날에 한꺼번에 심판하시는 분이 아니다. 자녀들이 잘못한 것을 죽을 때까지 기다렸다가 한 번에 몰아서 야단치는 부모가 어디 있는가? 자녀들이 잘못할 때마다 야단치기도 하고, 때로는 참고 기다렸다가 적당한 때를 기다려 혼내기도 한다. 하나님도 마찬가지다. 우리의 아버지가 되시는 하나님은 우리의 죄를 묵과하시는 분이 아니라, 잘못을 지적하시고 바른 길로 인도하시기 위해 시시때때로 심판을 행하신다. 어떤 때는 즉시로, 어떤 때는 참고 기다리시다가 최선의 때에 심판하신다.

구약 시대의 심판의 기준은 율법의 행위이다. 즉 하나님이 명하

27) 참고. 마 25:31~46의 심판에 대한 비유를 보라.
위의 최후 심판에 관한 주님의 말씀에서, 구원받은 의인에 반하여 영벌에 처해진 자들을 악인이라 부르지 않고 저주받은 자들이라고 부르신다(마 25:41). 그 이유는 무엇일까? 죄인은 죄를 지었기에 죄인이 아니라, 죄인이기에 죄를 짓는 것이다. 소자에게 호의를 베풀지 않아서 저주받은 자가 아니라, 저주받은 자이기에 소자에게 호의를 베풀지 못하는 것이다. 사과나무이기에 사과를 맺는 것이다.

신 율법을 삶 속에서 지키느냐, 지키지 않느냐가 심판의 기준이다. 복음 시대에는 그리스도가 기준이다. 그리스도의 인격과 사랑으로 그리스도를 닮은 삶을 사느냐 살지 못하느냐인 것이다. 역시 행위가 심판의 기준이다. 그리스도의 영이 없으면 그리스도의 사람이 아니므로 그리스도의 삶을 살아갈 수 없다.[28] 따라서 그리스도의 생명의 삶을 사는 사람은 심판 때에 영생으로, 그렇지 못한 자는 영벌에 처해질 수밖에 없다.

최후의 심판과 삶 속에서의 심판은 다르다. 최후의 심판에서는 재심이나 항소가 없지만, 삶 속에서의 심판은 다시 기회가 주어지기 때문이다. 따라서 삶 속에서의 심판은 구원하시고자 하는 하나님의 사랑에 기인한 은혜의 영역에 속한 것이다. 삶 속에서의 심판은 인과응보, 교훈과 교육, 연단의 의미, 그리고 심판의 때 이렇게 넷으로 나누어 볼 수 있다.

첫째로, 인과응보이다. 내일의 결과가 오늘 속에 있듯이, 오늘 나의 모습과 현실은 과거 속에 이미 결정되어 있다. 오늘 내게 임한 하나님의 심판은 어제의 삶에 대한 평가이다. 따라서 현재의 모든 심판은 인과응보의 결과이다.[29] 마찬가지로 오늘이 바뀌지 않는다면 내일은 하나님의 심판의 날이 될 것이다. 오늘을 탓하는 것은 자신의 어리석음을 드러내는 일이다. 오늘이 문제가 있다고 생각하거든 어제를 반성하라. 그리고 내일의 즐거움을 원한다면 오늘을 믿음으로 선하게 살라.

---

28) 롬 8:9, 만일 너희 속에 하나님의 영이 거하시면 너희가 육신에 있지 아니하고 영에 있나니 누구든지 그리스도의 영이 없으면 그리스도의 사람이 아니라.

29) 렘 32:19, 주는 책략에 크시며 하시는 일에 능하시며 인류의 모든 길을 주목하시며 그의 길과 그의 행위의 열매대로 보응하시나이다.

어제의 문제로 오늘 하나님께서 하시는 심판은, 어제의 삶을 반성하라는 의미의 심판이다. 그리고 그와 같은 잘못을 되풀이하지 말고 오늘을 믿음으로 선하게 살라는 뜻이다. 그러므로 회개는 어제의 일을 반성하는 데 그쳐서는 안 된다. 진정한 회개는 바로 오늘, 어제의 일을 되풀이하지 않는 것이다. 그러기에 회개를 통해 우리는 내일 복을 받는 것이다.

둘째로, 현재의 삶 속에 나타나는 심판은 심판 그 자체가 목적이 아니라 교훈과 교육이 목적이다. 대학에 다니는 딸을 가진 부모가 무슨 일이 있어도 밤 10시까지는 집에 들어와야 한다는 규칙을 정했다고 하자. 이를 어길 시에는 종아리 10대를 맞겠다고 서약까지 받았다고 하자. 이 규칙은 세상이 날로 흉악해지니 딸을 보호하려는 부모의 사랑의 마음을 문서로 표현한 것이지, 종아리를 때리기 위한 구실을 만들기 위해 그리한 것은 아니다. 하나님의 심판도 마찬가지이다. 우리의 잘못을 벌 주기 위한 심판이 아니다. 만약에 그렇다면 하나님은 참으로 나쁜 하나님이시다.

모세를 통하여 율법을 주시고, 선지자들을 통하여 경고의 말씀을 주시고, 주님의 십자가를 통하여 사랑을 친히 보여주신 것은, 이것을 어길 시에 우리를 벌 주고자 하심이 아니다. 오히려 모든 말씀과 계명에 따른 심판은 우리로 하여금 교훈을 얻도록 교육시켜 구원에 이르도록 하시기 위함이다.[30] 그러므로 삶 속에서의 심판은 책망과 같은 말이다. 또한 하나님은 악인에게만 심판하시는 것

---

30) 요 3:17, 하나님이 그 아들을 세상에 보내신 것은 세상을 심판하려 하심이 아니요 그로 말미암아 세상이 구원을 받게 하려 하심이라.

이 아니라, 의인에게도 심판을 내리신다.31) 성경에 이르기를 "주께서 땅을 심판하실 때에, 세상에 사는 사람들이 비로소 의가 무엇인지 배우게 될 것입니다"32)라고 하였다. 이는 심판을 통해 하나님의 의가 무엇인지, 진리가 무엇인지를 배우게 된다는 것이다.

하지만 악인은 심판의 교훈인 의를 배우지 않는다.33) 이것이 악인과 의인의 차이다. 하나님께 심판 받을 때, 의인은 그것을 통하여 하나님의 의와 생명을 배우지만 악인은 배우지 않고 죄에서 떠나지 않는다. 이렇게 볼 때 나는 의인인가? 악인인가? 내게 하나님의 심판과 책망이 임할 때 돌이키지 아니하고 그 아픔을 못 이겨 과거와 주위 환경을 탓하고, 하나님과 사람들을 원망한다면 의인인가, 악인인가? 심판과 책망을 통해 죄를 깨달았을 때, 그 죄에서 떠나는 사람은 그리스도의 영이 함께하는 사람이요, 그렇지 않다면 그의 생명이 없는 것이다. 심판과 책망이 임할 때 그 속에 담겨진 하나님의 가르침을 헤아리는 지혜와 주님의 영이 있는지 살피는 반성이 있어야 할 것이다.

셋째로, 연단의 의미로서의 심판이다. 하나님의 심판의 의미와 목적을 볼 때, 그것은 연단의 의미와 다르지 않음을 깨닫게 된다. 이스라엘이 잘못된 길로 갈 때 하나님은 예언자들을 보내어 돌이킬 것을 명하셨다.34) 그리고 돌이키지 않는 이스라엘을 역사 속에

---

31) 잠 11:31, 보라 의인이라도 이 세상에서 보응을 받겠거든 하물며 악인과 죄인이리요.
32) 사 26:9(표준새번역).
33) 사 26:10, 악인은 은총을 입을지라도 의를 배우지 아니하며 정직한 자의 땅에서 불의를 행하고 여호와의 위엄을 돌아보지 아니하는도다.
34) 사 55:7, 악인은 그의 길을, 불의한 자는 그의 생각을 버리고 여호와께로 돌아오라 그리하면 그가 긍휼히 여기시리라 우리 하나님께로 돌아오라 그가 너그럽게 용서하시리라(참고. 렘 35:15; 겔 33:11).

서 심판하셨다. 하나님께서 그들에게 잘못된 길에서 돌이키라 하심은, 그들이 가고 있는 길이 하나님의 의도나 계획과 다르기 때문이다. 우리의 의도와 계획을 하나님의 의도와 계획으로 변경시키는 일련의 과정이 연단이다. 그러므로 연단과 삶 속에서의 심판은 같은 의미이다.

과학자들은 치밀한 계산을 하여 우주궤도에 인공위성을 쏘아 올린다. 이 궤도는 인공위성이 지나가는 길로 원심력과 중력, 그리고 우주선의 속도 등이 균형을 이루도록 계산되어 있다. 만약에 인공위성이 계획된 궤도에서 조금이라도 벗어나면 점차 지구의 인력권에서 이탈하여 우주 속으로 날아가 버리든지, 아니면 중력에 끌려 지구로 추락하든지 하게 된다. 인공위성이 궤도를 이탈하면 과학자들은 위성 추진력을 이용하여 본래의 궤도로 원상복귀하도록 한다.

하나님은 각 사람을 이 땅에 태어나게 하실 때 각 사람마다 꿈을 가지게 하시고 그 꿈을 이룰 수 있도록 그 길을 설계해 놓으셨다. 인공위성이 지구의 기지국과 교신을 하여 자기에게 주어진 임무를 잘 수행하는 것처럼, 우리도 하나님과 영적으로 늘 교통함으로 하나님의 설계대로 자신에게 주어진 사명을 완수하게 된다. 하지만 욕심과 이기심에 끌려 하나님의 설계를 무시하고 제멋대로 살아간다면 하나님은 어떻게 하시겠는가? 권고를 통하여 우리에게 계속 신호를 보내실 것이다. 우리가 그 신호마저 무시한다면 하나님은 강한 추진력을 가지고 강제로 우리 인생의 궤도를 바꾸려 하실 것이다. 하나님께서 강한 추진력을 가지고 우리의 궤도를 바꾸시는 것이 연단이요, 심판이다.

넷째로, 심판의 때이다. 최후 심판의 날은 아무도 모른다.[35] 때문에 시한부종말론은 역사적으로 항상 이단으로 정죄받았고, 이단일 수밖에 없다. 그렇다면 삶 속에서 수시로 경험하는 하나님의 심판의 때는 알 수 있는가? 그것도 모른다. 왜냐하면 하나님은 때로는 즉시로, 때로는 오래 참으심으로 우리를 심판하시기 때문이다. 물론 영적으로 예민한 사람은 그렇지 못한 사람보다 하나님의 심판의 때를 쉽게 감지할 수 있다.

후각이 예민한 사람은 구내식당에 들어서자마자 오늘의 메뉴가 무엇인지, 음식 맛이 짠지 싱거운지 금방 알아낸다. 청각이 예민한 합창단 지휘자는 많은 대원들 중에 누가 틀린 음을 내는지 금방 지적해낸다. 마찬가지로 영적으로 예민한 사람은 하나님께서 내리시는 심판의 징조나 목적, 그 강도까지 금방 알아차린다. 그들은 하나님의 신호를 바로바로 알아차리기에 심판이 이르기 전에 스스로 고쳐나간다. 뿐만 아니라 하나님이 심판하시기 전에 스스로 하나님의 심판대 앞에 선다.

하지만 영적으로 둔한 사람은 매를 맞고도 왜 맞았는지는 물론, 맞았다는 사실도 알아차리지 못한다. 미련하고 어리석다는 것이 이를 두고 한 말이다. 영적으로 예민하다는 것은 하나님을 향해 순수하게 열려 있다는 것이다. 열려진 만큼, 순수한 정도에 따라 예민함이 결정된다. 그러므로 하나님의 심판의 때를 아는 것이 은혜요, 축복이다.

비록 우리가 심판의 시작의 때는 잘 알지 못한다 하더라도 우

35) 행 1:7, 이르시되 때와 시기는 아버지께서 자기의 권한에 두셨으니 너희가 알 바 아니요.

리는 심판의 종결의 때만큼은 분명히 알 수 있다. 심판이 종결되는 때는 언제인가? 그것은 하나님의 심판의 목적이 달성되는 때이다. 하나님의 심판의 목적이 징벌에 있는 것이 아니라 구원에 있으며, 구원에 이르는 교훈과 올바른 구원의 길로의 궤도 수정에 있다고 하였다. 따라서 언제 심판이 끝나는가? 우리가 주의 교훈을 받아들이고 순종하기를 결심하는 때이며, 잘못된 나의 삶의 방향을 포기하고 주의 뜻과 계획에 맞추는 때이다. 주님의 설계대로 살아가기 시작하는 때이다. 어제를 회개하고 오늘을 선하게 살아가기 시작하는 때이다. 돌아서 첫 발을 내딛는 이때가 심판이 끝나는 때이다.

최후의 심판 - 종말

본문에서 말하는 의로운 심판의 날은 종말론적으로 최후의 심판을 말하는 것이다. 최후의 심판은 영광 가운데 오시는 주님의 재림의 때에 일어나게 된다. 이 심판의 날은 허무의 틀에 갇힌 물리적 시간과 공간이 아닌 변화된 시간과 공간 속에 임한다.[36] 심판의 날은 주를 믿고 신앙을 지킨 자들에게는 은혜와 축복의 날이

---

36) 고전 15:51, 보라 내가 너희에게 비밀을 말하노니 우리가 다 잠 잘 것이 아니요 마지막 나팔에 순식간에 홀연히 다 변화되리니.
계 6:14, 하늘은 두루마리가 말리듯이 사라지고, 제자리에 그대로 남아 있는 산이나 섬은 하나도 없었습니다.(표준새번역)
계 21:1, 또 내가 새 하늘과 새 땅을 보니 처음 하늘과 처음 땅이 없어졌고 바다도 다시 있지 않더라.

요, 고대하던 주님과 함께 영원한 즐거움에 참예하는 날이며, 최후 승리의 날이다. 하지만 믿지 아니하는 자들에게는 진노의 날이요, 저주의 날이며, 영원히 유황 불못에 던져지는 비극의 날이다.

사법고시를 준비하는 사람들은 합격의 영광을 위해 노력한다. 합격자를 발표하는 날, 합격자에게는 그간의 노고를 보상받는 날이며, 새로운 미래가 열리는 날이다. 반면에 불합격자는 합격의 영광에 참예하지 못한다. 고시를 포기하지 않는 한 다시 시작해야 한다. 그러나 한 번 더 생각해 보면 합격자를 발표하는 날은 통과의례에 불과하다는 것을 알 수 있다. 사실은 시험을 위해 공부하는 내용 속에 합격과 불합격이 이미 결정되어 있다. 그동안 어떻게 공부했느냐, 얼마나 열심히 공부했느냐에 대한 평가가 합격자 발표로 나타난 것뿐이기 때문이다. 어제의 결과가 오늘인 것처럼 오늘 속에 내일이 이미 결정되어 있는 것이다.

최후의 심판도 마찬가지이다. 심판의 결과는 요행이 아니라 오늘의 삶 속에 달려 있다. 최후의 심판은 통과의례이다. 오늘의 삶에 대한 평가일 뿐이다. 따라서 중요한 것은 언제일지 모르는 최후의 그날이 아니라 오늘이다. 오늘의 삶이 심판의 결과를 결정하므로, 오늘이 최후의 심판의 날이다. 오늘을 최후의 날로 여기고 최선을 다하며 살아가는 것을 종말론적 삶이라고 한다. 또한 오늘이 최후의 심판의 날이라고 믿는 신앙을 종말론적 신앙이라고 한다.

성경은 그날이 도적같이 불시에 임하리라고 말하고 있으며,[37]

37) 계 3:3, 그러므로 네가 그 가르침을 어떻게 받고 어떻게 들었는지를 되새겨서, 굳게 지키고, 회개하여라. 만일 네가 깨어 있지 않으면 내가 도둑같이 올 것인데, 어느 때에 내가 네게 올지를 너는 알지 못한다.(표준새번역)

주께서 예기치 못한 날에 재림하실 것을 비유로 하신 말씀이 '열처녀 비유'[38]이다. 또한 그날은 우리의 삶과 상관없이 임하는 것이 아니라, 우리의 삶의 현장 속에 임하는 날이다. 두 사람이 밭에서 일하고 있을 때 한 사람은 데려감을, 또 한 사람은 버려둠을 당한다고 말씀하셨다.[39] 그러므로 종말은 내일의 사건이 아니라 오늘의 삶의 현장 속에 일어나는 사건이다.

우리는 항상 종말의 때를 맞이할 준비를 하며 살아가고 있다. 주께서 재림하신 후 믿음을 지킨 성도들은 주님과 혼인잔치를 하게 된다. 이때 잔치에 참여하는 성도들은 혼인예복으로 세마포를 입는다. 그 세마포는 성도의 옳은 행실이다.[40] 그리고 예복을 준비하지 못한 자는 바깥 어두움에 던져질 것이라고 하였다.[41] 그러므로 우리가 오늘을 올바른 행실로 살아가는 것은 종말의 때를 준비하며 살아가는 것이다. 오늘, 지금 천국에 들어가지 못하는 자는 내일, 즉 최후 심판 때에도 들어갈 수 없다.

38) 마 25:1~13.

39) 마 24:40~41, 그때 두 사람이 들에 있어도 하나는 데려가고 하나는 버려둘 것이며 두 여자가 맷돌을 갈고 있어도 하나는 데려가고 하나는 버려둘 것이다.(현대인의 성경)

40) 계 19:8, 그에게 빛나고 깨끗한 세마포 옷을 입도록 허락하셨으니 이 세마포 옷은 성도들의 옳은 행실이로다 하더라.

41) 마 22:11~13, 임금이 손님들을 보러 들어올새 거기서 예복을 입지 않은 한 사람을 보고 이르되 친구여 어찌하여 예복을 입지 않고 여기 들어왔느냐 하니 그가 아무 말도 못하거늘 임금이 사환들에게 말하되 그 손발을 묶어 바깥 어두운 데에 내던지라 거기서 슬피 울며 이를 갈게 되리라 하니라.

양심

로마는 우리가 알다시피 길과 법으로 유명한 나라이다. 모든 길은 로마로 통한다는 말이 있듯이 로마제국은 광활한 영토를 지배하기 위해 모든 길을 로마로 연결하였다. 또한 로마가 주전 753년에 건국되어 주후 476년, 서로마제국이 멸망할 때까지 1,200여 년 동안 유럽, 아프리카, 아시아 등 3개 대륙에 걸쳐 대제국을 유지하고 통치할 수 있었던 것은 로마의 법체계의 우수성 때문이었다. 바울이 로마서를 쓸 당시는 '팍스 로마나'[42]시대로 로마의 최고 전성기였다. '법률이 없으면 범죄도 없고 형벌도 없다'는 죄형법정주의 사상이 있었는지는 모르겠으나, 법에 의한 처벌은 일반 상식화되어 있었다.

바울이 심판의 기준이 행위에 있다고 했을 때, 유대인들은 율법을 떠올렸겠지만 로마인들은 자기들과 다른 종교의 법으로 심판받는다는 사실을 받아들이기 어려웠을 것이다. 이에 바울은 유대인들에게는 율법에 따라, 율법을 가지지 아니하고 모르는 이방인들에게는 양심에 따라 심판을 받게 될 것이라고 말한다. 이 양심은 자연계시와 연속성을 가진다. 즉 하나님이 스스로 자신을 드러내어 하나님을 알 만한 것이 저희들 속에 있기 때문에 죄를 인식할 수 있게 된다.[43] 율법이 없는 이방인들은 양심이라는 불문율에

---

42) Pax Romana, 라틴어로 '로마의 평화'라는 뜻.

43) 롬 1:19~20, 이는 하나님을 알 만한 것이 그들 속에 보임이라 하나님께서 이를 그들에게 보이셨느니라 창세로부터 그의 보이지 아니하는 것들 곧 그의 영원하신 능력과 신성이 그가 만드신 만물에 분명히 보여 알려졌나니 그러므로 그들이 핑계하지 못할지니라.

의해 죄를 깨닫게 되며, 그것이 그들을 심판하는 법이 된다는 것이다. 양심이 증거가 되어 서로 송사와 변호를 하게 된다.

양심은 헬라어로 도덕적 선과 악을 구분하는 마음, 양심, 의식이란 뜻의 '쉬네이데시스'(συνείδησις)란 단어로 결합을 의미하는 전치사 '쉰'(σύν)과 '알다', '인식하다'의 뜻을 가진 '에이도'(εἰδῶ)란 단어의 합성어인 '쉬네이도'(συνείδω)의 명사형이다. '쉬네이도'는 '양심이 있다'는 뜻과 '함께 보다', '양자를 알다'라는 의미를 가지고 있다. 따라서 헬라어에서의 양심은 선과 악을 동시에 아는 의식, 또는 마음을 말한다. 그러므로 우리가 어떤 일을 결정할 때나 행동으로 옮길 때, 양심의 가책을 받는다는 것은 선과 악, 양자를 알기에 둘 사이에서 갈등을 일으키는 것을 말한다.

율법이 없는 이방인들은 본래적으로 인간에게 주어진 기본 속성인 양심에 의해 선악을 판단하고, 양심에 의해 행동하고, 양심에 의해 심판을 받는 것이다. 바울은 한 걸음 더 나아가 이 양심에 율법적 요구가 포함되어 있다고 말한다. 율법적 요구가 양심으로 마음에 새겨져 있다는 것이다. 양심은 이방인들에게만 해당되는 것이 아니다. 바울은 조상 때부터 청결한 양심으로 섬겨 온 하나님께 감사한다는 말을 한다.[44] 그러므로 신앙에 있어서의 양심은 선과 악, 좋고 나쁨, 하나님과 세상 이 양자를 알 수 있도록 하나님이 주신 본성이며, 성령의 조명을 받아 하나님을 향하는 마음, 하나님을 선택하는 근본적 속성으로서의 마음을 말한다.

우리는 흔히 신앙 양심을 말하는데, 신앙 양심이란 그리스도에

44) 딤후 1:3, 내가 밤낮 간구하는 가운데 쉬지 않고 너를 생각하여 청결한 양심으로 조상 적부터 섬겨 오는 하나님께 감사하고.

게 비추어 거리낄 것이 없는 거짓 없는 마음을 말한다. 우리가 이 신앙 양심을 가지게 되는 원리는 무엇인가? 우리를 그리스도에게 비추어 보도록 하시는 분은 성령이시다. 우리가 마음과 행위를 그리스도에게 비추어 볼 때, 우리의 죄가 드러난다. 이때 성령께서는 그리스도의 거짓 없는 마음을 우리에게 비추심으로 우리 속에 있는 죄를 토해내게 하신다. 이 죄를 토해내는 것이 신앙 양심의 행위이며, 죄를 토해내고 거리낄 것이 없는 그리스도의 마음으로 살아가는 것이 신앙 양심으로 살아가는 것이다.

3. 유대인의 죄

〉〉〉 2장 17~29절

유대인이라 불리는 네가 율법을 의지하며 하나님을 자랑하며 율법의 교훈을 받아 하나님의 뜻을 알고 지극히 선한 것을 분간하며 맹인의 길을 인도하는 자요 어둠에 있는 자의 빛이요 율법에 있는 지식과 진리의 모본을 가진 자로서 어리석은 자의 교사요 어린아이의 선생이라고 스스로 믿으니 그러면 다른 사람을 가르치는 네가 네 자신은 가르치지 아니하느냐 도둑질하지 말라 선포하는 네가 도둑질하느냐 간음하지 말라 말하는 네가 간음하느냐 우상을 가증히 여기는 네가 신전 물건을 도둑질하느냐 율법을 자랑하는 네가 율법을 범함으로 하나님을 욕되게 하느냐 기록된 바와 같이 하나님의 이름이 너희 때문에 이방인 중에서 모독을 받는도다 네가 율법을 행하면 할례가 유익하나 만일 율법을 범하면 네 할례는 무할례가 되느니라 그런즉 무할례자가 율법의 규례를 지키면 그 무할례를 할례와 같이 여길 것이 아니냐 또한 본래 무할례자가 율법을 온전히 지키면 율법 조문과 할례를 가지고 율법을 범하는 너를 정죄하지 아니하겠느냐 무릇 표면적 유대인이 유대인이 아니요 표면적 육신의 할례가 할례가 아니니라 오직 이면적 유대인이 유대인이며 할례는 마음에 할지니 영에 있고 율법 조문에 있지 아니한 것이라 그 칭찬이 사람에게서가 아니요 다만 하나님에게서니라.

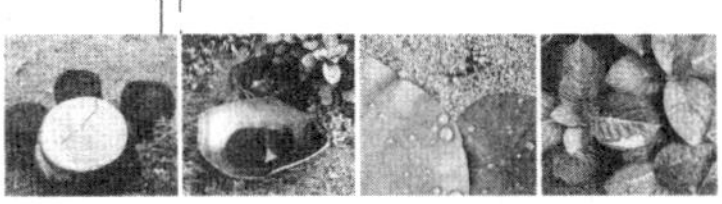

바울은 이방인의 죄를 지적하고, 이어 죄에 따른 심판이 유대인이나 이방인 모두에게 차별 없이 있을 것을 말하였다. 그리고 본문에서는 다시 유대인의 죄를 거론한다. 논리적으로 보면 이방인의 죄, 유대인의 죄, 그리고 심판의 순서로 하는 것이 타당하다고 생각되지만, 바울은 심판을 가운데 두고 이방인과 유대인의 죄를 나누어서 지적하고 있다. 그 이유는 아마도 유대인에게 구원의 우선권을 두는 바울의 논지에 따라 3장에서 유대인의 특권에 대한 논의를 하기 위함이라고 생각된다. 본문에서는 먼저 유대인의 죄에 대하여 살펴본 뒤, 회개에 대하여 종합적으로 검토해 보고자 한다.

유대인의 죄

바울은 유대인들에 대해 율법을 의지하고 하나님을 자랑하며 율법의 교훈을 받아 하나님의 뜻과 옳고 그름을 분별할 줄 알기 때문에 소경을 인도하는 자요, 어둠 속에 있는 자들의 빛이요, 어리석은 자와 어린아이의 선생이라고 자부하는 자들이라고 말한다. 유대인들이 자신을 그렇게 스스로 자랑하고 믿으면서 왜 율법은 지키지 않느냐고 바울은 반문한다. 남은 가르치면서 왜 자신은 가르치지 아니하며, 도적질하지 말라고 하면서 왜 자신은 도적질하며, 간음하며, 신전의 물건을 훔치는 등 율법을 범하느냐는 것이다. 율법을 자랑하는 유대인들이 이와 같이 율법을 범하는 것은 하나님을 욕되게 하는 것이며, 따라서 하나님의 이름이 이방인들에게 모독을 받는 것이 아니냐고 힐문한다.

유대인들은 이방인들과 구별되는 표식인 할례를 자랑스럽게 여기는데, 바울은 율법을 지키면 할례가 유익하지만 율법을 지키지 아니하면 무할례가 되는 것이라고 말한다. 나아가 무할례자, 즉 이방인이라 할지라도 그 본성에 따라 율법의 요구를 지키면 할례자가 되는 것이라고 한다. 따라서 율법을 지키지 아니하면 할례도 무익한 것이 되며 진정한 유대인이 아니라는 것이다. 이를 구체적으로 설명하기 위해 바울은 표면적 유대인과 이면적 유대인이란 용어를 써서 재차 설명한다.

표면적 유대인은 할례도 받고 율법도 가지고 있지만 지키지 않는 자요, 이면적 유대인은 할례도 받고 율법도 지키는 자이다. 이 이면적 유대인이라야 진정한 유대인이라고 바울은 주장한다. 나아가 바울은 율법의 조문에 따라 하는 것이 아니라, 성령에 따라 마음에 하는 할례가 참 할례라고 말한다. 이는 '마음의 가죽을 베는 할례'를 하지 않을 때 하나님께서 그들의 행위를 따라 진노하시겠다고 하는 예레미야서의 말씀을 적용한 것이다.[45] 이상에서 볼 때 바울이 지적하는 유대인의 죄는 분명하다. 그것은 율법을 지키지 않는 죄이다.

여기에 덧붙여 또 한 가지 생각해 볼 것은, 유대인들은 율법과 할례를 가지고 있으므로 그것을 자기들의 의라고 생각한다는 것이다. 하나님의 택하신 백성이라는 선민의식 자체가 자기들이 의롭

---

45) 렘 4:4, 유다인과 예루살렘 주민들아 너희는 스스로 할례를 행하여 너희 마음 가죽을 베고 나 여호와께 속하라 그리하지 아니하면 너희 악행으로 말미암아 나의 분노가 불같이 일어나 사르리니 그것을 끌 자가 없으리라.

다는 것을 보증한다고 확신하는 것이다. 이에 대해 바울이 율법을 지키고 하나님께 영광을 돌리며, 세상의 빛으로 살아야 참 유대인이지 그렇지 않으면 진정한 유대인이 아니라고 하는 것은, 택한 백성이며 율법을 가진 유대인이라는 것만으로는 하나님의 의에 이르지 못하며 그것은 자기 의를 드러내는 것일 뿐이라는 말이다.

이 말은 우리에게도 해당된다. 성도로서의 삶을 살지도 못하면서 성도라는 이유만으로 자신이 믿지 않는 자보다 낫다고 생각하는 것은, 하나님의 의를 이루지 못하고 오히려 자신의 의를 드러내는 것이다. 믿는 자가 믿지 않는 자보다 낫다고 하는 것도 자기 의를 드러내는 것이다. 이렇게 자기 의를 드러내는 기독교는 사회의 지탄을 받을 수밖에 없다. 오늘날 구원의 길과 예수의 생명을 가지고 있는 교회가 사회의 질책을 받는 이유는 무엇인가? 그것은 예수 그리스도로 인한 의가 아니라, 그저 믿고 있다는 자기 의를 교회가 주장하기 때문이다. 그리스도의 의를 지닌 자는 내가 예수 믿기 때문에 나아졌다는 고백보다는 그저 "나는 무익한 종입니다", "나는 아무것도 아닙니다", "오직 주님만이 나의 영광입니다"라고 고백하는 자이다.

회개 I

심판과 회개의 관계를 다음과 같이 말할 수 있다. 죄와 허물을 하나님과 인간 사이에 놓고 볼 때, 하나님께서 나의 죄악을 고발하는 것이 심판이며, 하나님의 심판대 앞에 서서 내가 하나님께 나의 죄를 고발하는 것이 회개이다. 따라서 심판과 회개는 방향과 주체가 다를 뿐 서로 상응하는 관계이다.

회개는 죄에 대한 자각이 없이는 불가능하다. 죄에 대한 자각은 죄가 무엇인지 깨달을 때 생겨난다. 무엇이 죄인지 알아야 회개할 수 있기 때문이다. 죄가 무엇인지를 알려면 죄에 대한 기준이 있어야 한다. 이에 대해 바울은 율법을 아는 유대인들은 율법에 비추어 죄가 무엇인지를 알게 되며,[46] 율법이 없는 이방인들은 자연계시로 죄가 무엇인지를 알 수 있다고 하였다.[47] 복음 시대를 살고 있는 우리는 그리스도가 그 기준이다. 그리스도를 본받아 사느냐, 그렇지 못하느냐가 회개의 기준이 된다.

첫째, 회개는 과거의 잘못된 행위를 그리스도에 비추어 고백하는 것이다. 무엇이 잘못된 행동인가? 무엇이 죄의 행위인가? 그 해답을 윤리적이고 도덕적인 잣대, 또는 율법적인 판단에서 찾아서는 안 된다. 오히려 그보다 근본적인 죄의 문제를 생각해야 한다. 그것은 우리의 행위를 가져오는 근원을 살피고 그곳에서부터 죄의 행위의 문제를 거론해야 한다는 것을 말한다.

우리는 복음 시대에 살고 있으므로 오직 그리스도에 의해 판단받는다. 구원의 주이신 그리스도가 우리의 모든 판단의 기준이 되는 것은 당연하다. 그러므로 그리스도에 비추어서 우리의 잘못된 행위를 판단해야 한다. 그렇다면 그리스도가 우리의 기준이 된다

---

46) 롬 3:20, 그러므로 율법의 행위로 그의 앞에 의롭다 하심을 얻을 육체가 없나니 율법으로는 죄를 깨달음이니라.

47) 롬 1:19, 이는 하나님을 알 만한 것이 그들 속에 보임이라 하나님께서 이를 그들에게 보이셨느니라.

는 것은 어떤 것인가? 이것은 결코 추상적인 이야기가 아니다. 그리스도가 우리 삶의 기준이 된다는 것은 우리 행위가 그리스도를 본받아 사느냐, 그렇지 않느냐의 문제이다. 그리스도를 본받는다는 것은 영어로 'Imitation of Christ' 이다. 즉 그리스도를 모방하는 것, 그리스도를 닮는 것이다.

그리스도를 모방하는 것은 겉으로 그리스도인 척하는 것이 아니다. 겉으로 그리스도인 척하는 것은 이단이나 사이비 교주가 하는 짓이다. 그리스도를 모방한다는 것은 그의 인격을 재현하는 것을 말한다. 나의 얼굴 표정에 그리스도의 인격이 나타나는가, 그렇지 못한가? 나의 말 속에 그리스도의 인격이 담겨 있는가, 그렇지 못한가? 나의 행위 속에 그의 인격이 재현되는가, 그렇지 못한가? 재현된 인격 속에 그리스도의 구원의 열정과 사랑이 담겨 있는가, 그렇지 못한가? 그리스도의 구원의 행위가 그의 삶의 행위로 나타나는가, 그렇지 못한가가 옳은 행위와 그릇된 행위의 판단 기준이 된다.

그러므로 과거의 잘못된 행위의 기준은 윤리, 도덕적인 판단으로 결정되는 것이 아니다. 오히려 윤리적으로는 아무런 잘못이 없다 하더라도 그의 행위 속에 그리스도의 인격이 나타나지 아니하면 그것은 올바른 성도의 행위가 아니므로 회개의 대상이 된다. 따라서 회개는 자신이 살아왔던 삶을 그리스도에 비추어 보고, 그리스도의 삶의 모습과 인격이 재현되지 아니한 삶의 행위를 고백하는 것이다.

둘째, 회개는 직접적으로 행위로 나타나지는 않지만 마음으로 지은 죄까지 하나님 앞에 드러내 놓고 용서를 구하는 것이다. 세상의 모든 법은 행위로 드러나야만 처벌할 수 있다. 하지만 성경은 마음으로 죄의 욕구를 가지기만 해도 죄라고 규정한다. 십계명 중 마지막 열 번째 계명은 "네 이웃의 것을 탐내지 말라"는 것인데, 이는 탐심도 죄임을 분명히 하는 말씀이다.[48] 예수께서는 여자를 보고 음욕을 품어도 이미 마음으로 간음한 것이라고 말씀하셨다.[49] 형제를 미워하는 것은 살인한 것과 마찬가지이다.[50] 그러나 무엇보다도 그리스도의 마음으로 품지 아니한 것이 죄이다.[51]

우리가 누구를 미워한다고 하자. 왜 미워하는가? 여러 이유가 있을 것이다. 그러나 그리스도의 마음이 그 속에 있다면 미워할 수 없을 것이다. 따라서 누구를 미워한 것을 회개하는 데 그치는 것이 아니라, 먼저 내 속에 그리스도의 마음이 없음을 회개해야 한다. 탐욕스런 마음도 내 속에 그리스도가 없음으로 인해 생겨난 것이므로 회개해야 한다. 우리가 그리스도의 마음을 본받을 때, 탐욕의 죄가 사라지고 더 이상 탐욕을 부리지 않게 된다. 이외에도 시기, 질투, 교만 등 우리가 마음으로 짓는 모든 죄는 다 그리스도의 마음이 없기에 생겨난 것이다. 따라서 심리적이고 감정적인 수준에서 회개하지 말고 본질적인 차원에서 회개하여, 그리스도의 온유하고 겸손한 마음, 사랑이 충만한 마음을 배우고 온전히 재현

48) 출 20:17, 네 이웃의 집을 탐내지 말라 네 이웃의 아내나 그의 남종이나 그의 여종이나 그의 소나 그의 나귀나 무릇 네 이웃의 소유를 탐내지 말라.

49) 마 5:28, 나는 너희에게 이르노니 음욕을 품고 여자를 보는 자마다 마음에 이미 간음하였느니라.

50) 요일 3:15, 그 형제를 미워하는 자마다 살인하는 자니 살인하는 자마다 영생이 그 속에 거하지 아니하는 것을 너희가 아는 바라.

51) 빌 2:5, 너희 안에 이 마음을 품으라 곧 그리스도 예수의 마음이니.

하는 것이 회개의 열매가 된다.

셋째, 하나님께 지은 죄는 반드시 회개해야 한다. 모든 죄는 다 하나님께 짓는 것이지만, 바울은 하나님을 향한 죄로 하나님을 영화롭게 하지 아니한 것과 감사치 아니하는 것, 그리고 매사에 하나님을 인정하지 않는 것이라고 하였다. 하나님을 영화롭게 하는 것은 인간의 착한 행실이다.[52] 즉 선한 행위의 열매가 하나님께 영광이 되는 것인데, 인생의 열매를 내 공로라고 착각할 때 하나님께 영광을 돌리지 않게 된다. 또한 감사하는 것은 하나님의 도우심에 대한 고마움의 표현인데, 하나님의 도우심에 대해 진실한 마음을 드리지 않는 것이 감사치 않는 것이다. 그리고 하나님을 인정하지 않는 것은 하나님을 내 인생의 주권자로 인정하지 않는 것이다.

이러한 것들이 우리의 신앙생활 속에 파생되어 많이 나타난다. 하나님께 떼를 쓰는 것, 하나님 탓을 하는 것, 기도하지 않는 것, 하나님의 마음을 헤아리려 하지 않는 것 등 많다. 하나님께 떼를 쓰는 것은 하나님의 계획을 내 고집대로 바꾸려는 것이다. 비록 사랑의 하나님이 불쌍히 여겨 응답하실지라도 나중에 신앙이 성숙해지고 난 뒤에 깨닫고 회개해야 한다. 하나님을 원망하는 것은, 문제의 원인이 바로 나인데 그것을 하나님 탓으로 돌리는 것이다. 기도하지 않고 하나님의 도우심을 구하지 않는 것은 하나님을 하나님으로 인정하지 않을 때 나타난다. 나를 향한 하나님의 마음과 꿈을 헤아리지 않는 것은 여전히 나의 마음이 교만하다는 증거이

52) 마 5:16, 이같이 너희 빛이 사람 앞에 비치게 하여 그들로 너희 착한 행실을 보고 하늘에 계신 너희 아버지께 영광을 돌리게 하라.

다. 이 모든 것을 회개해야 한다.

넷째, 회개는 뉘우침이나 위로의 차원보다 훨씬 높은 차원, 즉 내 인생의 방향 자체를 바꾸는 것이다. 회개란 단어는 '메타노이아'($\mu\epsilon\tau\acute{\alpha}\nu o\iota\alpha$)로 문자적으로는 마음의 변화, 뉘우침, 회개 등의 뜻을 가지고 있다.[53] 그러나 바울이 이 단어를 쓸 때는 단지 마음의 변화나 뉘우침의 의미보다는 실제적인 실존의 변화라는 의미로 썼다.[54] 따라서 회개는 단지 마음의 위로나 뉘우침에 머무는 것이 아니라, 인생 자체의 변화, 삶의 방향의 근본적 변화를 말한다.

회개는 마음의 뉘우침을 전제로 한다. 이렇게 뉘우치는 마음으로 회개하면 하나님의 은혜가 임하므로 위로를 받는다. 즉 죄로 인해 아팠던 마음이 정화되는 것이다. 하지만 뉘우침이나 위로는 삶의 변화를 가져오지 못한다. 뉘우침을 바탕으로 삶의 결단에 따른 행위가 뒤따라야 진정한 회개가 되는 것이다. 그러므로 진정한 회개는 실존의 변화, 인생 방향의 변화, 죄를 향한 삶을 하나님을 향한 삶으로 바꾸는 궁극적 변화와 그에 따른 삶의 행위를 말한다.

다섯째, 회개는 과거를 위한 것이 아니라, 현재와 미래를 위한

---

53) 롬 2:4, 혹 네가 하나님의 인자하심이 너를 인도하여 회개하게 하심을 알지 못하여 그의 인자하심과 용납하심과 길이 참으심이 풍성함을 멸시하느냐.

54) 고후 7:9~10, 내가 지금 기뻐함은 너희로 근심하게 한 까닭이 아니요 도리어 너희가 근심함으로 회개함에 이른 까닭이라 너희가 하나님의 뜻대로 근심하게 된 것은 우리에게서 아무 해도 받지 않게 하려 함이라 하나님의 뜻대로 하는 근심은 후회할 것이 없는 구원에 이르게 하는 회개를 이루는 것이요 세상 근심은 사망을 이루는 것이니라.
행 2:37~38, 그들이 이 말을 듣고 마음에 찔려 베드로와 다른 사도들에게 물어 이르되 형제들아 우리가 어찌할꼬 하거늘 베드로가 이르되 너희가 회개하여 각각 예수 그리스도의 이름으로 세례를 받고 죄 사함을 받으라 그리하면 성령의 선물을 받으리니.

것이다. 회개는 과거를 지우는 지우개가 아니다. 회개를 하였다고 과거가 사라지거나 변하지 않는다. 그러나 우리가 회개할 때 과거의 죄로 인해 묶여 있던 족쇄가 끊어진다. 또한 인과응보로 인한 악순환의 고리가 끊어지고 선순환의 고리로 연결된다. 그런 의미에서 회개는 과거가 아닌 현재를 변화시키기에 과거를 위한 것이 아니라 현재의 삶을 위한 것이며, 현재와 연결된 미래를 위한 것이다. 따라서 회개하여 변화된 현재는 미래를 변화시킨다.

여섯째, 회개는 그리스도의 인격을 닮아가는 과정이다. 앞에서 심판은 징벌이 목적이 아니라 교육이 그 목적이라고 하였다. 그런 연유에 우리는 심판을 통하여 하나님의 의와 그리스도를 배운다. 그러므로 자신을 스스로 하나님께 고발하는 회개를 통하여 우리는 하나님의 의와 죄 없으신 그리스도의 성품과 삶을 배우고 그리스도의 인격을 닮아가게 된다.

아침에 곱게 화장을 하고 직장에 나간 사람이 쉬는 시간이나 화장실에 갈 때면, 거울 앞에서 화장을 고친다. 또는 중요한 사람을 만날 때, 만나기 전에도 화장을 손본다. 수시로 화장을 고치는 사람일수록 아름다운 자신의 모습을 유지할 수 있다.

우리가 성령 충만의 은혜를 받았다는 것은 우리의 영혼과 인격에 그리스도의 영과 인격이 임했다는 것이다. 성령 충만한 상태에서는 사람의 얼굴이 빛난다. 이것은 아침에 화장을 막 끝낸 상태로 비유할 수 있다. 그러나 살다 보면 화장이 지워지고 얼룩이 지는 것처럼 영적 충만의 상태가 희미해지고 그리스도의 인격의 나타남에 얼룩이 진다. 쉬는 시간이나 수시로 화장을 고치는 것처럼 우리의 영적 상태를 기도와 회개로 점검하고 고쳐나가야 한다. 무시로 기도한다는 것이 이것이다.

예전에 읽은 탈무드에 이런 이야기가 나온다. 굴뚝을 청소하는 두 아이가 함께 굴뚝을 청소하였다. 굴뚝 밖에 나와 보니 한 아이는 얼굴에 숯검정이 많이 묻어 있고, 한 아이는 묻지 않고 깨끗했다. 누가 얼굴을 씻었겠는가? 정답은 얼굴에 숯검정이 묻지 않은 아이이다. 그 이유는 다음과 같다. 굴뚝에서 나와 서로의 얼굴을 바라보았다. 숯검정이 묻지 않은 아이는 많이 묻은 아이를 바라보고 같이 일했으니 자신의 얼굴도 더러울 것이라고 생각하고 얼굴을 씻었다. 마찬가지로 얼굴이 더러운 아이는 상대 아이의 깨끗한 얼굴을 보고 자기 얼굴도 더럽지 않을 것이라고 생각하여 씻지 않았다는 이야기다.

사람은 어떤 기준에 비추어 자신을 판단한다는 것을 이 우화는 우리에게 알려준다. 죄에 대한 자각도 마찬가지이다. 화장을 고칠 때 반드시 거울을 보는 것처럼 우리의 영적 상태를 점검하고 고쳐 나갈 때는 그리스도를 바라보아야 한다. 그리스도는 우리의 거울이다. 내 인생이 잘못되어가고 있다면 그리스도를 바라보라. 거기에 무엇이 문제인지, 해결 방법이 무엇인지가 드러나 있다. 나의 잘못된 인격을 그리스도의 인격으로 고치며, 나의 성품을 그리스도의 성품으로 고치고, 나의 의지를 그리스도의 의지로 고치는 것이 영적 화장이요, 회개이다.

일곱째, 회개의 최종 목적지는 그리스도이다. 몇 년 전 여름에 충청도에 있는 한 기도원에 간 적이 있었다. 비가 많이 온 후라 계곡에 물이 많이 흐르고 있었다. 거기에 작은 폭포가 있었는데, 시원한 물줄기가 물보라를 일으키며 쏟아져 내렸다. 아무 생각 없이 한참 동안 폭포를 보고 있었는데 문득 눈에 들어오는 것이 있었다. 폭포 밑바닥에는 흙이 없고 너럭바위가 드러나 있는 것이 눈에 들어왔다. 나는 거기서 회개가 무엇인지를 깨달았다. 회개의 목적지는 흙과 같이 변하고 움직이는 유동적인 것에 있는 것이 아니라, 움직이지 않고 변하지 않는 바위, 즉 반석이신 그리스도께 도달하는 것이다.

회개를 통하여 우리의 죄가 씻기고 영혼이 정화된다. 하지만 죄의 굴레를 벗어났나 싶었는데, 돌아보면 또다시 그 굴레 속에 갇혀 있는 자신을 발견하게 된다. 이러한 사실을 발견하면 우리의 영혼은 애통함으로 다시 성령의 정화의 불 속으로 들어가게 된다. 우리의 회개가 변함 없으신 그리스도에 이르게 될 때까지 회개와 정화는 계속된다. 마치 바닥의 흙을 모두 씻어내고 반석이 드러날 때까지 폭포수가 계속해서 쏟아져 내리는 것처럼 그렇다. 우리의 회개가 최종 목적지인 그리스도께 이르면 죄로부터 참된 해방을 맛보게 될 것이다.

여덟째, 회개치 아니하는 것은 신성모독이다. 불의를 행하는 것 자체가 문제가 되는 것이 아니라 회개하지 않는 것이 문제이다. 회개하지 않는 것은 하나님의 풍성하신 인자함과 관용하고 오래 참으심을 업신여기는 것이라고 바울은 말한다. 그러므로 회개치 않는 것은 하나님을 무시하는 처사요 신성모독이다. 하나님은 회개하지 않는 죄와 그 행위를 한 사람을 심판하시는데, 그 결과는 진노와 형벌이다.

마지막으로 부연하자면 회개는 창문을 여는 것이다. 가스 불 위에 국 냄비를 올려놓고 깜박 잊었을 때, 처음에는 물이 졸아들고 나중에는 내용물이 타게 된다. 탄 냄새가 점차로 온 집안에 가득 해진다. 타는 냄새에 "아차" 하고 깨닫지만 때는 이미 늦었다. 재빨리 부엌으로 가서 가스 불을 끄고 냄비를 싱크대 물 속에 담근다. 그리고 서둘러 창문을 모두 열어놓는다. 한참 후에 연기가 다 빠져나가면 냄새도 사라진다. 물론 집안 구석구석 배어 있는 냄새는 며칠 동안 우리를 괴롭게 한다.

회개도 그와 같다. 우리가 죄를 지을 때는 그저 순간적으로 죄의 행동을 하는 것이 아니다. 이미 우리 속에 가득 찬 악의 냄새가 밖으로 뿜어져 나오는 것일 뿐이다. 진정한 회개는 죄의 행위를 뉘우치는 것이 아니라 냄새로 가득 찬 우리 심령의 창문을 여는 것이다. 그러면 성령의 바람이 불어와 악의 냄새를 날려 보낸다. 회개의 강도와 진정성에 따라, 창문을 얼마만큼 열었느냐에 따라 냄새가 사라지는 속도가 결정될 것이다. 진실한 회개는 구석구석 밴 냄새까지도 다 날려보낸다.

순수한 영의 사람은 약간의 냄새만 나도 창문을 열지만 무딘 사람은 집이 다 타도록 알아채지 못한다. 내 집에서 밥이 타는데, 남의 집에서 밥이 탄다고 다른 집을 기웃거리거나 참견하지 마라. 내 심령의 창문을 빨리 열어야 한다. 냄새가 배기 전에, 집이 불타 사라지기 전에 창문을 열어야 한다. 늘 깨어 기도하는 자는 성령의 바람이 늘 불어오도록 아예 창문을 열어놓고 사는 사람이다.

회개 II

이 글을 쓸 무렵 영화 "밀양"을 보았다. 나는 평소에 영화를 잘 보지 않는다. 관객이 천만 명이 넘었다는 영화를 나만 안 보면 안 될 것 같아 겨우 찾아보는 정도이다. 자의반 타의반으로 이 영화를 보았다. 생각을 많이 하게 하는 불편한 영화이다. 그 중에서 아들 준을 유괴 살해한 범인 정도섭을 면회하는 장면에서 신애(전도연)와 정도섭의 대화가 더욱 그렇다. 신애는 아들을 살해한 그를 용서해야겠다고 마음먹고 교도소를 찾아갔는데, 정작 그는 "하나님께서 저를 용서해 주셨습니다. 그래서 지금은 마음이 얼마나 편안한지 모릅니다"라고 말한다. 그러자 신애는 반문한다. "하나님께서 용서해 주셨다고요?"

이 문제의 대화에 대해 많은 논란이 있는 줄 안다. 이 대화에 대해 심리학적으로나 신학적인 이론을 전개할 생각은 없다. 다만 본 주제와 관련해서 생각해 보려고 한다. 이 문제는 회개와 관련하여 또 다른 질문을 우리에게 던진다. "왜 죄는 사람에게 짓고 회개는 하나님께 하는가?", "하나님은 사람의 용서와 상관없이 회개하는 자의 죄를 용서하시는가?", "하나님께 회개하면 무조건 용서하신다고 하는데, 그러면 모든 문제가 정말로 다 해결되는가?"

모든 죄는 과거에 저질러진 것들이다. 이는 다시 돌이킬 수 없다는 한계를 가진다. 항구를 떠난 배는 때가 되면 다시 돌아오지만 한 번 흘러간 인생은 다시 돌아오지 않는다. 실수든 고의로든 한 번 지은 죄는 번복될 수 없다. 하나님께 용서받았다 하더라도 죽은 준이는 다시 살아나지 않는다. 이처럼 과거의 속성이 허무이듯이 죄의 속성 또한 허무이다. 회개는 허무를 극복하기 위한 애씀이다. 죄 용서함은 허무의 극복이며, 과거로부터의 해방이다.

참된 해방과 극복은 추상적인 개념 속에 갇혀 있는 것이 될 수 없다. 삶이 동반되지 않는 마음의 해방과 평안은 환상이요 아편이다. 죄 용서함을 받는다는 것은 분명 마음의 평안을 준다. 그리고 그것은 삶의 평안으로 드러난다. 하지만 삶의 변화가 없는 회개는 사람 그리고 하나님과는 상관없는 자기 합리화에 불과한 것이다. 삶의 변화는 사람과 사람 사이의 관계의 변화를 말하며, 마음의 평안은 하나님과의 관계의 변화를 말한다. 이 양자가 함께 하지 않는 회개나 죄 사함은 의미가 없다.

사람과의 관계에서 변화가 없는 회개가 이기적인 기독교를 만든 주범이다. 하나님께 회개하지 않는 것은 신앙과 아무 상관이 없다. 또한 사람에게 용서를 구하는 회개를 하지 않는 것 또한 신앙이 아니다. 양자 모두에게 진실함을 보이는 회개야말로 과거의 죄를 극복하게 하며, 과거로부터 해방을 받는 참된 회개이다.

복음 시대를 살고 있는 우리에게 회개의 기준은 그리스도이다. 예수께서는 뭐라고 하셨는가? 예수께서는 하나님을 향한 일방적인 회개를 말씀하지 않으셨다. 오히려 사람 사이의 관계를 더 중요하게 여기셨다. 주님께서 가르쳐주신 기도에서도 "우리가 우리에게 죄 지은 자를 사하여 준 것같이 우리 죄를 사하여 주옵시고"[55] 라는 말씀이 나온다. 이는 사람 사이의 용서가 회개의 기본임을 가르치신 것이다.

---

55) 마 6:12.

"그러므로 예물을 제단에 드리려다가 거기서 네 형제에게 원망들을 만한 일이 있는 것이 생각나거든 예물을 제단 앞에 두고 먼저 가서 형제와 화목하고 그 후에 와서 예물을 드리라"[56]는 말씀에서 보듯이, 하나님을 향한 예물보다도 사람 사이의 화목이 더 소중함을 말씀하셨다. 화목은 사람 사이에 거리낌이 해소된 상태를 말한다. 죄는 항상 거리끼는 것이나 회개는 그것을 해소한다.

"왜 죄는 사람에게 짓고 회개는 하나님께 하는가?", "하나님은 사람의 용서와 상관없이 회개하는 자의 죄를 용서하시는가?", "하나님께 회개하면 무조건 용서하신다고 하는데, 그러면 모든 문제가 정말로 다 해결되는가?" 만약에 그렇다고 한다면 기독교는 정신 수양을 하는 단체에 불과하며, 회개는 과거의 합리화 과정이요, 죄 사함은 환상일 뿐이다. 회개는 하나님과의 관계 회복을 통해 사람 사이의 관계를 회복하는 것이다. 회개를 통해 사람 사이의 관계가 회복되지 아니하면 이 땅에 하나님 나라는 결단코 이룩될 수 없다.

56) 마 5:23~24.

4. 유대인의 특권과 두 가지 질문

〉〉〉 3장 1~8절

그런즉 유대인의 나음이 무엇이며 할례의 유익이 무엇이냐 범사에 많으니 우선은 그들이 하나님의 말씀을 맡았음이니라 어떤 자들이 믿지 아니하였으면 어찌하리요 그 믿지 아니함이 하나님의 미쁘심을 폐하겠느냐 그럴 수 없느니라 사람은 다 거짓되되 오직 하나님은 참되시다 할지어다 기록된 바 주께서 주의 말씀에 의롭다 함을 얻으시고 판단 받으실 때에 이기려 하심이라 함과 같으니라 그러나 우리 불의가 하나님의 의를 드러나게 하면 무슨 말 하리요 [내가 사람의 말하는 대로 말하노니] 진노를 내리시는 하나님이 불의하시냐 결코 그렇지 아니하니라 만일 그러하면 하나님께서 어찌 세상을 심판하시리요 그러나 나의 거짓말로 하나님의 참되심이 더 풍성하여 그의 영광이 되었다면 어찌 내가 죄인처럼 심판을 받으리요 또는 그러면 선을 이루기 위하여 악을 행하자 하지 않겠느냐 어떤 이들이 이렇게 비방하여 우리가 이런 말을 한다고 하니 그들은 정죄 받는 것이 마땅하니라.

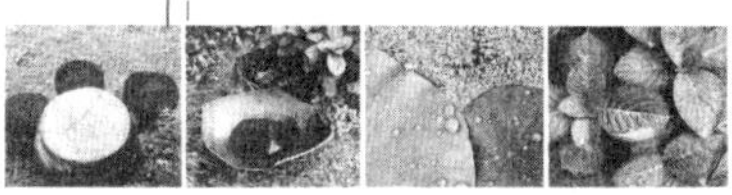

앞서 바울은 율법을 가지고 있어서 참된 유대인이 되는 것이 아니고, 율법을 지키는 자라야 진정한 유대인이라고 하였다. 또한 이면적 유대인이라는 표현을 통해 율법을 가지지 않은 자라도 양심

에 의한 율법적 요구를 지키면 이방인도 이면적 유대인이 될 수 있다고 하였다. 이는 율법의 소유 여부가 구원을 위한 유대인의 특권이 아니라는 사실을 명시한 것이다. 본문에서도 이와 같은 논지를 계속 발전시켜 나간다. 본문에서는 할례와 율법이라는, 유대인들이 생각하는 특권에 대한 논의와 두 가지 질문에 대해 답변하고 있다.

유대인의 특권

바울은 유대인의 특권이 무엇이며, 할례의 이로움이 무엇이냐고 반문한다. 여기서 유대인의 특권과 할례의 유익은 각각 앞의 본문[57]에서 말한 것을 지적한 것이다. 즉 바울은 율법과 할례의 특권과 유익은 그 규정을 지키는 자에게 해당되는 것이지 유대인이라고 해서 다 적용되는 것은 아니라고 하였다. 그렇다고 해서 유대인의 이점이 전혀 없는 것이냐 하면 그것은 아니다. 바울은 구원에 대한 유대인의 우선권을 인정하고 있으므로 당연히 유대인의 특권은 있다고 한다.

그것은 첫째로 하나님의 말씀을 맡았다고 하는 것이다. 여기서 첫째로는 다음에 둘째라는 단어가 나오지 아니하므로 무엇보다도 우선적으로란 뜻으로 이해하여야 한다. 그리고 하나님의 말씀이란 표현을 단순히 율법이나, 구약성경의 말씀으로 해석해서는 안

57) 롬 2:17~24, 2:25~29.

된다. 하나님의 말씀은 뒤따라 나오는 '믿지 아니함', '하나님의 미쁘심'과 연결되는 단어로 구약에 나타난 유대적 사고로 해석해야만 하는 말씀이다.

즉 무엇보다도 하나님의 말씀을 맡았다고 한 것은, 율법과 할례로 하나님과의 계약을 맺은 것을 말한다. 율법은 시내 산에서 이스라엘이 하나님과 맺은 계약이며, 할례는 "내 언약이 너희 살에 있다"[58]고 하는 의미로서의 계약이다. 그러므로 문서와 몸의 표식으로 하나님과 계약을 맺은 백성이라는 것이 유대인의 특권이요 자랑이다. 바울도 그것을 유대인의 특권이라고 인정하였다. 그러나 하나님은 신실하심으로 그 계약을 계속 지키시는 데 반하여 유대인들은 믿지 아니함으로 그 계약을 깨뜨렸다.

바울은 유대인들이 하나님의 의에 대해 불의를, 참되심에 대해 거짓을 드러냈다고 하였다. 하나님의 의와 참되심은 이스라엘과 맺은 언약을 지키시는 하나님의 신실함을 말하며, 불의와 거짓은 계약을 깨뜨리는 이스라엘의 행위를 말한다. 여기서 불의는 도덕적 결함을 말하는 것이 아니라 계약을 위반하는 행위 자체를 말한다.

바울은 자신이 유대인이므로 유대인의 구원에 안타까움을 가지고 있었다.[59] 바울은 가말리엘의 문하생으로 그 누구보다도 율법에 열심이었고 율법을 잘 아는 자였다.[60] 그런 연유로 유대인이

58) 창 17:13~14, 너희 집에서 난 자든지 너희 돈으로 산 자든지 할례를 받아야 하리니 이에 내 언약이 너희 살에 있어 영원한 언약이 되려니와 할례를 받지 아니한 남자 곧 그 포피를 베지 아니한 자는 백성 중에서 끊어지리니 그가 내 언약을 배반하였음이니라.

구원에 이르지 못하는 이유도 잘 알고 있었다. 그것은 율법의 행위로는 구원을 받지 못한다는 사실과 그들이 율법에 얽매여 유일한 구원의 길인 그리스도를 받아들이지 못한다는 것이다. 따라서 유대인들은 특권을 가지고 있음에도 그것을 활용하지 못하고 있음을 바울이 지적하는 것이다.

두 가지 질문

본문의 주제에서 벗어나지는 않지만 다소 의외의 두 질문이 나온다. 첫 번째 질문은 "그런데 우리의 불의가 하나님의 의를 드러나게 한다면, 무엇이라고 말하겠습니까?"(3:5, 표준새번역)이다. 이 질문의 요지를 좀더 분명하게 하기 위해 바울은 다음과 같은 질문을 덧붙인다. "나의 거짓으로 하나님의 참되심이 더욱 분명하게 드러나서, 그분에게 영광이 돌아간다면, 왜 내가 여전히 죄인으로 판정을 받아야 하느냐?"(3:7, 표준새번역) 하는 것이다.

---

59) 롬 9:2~3, 내게는 내 동족을 위한 큰 슬픔이 있고, 내 마음에는 끊임없는 고통이 있습니다. 나는 육신으로 내 동족 내 겨레를 위하는 일이면 내가 저주를 받아서 그리스도에게서 끊어질지라도 달게 받겠습니다.(표준새번역)
롬 10:1, 형제들아 내 마음에 원하는 바와 하나님께 구하는 바는 이스라엘을 위함이니 곧 그들로 구원을 받게 함이라.

60) 행 22:3, 나는 유대인으로 길리기아 다소에서 났고 이 성에서 자라 가말리엘의 문하에서 우리 조상들의 율법의 엄한 교훈을 받았고 오늘 너희 모든 사람처럼 하나님께 대하여 열심이 있는 자라.
빌 3:5~6, 나는 팔 일 만에 할례를 받고 이스라엘 족속이요 베냐민 지파요 히브리인 중의 히브리인이요 율법으로는 바리새인이요 열심으로는 교회를 박해하고 율법의 의로는 흠이 없는 자라.

그리고 두 번째 질문은 "'좋은 일이 생기라고, 악한 일을 하자' 하고 말할 수 있겠습니까?"(3:8, 표준새번역)라는 것이다. 이 질문을 하는 '어떤 이들'은 바울의 구원론을 비방하는 사람들이다. 즉 믿음으로 의롭다 하심을 얻는다는 바울의 구원론에 대해 그의 적대자들은 위의 질문들을 비방조로 바울에게 했던 것이다.

이 질문들에 대해 그는 질문과 답변의 형식으로 글을 전개해 나가며 반론을 제기한다. 바울의 구원론은, 모든 사람은 죄인이며, 죄인이 구원을 받기 위해서는 하나님의 은혜가 필수불가결한 조건임을 대전제로 하고 있다. 이 구원론을 뒤집어 말하면 죄가 많은 곳에 당연히 은혜도 많다는 식의 논리가 성립하게 된다.[61] 즉 죄가 많을수록 그 죄를 사하기 위해서는 더 많은 은혜가 필요하지 않겠느냐는 것이다. 그러므로 죄를 많이 지을수록 하나님의 은혜도 많이 드러나므로, 죄를 많이 짓는 것이 오히려 하나님의 은혜를 드러나게 하고 하나님께 영광을 돌리는 것이 아니냐는 식의 궤변이 성립하게 된다.

이것이 위의 두 질문의 요지이다. 이에 대해 바울은 사람들이 말하는 방식으로 말하지만 결코 아니라고 단호하게 말한다. 여기서 사람들이 말하는 방식이란 말은 랍비들의 전통에 따른 표현이다.

첫 번째 질문은, 우리의 불의가 하나님의 의를 드러나게 한다면, 그리고 나의 거짓으로 하나님의 참되심이 드러나게 된다면, 내

---

61) 참고. 롬 5:20, 율법이 들어온 것은 범죄를 더하게 하려 함이라 그러나 죄가 더한 곳에 은혜가 더욱 넘쳤나니.
롬 6:1, 그런즉 우리가 무슨 말을 하리요 은혜를 더하게 하려고 죄에 거하겠느냐.
롬 6:15, 그런즉 어찌하리요 우리가 법 아래에 있지 아니하고 은혜 아래에 있으니 죄를 지으리요 그럴 수 없느니라.

가 왜 죄인으로 판정받아 심판을 받아야 하느냐는 것이다. 이에 대해 바울은 만약에 그렇다면 하나님께서 어떻게 의로 세상을 심판하실 수 있겠느냐고 반문하며, 그럴 수 없다고 말한다.

어두운 밤하늘에 밝은 별 하나가 있다고 하자. 어두움이 별빛을 더욱 빛나게 하는 것은 사실이다. 하지만 어두운 밤하늘이 밝은 별을 위해 어두운 것은 아니다. 또한 밝은 별은 어두운 밤하늘을 비추기는 하지만 밤하늘이 어둡기 때문에 밝은 것이 아니다. 단지 우리 눈에 그렇게 보일 뿐이다. 별은 어두움과 상관없이 스스로 빛을 내고 있는 것이다. 그러므로 어두움, 즉 불의가 하나님의 의를 드러나게 하지만 그것은 인간 편에서 볼 때 그런 것이고, 하나님의 의는 스스로 자신을 드러낸다.

검은색 천에 흰색 물감이 떨어졌을 때, 검은색 때문에 흰색이 돋보이기는 하지만 흰색은 처음부터 흰색이요, 검은색은 처음부터 검은색이다. 그렇게 보인다고 달라지는 것은 아무것도 없다. 따라서 불의는 하나님의 참되심을 드러나게 하지만 그것은 하나님의 의와 상관없는 것이다. 그러므로 이와 같은 궤변을 일삼는 자들은 심판받아 마땅하다.

두 번째 질문은 '좋은 일이 생기라고, 악한 일을 하자' 라고 말할 수 있느냐는 것이다. 이는 "은혜를 더하게 하려고 죄에 거하겠느냐?"[62]라는 말과 같은 요지이다. 바울은 과거 훼방자요 박해자였던 죄인 중에 괴수인 자신에게, 주께서 은혜를 넘치게 부어 주셨다고 고백한다.[63] 바울의 고백이 아니더라도 분명히 죄가 많은

---

62) 롬 6:1.

곳에 은혜도 많다. 그렇다고 은혜를 많이 받으려고 더 많이 죄를 지어야 한다는 말은 아니다. 바울은 이러한 궤변을 일삼는 적대자들을 더 이상 설득하려 하지 않는다. 그저 단호하게 이런 자들은 심판받아 마땅하다고 일침을 가함으로 논의를 끝낸다.

이 두 번째 질문과 같은 것은 우리도 종종 받는 유혹이다. 복음의 길과 세상 유혹 사이에서 갈등할 때, 한 번쯤은 생각해 봄직한 것이다. 예를 들어 십일조를 많이 하기 위해 부정한 방법으로 돈을 버는 것이나, 전도하기 위한 것이라는 미명하에 악한 자들과 어울려 악을 행하는 것 등이다. 결과가 선하다고 수단까지 선해지는 것은 아니다. 영혼 구원이라는 선한 목적을 위해, 타인의 사정을 배려하지 않고 수단과 방법을 가리지 않고 전도하는 것도 바람직하지 않다. 사랑은 무례히 행치 아니하는 것인데, 그토록 좋은 복음을 가지고 왜 무례히 행하려 하는가? 목적과 수단, 시작과 마침이 다 선할 때 선을 온전히 이루었다고 하는 것이다. 좋은 일이 생기라고 악을 행하는 것에 대해서는 오직 정죄함만이 있을 뿐이다. 이에 대한 좋은 예가 가룟 유다의 배반이다.

예수께서 십자가 위에서 죽으심으로 인류의 구원을 이루셨다. 이 십자가 사건을 가능케 한 최고의 공로자를 꼽으라고 한다면 단연 가룟 유다일 것이다. 만약에 그가 배반하지 않고 주님을 팔지 않았다면 십자가 사건은 없었을지도 모른다. 가룟 유다가 없었으

63) 딤전 1:13~15, 내가 전에는 비방자요 박해자요 폭행자였으나 도리어 긍휼을 입은 것은 내가 믿지 아니할 때에 알지 못하고 행하였음이라 우리 주의 은혜가 그리스도 예수 안에 있는 믿음과 사랑과 함께 넘치도록 풍성하였도다 미쁘다 모든 사람이 받을 만한 이 말이여 그리스도 예수께서 죄인을 구원하시려고 세상에 임하셨다 하였도다 죄인 중에 내가 괴수니라.

면 십자가도 없고, 십자가 없이는 구원도 없다. 그러므로 십자가 사건의 최고 공로자인 유다를 하나님께서는 어떻게 심판하실까? 주님을 배반하였으니 유죄인가? 아니면 그 공로를 인정받아 무죄인가?

이와 같은 질문은 청년부 때 종종 하던 것이지만, 사실 그럴 듯한 궤변일 뿐이다. 좋은 일이 생기라고 악을 행한다는 것 자체가 논리에 맞지 않는다. 악의 열매는 악일 뿐, 선이 될 수 없다. 설사 사람들이 악을 행했는데 그 결과가 선이 나왔다고 해서 저지른 악이 선으로 바뀌지는 않는다. 십자가의 사건은 사람들의 악행으로 빚어진 사건이다. 그것을 능력의 하나님께서 구원 사건으로 바꾸어 놓으셨다. 그러므로 가룟 유다의 배신으로 십자가 사건이 일어난 것이 아니라, 하나님의 능력과 섭리로 십자가 사건이 일어난 것이다.

5. 결론

⟩⟩⟩ 3장 9~20절

그러면 어떠하냐 우리는 나으냐 결코 아니라 유대인이나 헬라인이나 다 죄 아래에 있다고 우리가 이미 선언하였느니라 기록된 바 의인은 없나니 하나도 없으며 깨닫는 자도 없고 하나님을 찾는 자도 없고 다 치우쳐 함께 무익하게 되고 선을 행하는 자는 없나니 하나도 없도다 그들의 목구멍은 열린 무덤이요 그 혀로는 속임을 일삼으며 그 입술에는 독사의 독이 있고 그 입에는 저주와 악독이 가득하고 그 발은 피 흘리는 데 빠른지라 파멸과 고생이 그 길에 있어 평강의 길을 알지 못하였고 그들의 눈 앞에 하나님을 두려워함이 없느니라 함과 같으니라 우리가 알거니와 무릇 율법이 말하는 바는 율법 아래에 있는 자들에게 말하는 것이니 이는 모든 입을 막고 온 세상으로 하나님의 심판 아래에 있게 하려 함이라 그러므로 율법의 행위로 그의 앞에 의롭다 하심을 얻을 육체가 없나니 율법으로는 죄를 깨달음이니라.

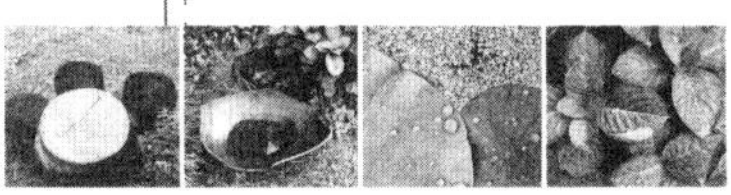

바울은 모든 사람은 죄인이라고 선언함으로 결론을 맺는다. 모든 사람이 죄 아래 있다는 사실에는 유대인도 결코 예외가 될 수 없다고 말한다. "하나도 없나니"라는 표현이 이를 뒷받침하고 있다. 이와 같은 결론을 변호하기 위해 그는 모두 9개의 구약성경 구절을 인용한다. 이중 대부분은 로마서나 바울 서신에서 바울이 말한 내용들이다. 여기서도 사람들의 죄를 하나님께 대한 죄와 사람에게 짓는 죄로 나누어 볼 수 있다.

첫째, 의인은 없나니 하나도 없다는 대전제 아래 하나님께 죄를 짓는 사람의 부류에 대해 말한다. 깨닫는 자도 없고, 하나님을 찾는 자도 없고, 하나님을 두려워하는 자도 없다. 즉 깨닫는 자도 없다는 것은 하나님을 알려고 하는 자도 없다는 말이며,[64] 하나님을 찾지도 아니한다는 말은 하나님과 교제하려고 하지 않는다는 말로, 감사치도 아니하고 영광을 돌리지도 아니한다는 말이다.[65] 그리고 하나님을 두려워하지 않는다는 말은 하나님을 하나님으로 인정하지 않는다는 것이다.[66] 그러므로 사람들은 무익하게 되어 죄를 짓게 된다는 것이다. 무익하다는 말은 쓸모없게 되었다는 말인데, 이는 사람들을 죄 아래 내버려 두셨다는 말이다.

둘째, 무익한 죄인이 사람들에게 짓는 죄는 선을 행하지도 아니하는 것인데, 특이한 것은 앞에서는 다양하게 죄를 열거했으나[67] 여기서는 말로 짓는 죄와 죄 짓는 발, 다시 말하면 죄 짓는 데 신속함만을 지적하고 있다. 말로 짓는 죄는 목구멍, 혀, 입술, 입 등을 열린 무덤, 속임을 베푸는 혀, 독사의 독, 저주와 악독이 가득한 입으

64) 롬 1:18, 하나님의 진노가 불의로 진리를 막는 사람들의 모든 경건하지 않음과 불의에 대하여 하늘로부터 나타나나니.

65) 롬 1:21, 하나님을 알되 하나님을 영화롭게도 아니하며 감사하지도 아니하고 오히려 그 생각이 허망하여지며 미련한 마음이 어두워졌나니.

66) 롬 1:28, 또한 그들이 마음에 하나님 두기를 싫어하매 하나님께서 그들을 그 상실한 마음대로 내버려 두사 합당하지 못한 일을 하게 하셨으니.

67) 롬 1:28~31.

로 관계지어 회화적으로 묘사하고 있다.

이 두 종류의 죄를 관계의 차원에서 설명할 수 있다. 즉 하나님과의 관계에서 짓는 죄와 사람과의 관계 속에서 짓는 죄로 볼 수 있다. 무인도에서 혼자 살지 않는 한 모든 사람들은 관계 속에서 살아간다. 그러므로 죄는 항상 관계 속에서 나타난다. 또한 공동체라는 차원에서도 죄를 설명할 수 있다. 특히 사람에게 짓는 죄는 공동체를 파괴하는 역할을 한다. 구약 시대에는 유대 공동체를, 신약 중에서 특히 바울에게 있어서는 교회 공동체를 파괴하는 것이 바로 죄이다. 그러므로 개인적으로 죄를 짓는 것 같지만 모든 죄는 공동체의 파괴를 도모한다.

바울은 마지막으로 다시 한 번 율법으로는 구원받을 수 없음을 천명하고, 율법이 아닌 복음과 그 복음을 믿는 믿음으로 얻게 되는 새로운 구원의 길을 열 준비를 한다.

제3부 이신칭의(以信稱義)

바울은 이제까지 믿음으로 의롭다 하심을 얻는 것을 설명하기 위한 초석을 놓았다. 하나님으로부터 의롭다 하심을 받기 위해서는 모든 사람이 죄인임을 밝히는 것이 그 첫째요, 둘째는 죄인인 모든 사람은 하나님의 심판 아래 놓여 있다는 것이다. 이제부터는 심판을 면할 수 없는 죄인들이 구원받는 유일한 길에 대한 논의를 시작한다. 죄로부터 구원받는 길은 믿음으로 의롭다 하심을 얻어 의인(義人)이 되는 것뿐이다. 그 길은 율법의 행위로도 갈 수 없고, 인간의 그 어떠한 노력으로도 통과할 수 없다. 오직 예수 그리스도를 믿는 믿음으로만 그 길을 통과할 수 있다. 왜냐하면 구원을 이루시는 하나님의 의는 그리스도를 믿는 믿음 위에만 임하기 때문이다.

본 단원은 그리스도를 믿는 믿음으로 의롭다 하심을 받는다고 선언하고, 이를 속죄제물의 개념으로 설명한다. 그런 연후에 의인(義認)을 둘러싼 논쟁들에 대한 해명을 시도하며, 그리고 의인에 대한 논쟁들을 구약성서에 나오는 아브라함의 예를 들어 증명하는 것으로 구성되어 있다.

'믿음으로 의롭다 하심을 얻는다'는 말을 사자성어로 표현할 때 '이신칭의'(以信稱義), '이신득의'(以信得義)라는 말과 함께 '신앙의인'(信仰義認)이라는 말이 주로 쓰인다. 이 중에 보편적으로 사용되는 '이신칭의'(以信稱義)라는 말을 썼다.

1. 의인(義認)

〉〉〉 **3장 21~26절**

이제는 율법 외에 하나님의 한 의가 나타났으니 율법과 선지자들에게 증거를 받은 것이라 곧 예수 그리스도를 믿음으로 말미암아 모든 믿는 자에게 미치는 하나님의 의니 차별이 없느니라 모든 사람이 죄를 범하였으매 하나님의 영광에 이르지 못하더니 그리스도 예수 안에 있는 속량으로 말미암아 하나님의 은혜로 값 없이 의롭다 하심을 얻은 자 되었느니라 이 예수를 하나님이 그의 피로써 믿음으로 말미암는 화목제물로 세우셨으니 이는 하나님께서 길이 참으시는 중에 전에 지은 죄를 간과하심으로 자기의 의로우심을 나타내려 하심이니 곧 이때에 자기의 의로우심을 나타내사 자기도 의로우시며 또한 예수 믿는 자를 의롭다 하려 하심이라.

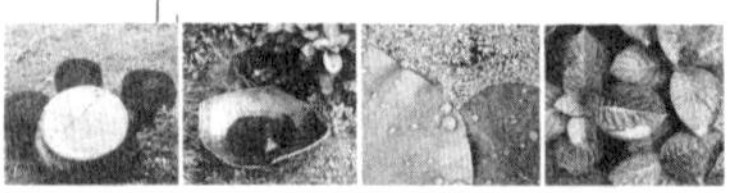

바울은 의인(義認)에 대한 이제까지의 논의를 종식시키려는 듯 간결한 필치로 핵심을 서술한다. 이를 쉽게 풀어 쓰면 다음과 같다.

율법과 상관없이 하나님의 의가 나타났다. 이는 율법과 선지자들이 증언한 것으로, 곧 예수 그리스도를 믿는 믿음을 통하여 모든 사람에게 아무 차별도 없이 온다. 모든 사람이 죄를 범함으로 하나님의 영광, 즉 구원에 이르지 못하였으나 그리스도 예수 안에 있는 속량을 힘입어 하나님의 은혜로 값없이 의롭게 하여 주셨다. 이는 "복음에는 하나님의 의가 나타나서 믿음으로 믿음에 이르게 하나니 기록된 바 오직 의인은 믿음으로 말미암아 살리라 함과 같으니라"[1]라는 말씀을 확대하여 반복한 것이며, 구약의 속죄제사를 통하여 의인의 원리를 증명하는 것이다.

바울은 이 의인의 원리를 구약의 속죄제사로 설명한다. 즉 하나님께서 예수를 사람에게 속죄제물로 주셨고, 누구든지 그 피를 받으면 속죄함을 받는다. 하나님께서 이렇게 하신 것은 사람들이 이제까지 지은 죄를 너그럽게 보아 주심으로 자기의 의를 나타내시려는 것이다. 하나님께서 길이 참으시는 가운데 지금 이때에 자기의 의를 나타내신 것은, 하나님은 의로우신 분이라는 것과 예수를 믿는 사람은 누구나 의롭게 해주신다는 것을 나타내시려는 것이다.

속량(贖良)이란 말은 고대 시대에 노예들을 그 몸값을 받고 양민(良民)으로 풀어 주는 것을 말한다. 그리스도 예수로 말미암아 우리가 속량함을 입었다는 말은, 죄의 종이었던 우리를 친히 자신의 몸을 죄값으로 치르고 우리를 죄의 종에서 풀어 주셨고, 그로 인해 우리가 자유인이 되었음을 말한다. 그리고 '간과'의 파레시스(πάρεσις)라는 말은 '관용, 넘어감, 눈감아 줌'이란 뜻으로, 구약에서 속죄제물의 희생을 보고 그 사람의 죄를 용서하고 눈감아 준다는 뜻이다. 여기서는 구원하시는 은혜와 속죄제물에 대하여 살펴

1) 롬 1:17.

봄으로 의인의 원리와 개념을 정리해 보고, 마지막으로 기억에 대해 생각해 보고자 한다.

은혜

우리는 예수 그리스도를 믿는 믿음으로 하나님으로부터 의롭다 하심을 받는다. 아주 당연한 말이다. 그런데 이 말을 다시 한 번 생각해 보면 이처럼 황당한 말도 없다. 믿음이 아닌 상식으로 생각해 보면 도대체 말도 되지 않는다. 2천 년 전, 한 청년이 있었다. 그는 유대교의 하나님을 믿는 사람이었다. 자칭 메시아로 하나님의 복음을 전하다 예루살렘에서 십자가에 달려 죽었다. 죄목은 반란죄였다. 그가 죽은 지 3일 만에 그의 제자들은 그가 다시 살아났다고 했다. 그리고 누구든지 그를 믿기만 하면 어떠한 죄를 지었든지 간에 다 용서받아 멸망치 않고 구원을 얻는다고 한다.

2천 년 전에 십자가에 달려 죽은 청년이 한둘이 아닐 텐데, 그 중에 다른 이는 안 되고 오직 예수란 청년만 믿으면 구원을 받는다니, 이 말을 처음 들으면 모두 다 말도 안 된다고 고개를 흔들 것이다.

이런 황당한 이야기가 또 있다. 모세가 이스라엘 백성들을 이끌고 애굽을 탈출한 후, 가나안으로 가는 여정 가운데 광야에서 있었던 일이다.[2] 백성들이 모세와 하나님을 원망하자, 하나님이 불

---

2) 민 21:5~9.

뱀을 보내어 백성들을 물게 하심으로 백성 중에 물려 죽은 자가 많이 생겼다. 모세가 하나님께 기도하니 하나님께서 모세에게 명하여 "뱀을 만들어 장대 위에 매달아라. 물린 자마다 그것을 보면 살리라"(민 21:8)라고 하셨다. 이에 모세가 놋으로 뱀을 만들어 장대 위에 달아 놓으니 뱀에 물린 자마다 쳐다본즉 살아났다는 이야기다.

이렇게 보니 성경의 말씀 중 이런 식의 말씀이 매우 많이 나온다. 모세가 지팡이를 들고 바다를 향해 손을 내밀자 홍해가 갈라진 이야기,[3] 여리고 성을 엿새 동안 하루에 한 바퀴씩, 제7일에는 일곱 바퀴를 돌고 일제히 소리를 지르니까 여리고 성이 무너졌다는 이야기,[4] 엘리야가 기도하니까 하늘에서 여호와의 불이 내려왔다는 이야기,[5] 예수께서 진흙을 이겨 날 때부터 소경이었던 자의 눈에 바르고 실로암 못에 가서 씻으라고 하시니, 그가 그대로 하여 눈이 떠져 보게 되었다는 이야기[6] 등 수없이 많이 나온다.

어떻게 이러한 일들이 가능할 수 있단 말인가? 이 이야기들의 공통점이 있는데, 그것은 하나님 또는 예수께서 하신 말씀을 믿고 그대로 하니까 말씀대로 되었다는 것이다. 따라서 모든 불가능을 가능케 하는 것은 오직 하나님의 신실하심을 믿는 믿음, 하나님의 말씀과 약속을 믿는 믿음이다. 그러므로 하나님의 의가 예수 그리스도를 믿는 믿음을 통하여 임함으로 구원받는다는 말도, 안 될

3) 출 14:16.
4) 수 6:1~21.
5) 왕상 18:38.
6) 요 9:7.

것 같은 이야기가 가능하게 되는 것은 전능하신 하나님이 그렇게 말씀하셨기 때문이며, 말씀대로 이루시는 하나님의 신실함 때문이다.

그렇다면 하나님은 왜 예수 그리스도를 믿기만 하면 구원해 주시는가? 바울은 그것을 하나님께서 값없이 주시는 은혜 때문이라고 말한다. 믿기 위한 우리의 행위나 노력이 아니라 하나님께서 거저 주시는 은혜로 말미암아 이 모든 것을 가능케 하신다. 값없이 주시는 은혜라는 것은, 그 은혜를 받기 위한 노력이나 행위가 필요치 않다는 뜻이다. 왜 우리의 노력이 필요치 않은가? 만약에 우리의 노력이 구원을 얻는 데 필요하다면 그것은 인간의 노력으로 구원을 이룰 수 있다는 말이 되기 때문이다.

이제까지 의인에 있어서 은혜의 의미와 역할을 추론해 보았다. 지금부터는 구원을 이루시는 하나님의 은혜의 속성에 대해 좀더 깊이 살펴보기로 하자.

첫째, 구원을 이루시는 하나님의 은혜는 하나님의 능력을 말한다. 우리는 하나님의 은혜를 달콤하고 부드러운 솜사탕처럼 생각하는 경향이 있다. 은혜의 결과는 솜사탕 같을지 모르겠으나 그 과정은 그렇지 않다. 하나님의 시험이나 심판은 우리로 죄를 깨닫게 하고, 때로는 강압적인 연단의 과정을 거쳐 하나님의 비전이나 회개에 이르게 한다. 그러므로 시험이나 심판도 분명히 하나님이 주시는 은혜이다. 시험이나 심판을 달콤한 솜사탕이라고 생각하는 사람은 아무도 없을 것이다. 따라서 은혜를 낭만적으로 생각하는 유아적 신앙을 버려야 한다.

은혜는 한마디로 하나님의 능력의 또 다른 표현이다. 우리의 기도를 들어 응답하시는 것은 전적으로 하나님의 은혜이다. 또한 그것은 기도를 이루시는 하나님의 능력이기도 하다. 우리의 문제들을 해결하시는 것도 은혜이며 동시에 능력이다. 우리를 책망하시는 것도, 그 책망 때문에 하나님의 의를 깨닫게 되고 그리스도를 만나게 되므로 당연히 은혜이며, 깨닫게 하시고 만나게 하시는 능력이다. 구원하시는 것도 은혜요, 구원의 삶을 살도록 인도하시는 것도 은혜다. 때로는 성도들에게 시련을 주심으로 구원의 진리를 깨닫게 하시고 시련을 평화로 바꾸어 주시는 것도 은혜이며, 능력이다. 모든 것이 은혜요 모든 것이 능력이기에 가능하다. 따라서 하나님의 은혜는 곧 그의 전능하신 능력이다.

둘째, 은혜는 면죄부가 아니다. 우리가 하나님의 은혜로 구원받았다고 해서 그 은혜가 곧 모든 죄를 사하는 면죄부는 아니라는 것이다. 하나님이 왜 우리에게 은혜를 베푸시는가? 왜 우리의 죄를 아무런 대가 없이 사하시고 우리를 의롭다 하시는가? 그것은 예수 그리스도 때문이다. 그리스도의 피 흘림이 있기에 그 피를 보고 우리에게 은혜를 주시는 것이다. 그러므로 면죄부는 오직 그리스도 한 분 외에는 없다. 그의 십자가가 면죄부이다.

이를 출애굽기에 나오는 애굽에 내린 열 번째 재앙을 통해 보면 분명히 알 수 있다. 하나님께서 이스라엘 백성들에게 1년 된 어린 양을 잡아 그 피를 집 문 좌우 설주와 인방에 바르라고 명하셨다. 애굽의 사람과 짐승을 무론하고 처음 난 것을 다 죽이는 재앙을 내리실 때 문설주와 인방에 어린 양의 피가 있으면 그 집 안에 있는 사람은 살려 주셨다.[7] 집 안에 있는 사람들을 살리신 은혜는, 그들이 죄가 없어서가 아니라 전적으로 어린 양의 피 때문이다.

예수 그리스도는 유월절 어린 양으로 속죄양이 되셨다. 그러므로 누구든지 그의 피가 있으면 구원함을 받는 것이다. 따라서 우리가 그 피를 믿을 때, 주님의 십자가 위에서 흘리신 피가 우리를 적시게 된다. 우리가 죄가 없어서도 아니요 우리의 노력이나 성품 때문이 아니라, 우리 몸에 흐르는 주님의 피를 보고 하나님이 우리에게 은혜를 베푸시는 것이다. 그러므로 은혜가 면죄부가 아니라 그리스도의 피가 하나님의 은혜를 입게 하는 면죄부이다.

우리가 언뜻 생각할 때에 이렇게까지 상세하게 구별할 필요가 있는가, 또는 이런 것을 몰라도 구원받는 데 아무 지장이 없지 않은가,라고 반문할 수 있다. 물론 그렇다. 하나님은 우리가 구원의 원리를 몰라도 주를 믿기만 하면 은혜로 구원하신다. 그러나 실제 신앙생활에서 이 구분은 매우 중요하다.

예를 들어 목회자든 평신도든 간에 누군가 잘못을 하여 교회 안에서 물의를 일으킨 사건이 있다고 하자. 이럴 때 우리는 "사람은 누구나 죄인이므로 누가 누구에게 돌을 던질 수 있습니까? 주님께서 우리의 죄를 용서하신 것처럼 우리도 용서합시다"라는 식으로 용서하고 면죄부를 주는 것을 말하여 일을 은혜롭게 처리하는 것이라고 생각한다. 이 말은 틀린 말은 아니지만 은혜롭게 일을 처리한 것이 아니다.

은혜는 그리스도를 통해서만 임한다. 따라서 교회에서 은혜로 일을 처리하려면 물의를 일으킨 사람으로 하여금 그리스도 앞으

7) 출 12:13, 내가 애굽 땅을 칠 때에 그 피가 너희가 사는 집에 있어서 너희를 위하여 표적이 될지라 내가 피를 볼 때에 너희를 넘어가리니 재앙이 너희에게 내려 멸하지 아니하리라.

로 나아가도록 해야 한다. 즉 회개하도록 해야 한다. 그가 회개할 때, 하나님께서 그리스도의 피를 보아 그를 은혜로 용서하신다. 그때 우리도 용서하는 것이다. 하나님이 용서한 사람을 누가 정죄할 수 있단 말인가? 따라서 은혜는 무릎으로 그리스도 앞으로 나아가 그리스도를 통해 해결하는 것이지, 죄를 덮어 주고 면죄부를 주는 것이 아니다. 은혜를 면죄부로 여긴다면 그것은 값없이 주시는 하나님의 은혜를 값싼 싸구려 은혜로 전락시키는 것이다.

또한 개인 신앙생활에서도 마찬가지이다. 우리가 죄를 지었을 때 우리는 그 죄를 가지고 하나님 앞으로 나아간다. 이때 탕자처럼 회개하고 죄에서 돌이키는 구체적 행위가 없이 다만 자신의 연약함만을 들어 심정적으로만 회개한다면, 그것 또한 은혜로운 회개가 아니다. 하나님의 은혜는 능력이다. 그러므로 그의 능력을 의지하고 결단하는 회개를 함으로 구체적인 행위 변화가 있어야 한다. 그럼에도 행위 변화가 없는 회개라면 이 역시 값없이 주시는 하나님의 은혜를 값싼 싸구려 은혜로 전락시키는 것이다.

셋째, 하나님의 은혜는 일방적이나 은혜의 삶은 항상 쌍방적인 것이어야 한다. 한국 교회의 문제 중 하나가, 하나님의 은혜를 일방적인 것으로만 생각하고 일방적인 은혜에 머물려고 한다는 것이다. 구원을 이루시는 하나님의 은혜는 분명히 일방적이다. 은혜받기 위한 어떠한 노력도 하나님의 은혜를 더할 수 없으며, 덜할 수도 없다. 구원은 전적인 주님의 은혜이다. 과거에도 그랬고, 현재도 그러하며, 앞으로도 영원히 그럴 것이다. 그러므로 우리는 항상 일방적인 하나님의 은혜 가운데 살아간다.

그러나 은혜의 생활은 그저 받기만 하는 일방적인 은혜 가운데 머물러서는 안 된다. 좌우를 구별하지 못하는 어린아이는 일방적인 부모의 은혜 가운데 살아간다. 부모가 때를 따라 먹을 것을 주고, 입을 옷도 주고, 잠자리도 마련해 주는 등 살아가는 데 있어서 필요한 모든 것을 일방적으로 준다. 그러나 어느 정도 성장하면 부모의 은혜를 생각하게 되고, 부모의 노고를 헤아릴 줄 알고, 자기도 부모를 위해서 뭔가 하려고 한다. 이때부터 철이 들기 시작하는 것이다. 부모의 한계와 노고를 어느 정도 알 만한 나이가 되었는데도 여전히 일방적으로 자신의 욕심에 따라 구하기만 하는 것을 보고 철없다고 하는 것이다.

성숙한 성도가 된다는 것은 믿음과 지식이 일치하여 어린아이의 일을 버리고 그리스도에게 이르기까지 자라는 것을 말한다.[8] 성숙한 성도는 은혜를 일방적으로 받되 하나님의 마음을 헤아려 그 은혜를 갚아 주님을 기쁘시게 하고자 애쓰는 자이다. 그러므로 하나님의 은혜를 받되 그것을 갚을 수 있는 것도 은혜이다. 온전한 은혜의 생활은 이처럼 항상 쌍방적인 것이다.

하나님께서 아브라함을 부르실 때 복을 주어 복의 근원이 되게 하시겠다고 약속하셨다.[9] 복의 근원은 남에게 복을 끼치는 자를

---

8) 고전 13:11, 내가 어렸을 때에는 말하는 것이 어린아이와 같고 깨닫는 것이 어린아이와 같고 생각하는 것이 어린아이와 같다가 장성한 사람이 되어서는 어린아이의 일을 버렸노라.
엡 4:14~15, 이는 우리가 이제부터 어린아이가 되지 아니하여 사람의 속임수와 간사한 유혹에 빠져 온갖 교훈의 풍조에 밀려 요동하지 않게 하려 함이라 오직 사랑 안에서 참된 것을 하여 범사에 그에게까지 자랄지라 그는 머리니 곧 그리스도라.

9) 창 12:1~3, 여호와께서 아브람에게 이르시되 너는 너의 고향과 친척과 아버지의 집을 떠나 내가 네게 보여 줄 땅으로 가라 내가 너로 큰 민족을 이루고 네게 복을 주어 네 이름을 창대하게 하리니 너는 복이 될지라 너를 축복하는 자에게는 내가 복을 내리고 너를 저주하는 자에게는 내가 저주하리니 땅의 모든 족속이 너로 말미암아 복을 얻을 것이라 하신지라.

말한다. 즉 하나님으로부터 받은 복을 모든 사람에게 나누어주는 것을 말한다. 주는 것으로서의 복이다. 이처럼 복도 받는 것으로서의 복과 주는 것으로서의 복이 있다. 또한 바울은 앞서 보았듯이 자신을 복음의 빚진 자라고 하였다. 이는 복음을 받은 만큼 전하지 않으면 빚이라고 한 것이다. 복음 대신에 은혜라는 말을 써도 좋을 것이다. 우리는 은혜에 빚진 자이다. 하나님의 은혜를 받은 만큼 갚지 않으면 빚으로 남는다.

은혜의 빚은 드림으로써 갚는다. 나의 물질과 시간, 재능과 생명을 하나님께 드림으로 빚을 갚는 것이다. 나아가 하나님께 받은 것을 이웃과 나눌 수 있는 것도 은혜이다. 그러므로 이웃에게 따뜻한 말 한마디를 하는 것, 차 한 잔 대접하는 것, 어깨를 감싸안으며 웃어 주는 것, 내가 할 수 있는 만큼 돕는 것, 굶는 자를 생각해서 과식하지 않는 것, 분에 넘치게 좋은 집, 좋은 차를 가지지 않는 것, 사치하지 않고 명품으로 치장하지 않는 것 등 이웃과 나눌 수 있는 은혜는 너무 많다.

일방적인 은혜만을 요구하는 어린아이의 신앙을 버리고 은혜를 드리고 나눌 줄 아는 성숙한 성도가 은혜를 아는 자요, 감사할 줄 아는 성도이다.

속죄제물

예수 그리스도를 믿는 믿음을 가진 자에게, 값없이 주시는 은혜로 하나님의 의가 임하여, 의롭다고 인정하신다는 것이 의인(義認)

이다. 이를 속죄제물의 원리로 설명하면 다음과 같다.

하나님은 우리 죄를 아무 대가 없이 용서하신다. 만약에 그렇다고 한다면 하나님의 정의는 어떻게 설명할 수 있는가? 인간의 죄에 대하여 의로 판단하시고 그 대가를 보응하실 때 하나님은 정의의 하나님이 되시는 것이다. 그럼에도 죄에 대해 아무런 보응도 하지 않으시고 무조건 대가 없이 용서하시기만 한다면 이 세상에 정의는 존재할 수 없게 된다.

이 문제를 해결하기 위해 바울은 속죄제물을 거론하는 것이다. 예수 그리스도는 죄 가운데서 죽을 수밖에 없는 인간들을 위하여 인간의 모든 죄를 친히 지시고 십자가 위에서 죽으셨다. 우리의 죄를 대속하기 위한 속죄양, 즉 속죄제물이 되신 것이다. 우리 대신 죽으신 그리스도의 피(희생)를 보고 하나님이 우리 죄를 사하심으로 우리가 의롭게 된 것이다. 우리가 대가 없이 용서함을 받을 수 있는 것은 우리의 죄의 대가를 그리스도께서 속죄제물이 되어 죽으심으로 치르셨기 때문에 가능한 것이다. 따라서 하나님의 정의는 살아있게 된다.

"이 예수를 하나님이 그의 피로써 믿음으로 말미암는 화목제물로 세우셨으니 이는 하나님께서 길이 참으시는 중에 전에 지은 죄를 간과하심으로 자기의 의로우심을 나타내려 하심이니 곧 이때에 자기의 의로우심을 나타내사 자기도 의로우시며 또한 예수 믿는 자를 의롭다 하려 하심이라"(25~26절)라는 말씀이 바로 이것이다. 하나님의 의는 어떻게 드러나는가? 그것은 모든 사람이 의인이 되었을 때 하나님의 정의가 실현되는 것이다. 십자가의 희생을 통해 하나님은 정의를 실현하셨다.

그리스도께서 속죄제물이 되심으로 우리가 죄 사함 받아 구원에 이른다는 것은, 비단 바울 뿐만 아니라 구약의 예언서에 이미 예언된 말씀이며, 특히 히브리서에 자세하게 서술되고 있다.[10] 예언자 이사야는, 앞으로 올 메시아는 속죄제물로 우리의 모든 질고와 죄악을 지고 죽으실 것을 다음과 같이 예언하였다. "그가 찔림은 우리의 허물 때문이요 그가 상함은 우리의 죄악 때문이라 그가 징계를 받으므로 우리는 평화를 누리고 그가 채찍에 맞으므로 우리는 나음을 받았도다 우리는 다 양 같아서 그릇 행하여 각기 제 길로 갔거늘 여호와께서는 우리 모두의 죄악을 그에게 담당시키셨도다."[11]

히브리서 기자는 "이 뜻을 따라서, 예수 그리스도께서 몸을 오직 한 번 바치심으로써, 우리는 거룩하게 되었습니다"[12]라고 하였다. 또 다른 말씀에서는 "친히 나무에 달려 그 몸으로 우리 죄를 담당하셨으니 이는 우리로 죄에 대하여 죽고 의에 대하여 살게 하려 하심이라"[13]고 하셨다. "그는 우리를 위하여 자신을 버리사 향기로운 제물과 희생제물로 하나님께 드리셨느니라."[14]

그러므로 피 흘림이 없이는 죄 사함도 없다.[15] 아주 간단한 원리이다. 그리스도의 피 흘림이 있기에 우리는 죄 사함을 받아 의

---

10) 참고. 히 9~10장.
11) 사 53:5~6.
12) 히 10:10(표준새번역).
13) 벧전 2:24.
14) 엡 5:2, 그리스도께서 너희를 사랑하신 것같이 너희도 사랑 가운데서 행하라 그는 우리를 위하여 자신을 버리사 향기로운 제물과 희생제물로 하나님께 드리셨느니라.
15) 히 9:22, 율법에 따르면 피로써 깨끗해지지 않는 것이 거의 없습니다. 그리고 피 흘리는 일이 없이는 죄를 용서받지 못합니다(공동번역).

롭게 된 것이다. 따라서 하나님께서 대가 없이 우리를 용서하시는 것이 아니라, 그리스도께서 그 대가를 치르셨기 때문에 우리가 용서받은 것이다.

자, 이제는 구약의 속죄제사를 통해 속죄인과 속죄제물과의 관계를 살펴봄으로 속죄제물로 나를 위해 죽으신 그리스도와 죄인인 우리가 어떻게 연결되는지를 살펴 보고자 한다.

레위기에 나오는 속죄제 규정은 속죄인이 누구냐에 따라 제물과 내용에 약간의 차이가 있으나, 일반적으로 다음과 같이 속죄제를 지내도록 하고 있다.[16] 자신이 범한 죄를 깨달으면 규정에 따라 속죄제물을 제사장에게로 끌고 가서 회막문 여호와 앞에서 속죄인이 속죄제물의 머리에 안수를 하고 제물을 잡는다. 제사장은 그 피를 가지고 회막 안으로 들어가 성소의 휘장 앞에 일곱 번 뿌리고, 또 그 피를 성막 안의 향단 뿔에 바르며, 나머지 피는 성막 입구에 있는 번제단 밑에 모두 쏟는다. 그런 연후에 모든 기름을 취하여 번제단에서 불사른다. 그리고 제사장이 그를 위하여 속죄한즉 그가 사함을 얻게 된다. 이것이 속죄제의 일반적인 규정이다.

속죄제에서 속죄제물에 안수하고 그 제물을 잡는 것은 제사장이 아니라 속죄인이다. 이는 속죄제물과 죄를 지은 속죄인이 하나라는 의미이다. 여기에는 속죄인이 제물을 죽일 때 자기 대신 죽는 제물을 직접 죽임으로 스스로 죄에 대해 죽는 것을 경험하게 하는 교훈적 의미가 담겨 있다.

그러므로 죄인이 속죄제물을 직접 죽이는 것처럼, 십자가 위에

---

16) 레 4:1~5:13.

달리신 예수 그리스도를 죽인 것은 로마 병정이 아니라 바로 나이다. 또한 내가 속죄제물에 안수함으로 나와 속죄제물이 하나가 되는 것처럼 십자가 위에서 나의 죄 때문에 죽은 예수 그리스도도 사실은 나이다. 내가 그리스도와 함께 죽었으니 그리스도와 함께 부활하는 것도 당연하다.

"내가 그리스도와 함께 십자가에 못 박혔나니 그런즉 이제는 내가 사는 것이 아니요 오직 내 안에 그리스도께서 사시는 것이라 이제 내가 육체 가운데 사는 것은 나를 사랑하사 나를 위하여 자기 자신을 버리신 하나님의 아들을 믿는 믿음 안에서 사는 것이라."17)

"우리는, 우리의 옛 사람이 그리스도와 함께 십자가에 달려서 죽은 것이, 죄의 몸을 멸하여서, 우리가 다시는 죄의 노예가 되지 않게 하려는 것임을 압니다. 죽은 사람은 이미 죄의 세력에서 해방되었습니다. 우리가 그리스도와 함께 죽었으면, 그와 함께 우리도 또한 살아날 것임을 믿습니다."18)

바울의 이러한 고백들은 모두가 예수 그리스도를 속죄제물로 보고, 속죄제물인 그리스도와 죄인인 우리가 어떻게 연결되어 구원에 이르는가를 밝힌 것들이다. 그러므로 그리스도가 나를 위해 죽으셨다는 것은 곧 내가 그리스도와 함께 죽었다는 것이며, 그와 함께 죽은 자만이 그와 함께 다시 살아나 부활의 영광을 누리는

---

17) 갈 2:20.
롬 6:5, 우리는 그리스도와 같이 죽어서 그분과 하나가 되었으니 그리스도와 같이 다시 살아나서 또한 그분과 하나가 될 것입니다(공동번역).

18) 롬 6:6~8(표준새번역).

것이다. 속죄는 내가 그리스도와 함께 죽지 아니하면 일어나지 않는다. 내가 그리스도와 함께 십자가에서 죽었다고 믿는 자에게 죄사함의 은총이 임하는 것이다. 이 믿음은 체험을 통한 믿음이다.

자, 그렇다면 속죄의 은혜를 입어 구원을 받은 자는 어떻게 되는가? 이에 대해 바울은 5~8장에서 자세하게 설명하고 있다. 대충 설명하자면, 가장 먼저 변하는 것은 하나님과의 관계로서 그 관계가 바르게 되어 하나님과 화목하게 된다는 것이다. 또한 죽음에서 영생으로 차원이 달라지며, 과거의 죄가 소멸되어 더 이상 죄의 종이 아니라 의의 종, 하나님의 자녀로 신분이 바뀌게 된다. 그리고 우리의 가치가 달라진다. 성령께서 함께하는 자이며 성령의 법으로 살아가는 자이다.

하나님께서 우리를 영화롭게 하셨으며, 이 세상의 그 어떠한 것으로도 우리를 그리스도의 사랑에서 끊을 수 없다. 주께서 함께하시니 모든 일에서 항상 승리하는 삶을 살게 된다. 이것이 구원받은 자의 변화된 모습이다.

기억

인간은 생각하는 존재이다. 기억은 과거의 경험에 대한 생각의 떠올림이다. 그러므로 인간의 기억은 과거 경험의 현재화이다. 그러나 인간은 과거의 경험을 현재화하는 것에 그치지 않고, 과거의 경험들을 비교하고 종합하여 새로운 경험과 결론을 도출하는 창조적인 작업을 생각 속에서 진행한다. 따라서 기억한다는 것은 과거의 현재화(現在化)이며, 미래를 위한 창조 행위이다.

그리스도를 나의 주님이요 구세주라고 고백하는 것은 내 영혼이 그리스도와의 만남의 체험, 그로 인한 중생의 체험을 기억하며 현재화시킨 것이다. 그리스도는 기억 속에 존재하며, 기억을 통하여 항상 현재의 삶 속에 재현된다. 현재의 삶 속에 재현된 그리스도는 나의 영혼과 교제하며, 우리를 항상 새로움으로 인도한다.

그리스도를 생각할 때 울렁거리는 감동이 있는 것은 과거의 경험이 기억됨으로 현재의 영혼을 감동시키고, 재현된 그리스도와 교감하여 그와 함께 새로운 오늘을 영유하기 때문이다.

그리스도를 기억함에 있어 감동이 없는 사람은 구원에 대한 체험, 십자가의 피 흘리심에 대한 체험, 주와 함께 십자가 위에서 죽고 그와 함께 영생으로 살아나는 체험이 없거나, 체험이 있더라도 화석화되어 버렸기 때문이다. 그 체험이 현재화되지 못한 채 과거 속에 머물러 있는 것이다. 체험이 화석화되어 버린 사람은 마치 뇌관 없는 폭탄과 같아서 신앙생활이 힘이 없고 무미건조하다. 그런 사람은 회칠한 무덤이요, 율법주의적인 바리새인과 같은 사람이다.

앞에서 그리스도의 구원의 은혜와 속죄제물로서 나를 위해 죽으신 주님과 그 주님을 믿을 때 의롭다 하심을 얻어 구원에 이른다는 사실에 대해 설명하였다. 그리고 레위기의 속죄제사를 통해, 속죄양이신 주님을 십자가에 못 박은 사람이 로마 병정이 아니라 바로 나라는 사실과, 속죄제물이 바로 죄인인 나이므로 내가 주님과 함께 십자가에 못 박혔다는 것도 설명하였다. 또한 주님이 부활하실 때 나도 주와 함께 살아난다는 믿음에 대해 서술하였다.

이것이 기독교 복음의 정수요, 우리가 믿는 믿음이다.

그런데 이 글을 읽을 때 우리는 무엇을 기억하며, 어떤 생각으로 읽는가? 내게 어떤 감동으로 다가오는가? 그리스도와 함께 죽고, 그와 함께 살아난 과거의 경험이 나를 감동시키는가? 아니면 그저 익히 잘 알고 있던 수학공식 외우듯 교리적인 의미로 다가오는가? 다시 말하자면 그리스도를 구원의 주로 생각한다는 것은 그로 인한 하나님의 은혜 체험을 기억하는 것이요, 나를 위해 피 흘리신 그의 십자가의 체험을 기억하는 것이다. 그리고 그 기억을 통해 그리스도가 현존하게 된다. 내 기억과 그로 인해 나와 교감하는 그리스도와 함께하는 새로움의 세계는 어떤 모습인가?

나비가 송충이 시절을 기억하며, 솔잎을 먹던 때를 추억하며 그리워하는가? 아니면 송충이가 나비인 척하며 꿀을 먹는가? 나비에게 송충이의 기억은 없다. 나비의 기억은 어느 달 밝은 밤, 홀연히 고치를 뚫고 나올 때의 황홀감과 처음 하늘을 날아오를 때 느꼈던 말로 할 수 없는 감동과 꽃 사이를 다니며 먹던 꿀의 달콤함이다. 그리고 그 느낌 그대로 살아간다.

구원받은 성도에게는 이전의 죄의 세계에 대한 기억은 존재하지 않는다. 설사 이전 기억이 남아 있다 하더라도 그것은 마음에 남아 있는 기억이 아니다. 그 세계와 그에 대한 기억은 그리스도와 함께 이미 죽었다. 죽은 기억은 다시 살아 우리를 괴롭힐 수도 없고, 우리를 다시 죄의 세계로 끌고 갈 수도 없다.

구원받은 성도의 진정한 기억들은, 처음 그리스도로 인해 구원받았음을 깨달았을 때의 황홀감과 구원받은 성도로서의 삶을 살아갈 때 경험한 말할 수 없는 체험들, 그리스도의 인격과 삶이 나의 삶을 통해 재현될 때 느꼈던 감동으로 존재한다. 그러므로 우리는 그 기억들의 현재화로 살아가며, 그 기억들의 현재는 새로움의 창조이다. 이것이 그리스도와 함께하는 새로움의 세계이다.

다시 한 번 그리스도에 대한 기억들을 떠올려 보라. 당신은 진정 구원받은 자인가? 당신의 기억 속에 그 해답이 있을 것이다.

2. 논쟁들

〉〉〉 **3장 27~31절**

그런즉 자랑할 데가 어디냐 있을 수가 없느니라 무슨 법으로냐 행위로냐 아니라 오직 믿음의 법으로니라 그러므로 사람이 의롭다 하심을 얻는 것은 율법의 행위에 있지 않고 믿음으로 되는 줄 우리가 인정하노라 하나님은 다만 유대인의 하나님이시냐 또한 이방인의 하나님은 아니시냐 진실로 이방인의 하나님도 되시느니라 할례자도 믿음으로 말미암아 또한 무할례자도 믿음으로 말미암아 의롭다 하실 하나님은 한 분이시니라 그런즉 우리가 믿음으로 말미암아 율법을 파기하느냐 그럴 수 없느니라 도리어 율법을 굳게 세우느니라.

바울은 믿음으로 의롭다 하심을 받는다고 하는 구원론의 핵심을 본문에서 문답 형식으로 재정립하고 있다. 그러나 이것은 교리문답과 같은 것이 아니다. 바울이 스스로 질문을 던지고 이에 대답하는 문답의 형식이지만, 이 질문들은 바울의 구원론에 대한 당시의 논쟁들이다. 오늘날에는 문제될 것이 없는 아주 당연한 이야기이지만 그 당시 초대 교회 내에서는 매우 첨예한 문제들이었다.

초대 교회는 유대인 중심의 교회였으며, 율법과 복음 사이에서 생겨나는 문제들이 아직까지 완전히 정리되지 못한 상태였다. 그런 상태에서 바울이 구원에 대한 율법 무용론을 선언하는 것은, 그리스도를 믿되 할례와 율법 준수를 강조하는 유대-그리스도인들에게는 일종의 선전포고나 다름이 없는 것이다.[19] 또한 당시 초대 교회 내에는 많은 이방-그리스도인들이 있었는데, 이들 또한 역시 율법과 복음의 문제, 이방인의 구원 문제에 대한 명확한 구별과 답변을 요구하였다.

사도행전에 따르면 이방인의 사도를 자칭하는 바울도 소아시아 지역에서 회당을 중심으로 복음을 전하였다.[20] 회당을 중심으로 복음을 전했다는 것은 그의 복음의 첫 대상이 주로 유대인이었거나 유대교로 개종한 이방인이었음을 의미한다. 바울이 그리스도의 구원의 복음을 전할 때 사람들이 가지는 질문은 "율법과 복음이 어떻게 다른가", "선민인 유대인만 구원을 받는다고 믿는 그들에게 이방인의 구원은 어떻게 되는가", 그리고 "율법으로는 구원을 받을 수 없다고 한다면 율법은 어떻게 되는가" 등이다. 이러한 질문들이 당연히 나올 수밖에 없고 첨예한 논쟁의 대상일 수밖에 없다. 이에 대한 답변이 본문의 말씀이다.

---

19) 참고. 행 15:1~31.

20) 행 13:5, 살라미에 이르러 하나님의 말씀을 유대인의 여러 회당에서 전할새 요한을 수행원으로 두었더라(참고. 행 18:4, 19:8 등).

오직 믿음으로만

첫 번째 질문은 구원관에 대한 질문이다. 바울은 묻는다. 자랑할 것이 무엇이냐? 무슨 법(율법)으로냐? 어떤 행위가 필요하냐? 여기서 자랑할 것은 앞의 본문 2장 17~20절을 말하는데, 즉 유대인들이 하나님을 자랑하고 율법을 자랑하는 것 등을 말한다. 이 질문들은 구원을 위해 율법이나 인간의 노력과 행위가 필요하냐는 것이다. 이에 대해 바울은 아니라고 단호하게 말한다. 사람이 의롭다 하심을 얻는 것은 율법의 행위에 있지 않고 믿음으로 된다고 말한다. 오직 믿음만이 구원을 이루는 필수조건이다.

하나님이 모세를 통해 주신 율법을 준수할 때, 의롭다 하심을 받는다는 것이 유대인들의 구원관이다. 그런데 바울은 율법이 아니라 믿음이라고 말한다. 바울 자신은 물론이거니와 유대인들에게 율법은 삶의 일부가 아닌 전부이다. 율법을 준수함으로 의롭다 하심을 받는다고 믿는 유대인들에게 있어서 율법의 구원론을 부정하고 예수 그리스도를 믿는 믿음으로 구원에 이른다고 고백하는 것은 절대로 쉬운 일이 아니다. 구원론이 바뀐다는 것은 이제까지 믿어왔던 신앙체계를 송두리째 허물고 다시 세우는 일이기 때문이다.

그러므로 유대교의 구원론을 부정하고 새로운 구원관을 내세운다는 것은 새로운 종교의 탄생을 의미하는 것이요, 동시에 유대교와의 결별을 의미한다. 그러므로 이 첫 번째 질문은 아주 첨예한 문제요 초대 교회의 최대 논쟁거리였다. 하지만 바울은 단호하게 '오직 믿음으로' 라는 말로 율법과의 관계를 청산한다.[21]

'오직 믿음으로만'이란 말처럼 한국 교회에서 오해하고 있는 것도 드물다. 그것은 한국 교회가 아직도 구원관이 제대로 정립되어 있지 못하다는 반증이기도 하다. 한국 교회에서는 '믿음으로만'이란 표어가 구원받은 성도로서의 삶을 살지 못하고 있는 사람들에게 일종의 방어기제요, 핑곗거리 역할을 하고 있는 것 같다. 아주 편리한 핑계이다. "왜 성도로서 구별된 삶을 살지 못하는가"라고 물으면 구원은 행위가 아니라 믿음으로 받는 것이라고 대답하면 되기 때문이다. 한국 교회와 성도들이 빛과 소금으로서의 역할을 하지 못하는 것이 이 믿음 때문이라는 것이 아이러니컬하다.

'오직 믿음으로만'은 구원의 필요충분조건으로, 구원의 유일한 전제 조건이다. 그러나 믿음으로 구원받은 사람에게는 그 믿음을 바탕으로 믿음의 삶을 살아야 하는 소명이 주어져 있다. 따라서 '오직 믿음으로만'은 의인의 필수조건이지만, 이미 의인을 이룬 성도는 믿음으로 산다. 그럼에도 이미 구원받은 사람이, 행위로 구원받는 것이 아니라 믿음으로만 구원받는 것이라면, 성도로서의 삶을 포기하겠다는 선언과 다르지 않다. 이미 믿음으로 구원을 받았는데 또 무슨 구원을 받아야 하는가? 이미 구원을 받았는데 언제까지 또 구원받는 믿음 타령을 하려는가?

---

21) 율법 준수에 대한 유대인들의 사고와 삶은 우리의 상상 그 이상이다. 사도행전 21장 7절에서 26장까지를·보면, 유대인들이 구제헌금을 전달하기 위해 예루살렘에 올라간 바울을 박해한 이유는 바울이 구원의 조건으로 할례와 율법 준수를 폐기하였기 때문이다. 이에 격분한 유대인들이 바울을 죽이려 하자 바울은 하는 수 없이 로마 시민권자임을 내세워 황제에게 재판받을 권리를 행사하여 로마로 압송당하게 된다.
당시 율법에 대한 유대인들의 생각과 율법 준수를 위한 그들의 결연한 삶에 대해서는 외경, 마카베오 상 · 하를 보면 어느 정도 이해할 수 있을 것이다. 특히 마카베오 하 7장, '어머니와 일곱 아들의 순교' 부분을 참고하라.

'오직 믿음으로만' 이라는 말씀은 구원받지 못한 자들에게는 구원의 유일한 조건이 되지만, 이미 구원받은 성도들에게는 오직 믿음으로 살아야 한다는 삶의 유일한 조건이 된다. 오직 믿음은 구원받은 성도들의 삶을 개혁시키는 능력이다. 이 능력이 폭발할 때 시대가 변하고 역사가 바뀌었다. 행위로써 의롭다 하심을 받는다는 유대교의 구원관을 전면 부정하고, 오직 그리스도를 믿는 믿음으로만 구원받는다고 함으로 유대교와 다른 기독교가 탄생할 수 있었고, 유대교와는 다른 기독교의 새 역사가 펼쳐진 것이다.

루터를 비롯한 종교개혁자들이 한결같이 내건 슬로건이 '오직 믿음으로만' 이다. 그 이유는 당시의 로마 가톨릭교회가 행위의 공로로 구원을 받는다고 가르쳤기 때문이다. 그 예가 면죄부 판매인데, 구원을 위한 행위의 공로가 부족한 사람은 구원을 받고도 그 공로가 남는 사람, 즉 성모 마리아나 기타 성인들의 여분의 공로를 돈으로 사서 부족한 공로를 채우면 구원받을 수 있다고 해서 면죄부를 팔았던 것이다.

따라서 '오직 믿음으로만' 이란 말씀을 재발견한 종교개혁자들이 로마 가톨릭교회의 구원관에 정면으로 도전하여 내건 슬로건이 그것이다. 종교개혁 당시 오직 믿음으로 구원받는다는 슬로건은 예수 믿고 구원받으라는 전도 표어가 아니었다. 그것은 구원받은 성도들의 삶을 믿음으로 변화시킨 능력이며, 구원받은 성도들이 사회와 종교를 개혁하는 원동력이었다. 그 폭발하는 믿음의 능력이 종교를 개혁시키고 시대를 바꾸었다. 시대와 역사를 바꾸고도 남을 정도의 파괴력을 지닌 말씀이 '오직 믿음으로만' 이란 말씀이다.

그런데도 행위가 아니라 '오직 믿음으로만'을 내세우는 한국 교회는 어떠한가? 100년이 넘도록 오직 믿음으로 구원받는다고 가르친 결과 한국 사회와 역사가 바뀌었는가? 믿음을 강조하는 한국 교회가 시대를 변화시키는 믿음의 동력을 가지고 있는가? 기독교 안티 세력들이 인터넷이나 언론을 통해 기독교를 맹렬히 비판하고 각종 이단들이 활개치는 요즘에, 기독교회들은 무엇을 해야 하는가?

그것은 다시 '오직 믿음으로만'이란 말씀을 회복하는 것이다. 구원을 이루는 믿음을 회복하는 것이다. 믿음의 회복은 주일 성수나 십일조를 잘하는, 말 잘 듣는 성도를 만드는 것이 아니다. 오히려 개혁하는 성도, 사회악과 맞서 싸워 믿음으로 사회를 개혁하고, 종교를 개혁하는 투사로 만드는 것이다. 십자가의 군사로 만드는 것이다. 그럼으로써 종교개혁의 정신을 계승하는 진정한 개혁교회가 되는 것이다.

믿음으로 구원받은 성도들이 구원받은 믿음으로 살아갈 때, 자연스럽게 시대가 변하고 그리스도의 새 역사가 창조되는 것이다. 오직 믿음으로 시대를 바꾸고 역사를 창조하는 사명을 인식하는 것이 소명의식이며, 그 소명을 믿음으로 감당해 나갈 때 개혁과 더불어 그리스도의 세계, 하나님의 나라가 임하는 것이다.

인류 구원

두 번째 질문은 "하나님이 유대인만의 하나님이냐? 이방인의 하나님은 아니시냐?" 하는 것인데, 이는 보편적 구원에 관한 질문이다. 이에 대해 바울은 하나님은 유대인이나 이방인이나 가릴 것 없이 모든 사람의 하나님이시라고 대답한다. 이 역시 당연한 대답인 것 같지만 당시에는 논쟁의 초점이 되는 문제이다.

유대인들은 선민의식을 가진 민족이다. 즉 하나님은 오직 유대인만을 위한 하나님이라고 그들은 믿었다.[22)] 선민의식은 아브라함 때부터 시작된 것이라고 성경은 말한다. 그러나 본격적인 선민사상은 바벨론 포로기 이후, 에스라의 종교개혁에서부터 비롯되었다.[23)] 바울 시대도 마찬가지로 선민의식이 강했던 시기였으며, 유대인들은 이방인들을 죄인이라고 생각했으며 백안시했다.[24)] 그러나 바울은, 그리스도의 복음은 유대인들만을 위한 복음이 아니요 온 인류를 위한 복음이며, 구원 또한 유대인들만을 위한 것이 아니라 온 인류를 위한 것이며, 이를 위해 그리스도께서 죽으셨다고 선언한다.[25)] 그러므로 선민의식을 가진 유대인들의 편협한 구원관을 거부하고 온 인류를 구원하시는 하나님이라는 것을 바울은 말하고자 하는 것이다.

이 논지는 오늘날 우리에게도 해당된다. 하나님은 성도들만의

---

22) 레 26:12, 나는 너희 중에 행하여 너희의 하나님이 되고 너희는 내 백성이 될 것이니라.
신 29:13, 여호와께서 네게 말씀하신 대로 또 네 조상 아브라함과 이삭과 야곱에게 맹세하신 대로 오늘 너를 세워 자기 백성을 삼으시고 그는 친히 네 하나님이 되시려 함이니라.

23) 참고. 스 9~10장.

24) 참고. 마 5:46~47, 6:7, 18:17; 행 2:23.

25) 롬 10:12~13, 유대인이나 헬라인이나 차별이 없음이라 한 분이신 주께서 모든 사람의 주가 되사 그를 부르는 모든 사람에게 부요하시도다 누구든지 주의 이름을 부르는 자는 구원을 받으리라.

하나님이 아니라, 믿지 않는 모든 사람의 하나님이시다. 그리스도의 십자가의 구원의 능력은 믿는 사람에게만 역사하는 것이 아니라, 믿지 않는 사람에게도 그 능력이 미친다. 만약에 믿지 아니하는 사람에게 십자가의 능력이 미치지 아니한다면 믿지 아니하는 사람은 영원히 구원받을 수 없기 때문이다. 따라서 예수 믿지 않는 사람이나 다른 종교를 가진 사람들을 사탄의 자식인 양 거리낄 이유도 미워할 이유도 없다. 하나님은 그들도 사랑하신다. 그러므로 우리는 원수를 사랑하고 박해하는 자를 위해 기도해야 한다.[26] 왜냐하면 그들도 하나님의 구원의 대상이기 때문이다.

기독교 안티 세력들이 내세우는 것 중에 하나가 기독교의 배타성과 편협성의 문제이다. 선교 100년이 넘은 오늘 한국의 기독교가 그동안의 성장세를 멈추고 정체 내지는 퇴보를 하는 것은 이 배타성의 문제를 극복하지 못했기 때문이다. 기독교에서는 오직 그리스도만이 구원의 길이기에, 종교학적으로 보면 배타성을 가지고 있는 것이 사실이다. 그렇다고 해서 기독교는 배타적인 기독교는 아니다. 기독교는 인류 구원을 위한 길을 제시한다.

"하나님이 세상을 이처럼 사랑하사 독생자를 주셨으니 이는 그를 믿는 자마다 멸망하지 않고 영생을 얻게 하려 하심이라 하나님이 그 아들을 세상에 보내신 것은 세상을 심판하려 하심이 아니요 그로 말미암아 세상이 구원을 받게 하려 하심이라."[27] 하나님은

26) 마 5:44~45, 나는 너희에게 이르노니 너희 원수를 사랑하며 너희를 박해하는 자를 위하여 기도하라 이같이 한즉 하늘에 계신 너희 아버지의 아들이 되리니 이는 하나님이 그 해를 악인과 선인에게 비추시며 비를 의로운 자와 불의한 자에게 내려 주심이라.

27) 요 3:16~17.

인류 구원을 위해 그의 아들을 이 땅에 보내셨다. 보내신 이유는 세상을 사랑하셔서 누구든지 그리스도를 믿는 자마다 멸망치 않고 구원을 얻게 하시기 위함이다.

이 말씀에서 분명히 드러나듯이 구원은 그리스도를 믿는 것이다. 그 구원은 세상을 향해 열려 있다. 세상은 구원의 가능성을 지닌 하나님의 사랑의 대상이다. 하나님의 은혜는 온 인류의 죄를 합한 것보다 비교할 수 없이 크며, 그의 구원의 능력은 온 인류를 다 구원하고도 남는다. 그러므로 기독교가 세상에 대해 배타적일 하등의 이유가 없다. 오히려 하나님의 사랑으로 세상을 끌어안고 세상의 아픔과 함께하는 적극적이고 열려 있는 자세를 가져야 한다.

기독교의 진리와 구원의 보편성을 세상에서 확보하지 못한다면 기독교는 기독교만의 종교에 지나지 않는다. 그리스도도 기독교 안에 갇힌 그리스도인들만의 구원의 주일 뿐이다. 구원의 보편성을 시대에 맞게 재조명하지 못한다면 기독교는 배타적이고 편협한 종교라는 오명을 벗어버리지 못할 뿐 아니라, 스스로 편협성과 배타성 속에 갇혀버리는 결과를 가져올 수밖에 없다.

율법의 완성

이제까지 바울은 두 번에 걸친 문답에서 유대인들의 선민의식을 타파하고 구원의 보편성을 제시하였으며, 구원은 율법이 아니라 믿음으로 얻는 것이라는 주장을 하였다. 그렇다면 뒤따라 나오는 다음 질문은 당연히 "율법이 아무 소용이 없다면 율법을 폐기하자는 것이냐” 하는 것이다. 이에 대해 역설적이지만 바울은 단호하게 말한다. “그럴 수 없느니라. 도리어 율법을 굳게 세우는 것이니라.” 이 대답에 대해 당시의 많은 사람들이 의아하게 생각했을 것이다. 그러나 이 대답은 주님의 말씀과 동일한 의미이다.

주님의 가르침 중에도 율법과 상반되는 말씀이 나온다.[28] 그러나 주님께서는 “내가 율법이나 선지자를 폐하러 온 줄로 생각하지 말라 폐하러 온 것이 아니요 완전하게 하려 함이라”[29]라고 말씀하셨다. 온 율법과 선지자들의 가르침이 다름아닌 하나님 사랑과 이웃 사랑 속에 다 들어 있다[30]고 하셨다. 그러므로 주님은 사랑으로 율법을 완성하고자 하셨다.

바울도 이와 같은 말을 한다. “모든 율법은 ‘네 이웃을 네 몸과 같이 사랑하여라’ 하신 한마디 말씀 속에 다 들어 있습니다.”[31] 그러므로 사랑으로 서로 종 노릇하라고 바울은 말한다.[32] 또한 ‘사랑은 율법의 완성’[33]이라는 말로 율법을 굳게 세우고자 했다. 그러므로 율법에 관한 한 바울과 주님의 가르침은 다르지 않다.

율법에 대해서는 7장에서 자세하게 거론하기로 하고 여기서는

28) 참고, 마 5:21~45.
29) 마 5:17.
30) 마 22:37~40, 예수께서 이르시되 네 마음을 다하고 목숨을 다하고 뜻을 다하여 주 너의 하나님을 사랑하라 하셨으니 이것이 크고 첫째 되는 계명이요 둘째도 그와 같으니 네 이웃을 네 자신같이 사랑하라 하셨으니 이 두 계명이 온 율법과 선지자의 강령이니라.
31) 갈 5:14(표준새번역).
32) 갈 5:13, 형제들아 너희가 자유를 위하여 부르심을 입었으나 그러나 그 자유로 육체의 기회를 삼지 말고 오직 사랑으로 서로 종 노릇하라.
33) 롬 13:10, 사랑은 이웃에게 악을 행하지 아니하나니 그러므로 사랑은 율법의 완성이니라.

간략하게 본문의 논지를 검토하기로 한다. 구원은 율법이 아닌 오직 믿음으로 얻는 것이지만, 그렇다고 율법을 폐기하는 것이 아니라 우리의 삶 속에서 사랑의 실천을 위한 계명으로서의 율법은 굳게 지켜나가야 한다는 것이다. 다시 말하면 믿음의 행위는 율법의 행위와 비교할 수 없을 정도로 위대하기에, 율법의 요구도 이루며 율법도 당연히 믿음 안에서 완성되는 것이다.

바울은 율법에 대하여 두 가지 측면에서 차별된 견해를 가지고 있다. 첫째, 율법은 이미 전술한 바와 같이 구원에 있어서 아무런 효력이 없다. 바울은 구원에 관해서는 율법 무용론, 율법 폐기론을 말한다. 이는 구원의 측면에서 볼 때 율법의 행위는 아무런 소용이 없고 오직 믿음으로만 구원에 이르기 때문이다.

둘째, 율법이 구원을 이루는 데는 아무런 효력도 없지만 율법의 속성과 요구의 측면에서는 여전히 유효하다는 입장을 견지하고 있다. 율법은 하나님이 모세를 통해 주신 것이므로 거룩하고 선한 것이다. 율법의 속성은 사랑이다. 율법은 그것을 지키는 행위가 중요한 것이 아니라, 율법을 지키는 행위를 통하여 사랑을 이루는 것이기에 중요한 것이다. 따라서 하나님 사랑의 실천이라는 실천윤리로서의 율법은 지켜져야 한다는 것이 바울의 기본 입장이다.

이처럼 율법을 실천윤리라고 볼 때, 믿음으로 구원받는 것과 율법을 실천하는 것 사이에는 아무런 모순이 없다. 율법이 아니라 믿음으로 구원받는다고 해서 율법의 기본정신과 실천윤리마저 저버리는 것에 대해서 바울은 오히려 경계하고 있는 것이다. 구원받은 자의 실천윤리로서의 율법을 사랑의 완성이라는 차원에서 율법을 지지하고 있는 것이다.

따라서 율법의 두 가지 측면을 고려한다면 굳이 율법에 대한 거부감을 가질 필요는 없다고 본다. 구원의 차원에서 볼 때는 바울처럼 율법에 대해서는 단호한 입장을 취해야 하지만 이미 구원받은 성도라면 율법의 요구에 응해야 한다. 믿음과 반대되는 입장에서의 율법이 아니라, 믿음 위에 믿음의 실천윤리로서의 율법은 긍정적으로 받아들여야 한다.

그렇다고 해서 율법의 문자적 차원에서의 수용이라면 나도 반대다. 왜냐하면 나는 순대나 선지해장국, 추어탕 등을 즐겨 먹기 때문이다. 문자적 의로서만이 아니라 사랑의 완성이라는 차원에서 율법이 요구되는 것이다.

앞에서 바울은 표면적 유대인과 이면적 유대인, 육신의 할례와 마음의 할례를 비교하며 율법의 요구가 문자에 있지 않음을 말하였다.[34] 오히려 율법의 요구는 성령에 의한 계시적 차원에 있음을 말한다. "이렇게 해서 육체를 따라 살지 않고 성령을 따라 사는 우리 속에서 율법의 요구가 모두 이루어졌습니다"[35]라는 말씀처럼 성령 안에서의 삶이 율법의 요구를 이루는 것이라고 하였다.

그러므로 믿음지상주의에 빠져 행위나 삶을 도외시하는 한국교회의 문제점을 해결하기 위해서는 율법의 재발견, 즉 사랑의 완

34) 롬 2:25~29, 네가 율법을 행하면 할례가 유익하나 만일 율법을 범하면 네 할례는 무할례가 되느니라 그런즉 무할례자가 율법의 규례를 지키면 그 무할례를 할례와 같이 여길 것이 아니냐 또한 본래 무할례자가 율법을 온전히 지키면 율법 조문과 할례를 가지고 율법을 범하는 너를 정죄하지 아니하겠느냐 무릇 표면적 유대인이 유대인이 아니요 표면적 육신의 할례가 할례가 아니니라 오직 이면적 유대인이 유대인이며 할례는 마음에 할지니 영에 있고 율법 조문에 있지 아니한 것이라 그 칭찬이 사람에게서가 아니요 다만 하나님에게서니라.

35) 롬 8:4(공동번역).

성의 차원에서의 율법의 요구와 실천윤리로서의 율법의 실천을 재확립해야 한다.

3. 아브라함을 통한 증명

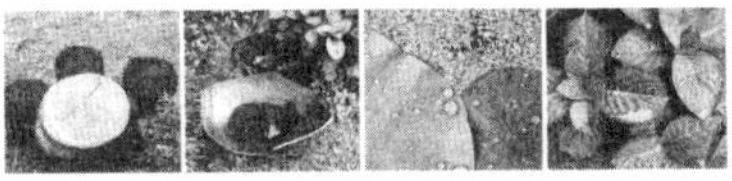

본문에서 바울은 율법의 행위가 아닌 믿음으로 의롭다 하심을 받는다는 것을 유대인들의 조상, 아브라함을 통해 구체적으로 증명한다. 즉 아브라함이 행위가 아닌 믿음으로 의롭다 하심을 받았다는 것과, 아브라함이 의롭다고 인정받은 것이 할례를 받기 이전이므로 할례가 의롭다 하심과 관계가 없다는 사실, 그리고 아브라함이 믿음으로 의롭다 하심을 받은 것이라면 믿음으로 하나님의 약속을 상속받는 모든 사람이 하나님의 의롭다 하심을 받게 된다는 것을 밝히고 있다.

믿음으로 의롭게 된 아브라함(4:1~8)

> 그런즉 육신으로 우리 조상인 아브라함이 무엇을 얻었다 하리요 만일 아브라함이 행위로써 의롭다 하심을 받았으면 자랑할 것이 있으려니와 하나님 앞에서는 없느니라 성경이 무엇을 말하느냐 아브라함이 하나님을 믿으매 그것이 그에게 의로 여겨진 바 되었느니라 일하는 자에게는 그 삯이 은혜로 여겨지지 아니하고 보수로 여겨지거니와 일을 아니할지라도 경건하지 아니한 자를 의롭다 하시는 이를 믿는 자에게는 그의 믿음을 의로 여기시나니 일한 것이 없이 하나님께 의로 여기심을 받는 사람의 복에 대하여 다윗이 말한 바 불법이 사함을 받고 죄가 가리어짐을 받는 사람들은 복이 있고 주께서 그 죄를 인정하지 아니하실 사람은 복이 있도다 함과 같으니라.

바울은 "그러면 우리 민족의 조상 아브라함의 경우는 어떠했습니까?"(**공동번역**)라는 물음으로 위의 논쟁들을 계속 진행하고 있다. 랍비들은 아브라함이 그의 후손들에게도 유효할 만큼 행위에 있어서 매우 의로웠다고 가르쳤다. 그리하여 유대인들은 그들의 조상 아브라함을 매우 자랑스럽게 여겼다. 이러한 내용을 잘 알고 있는 바울은, 역으로 행위로 의롭다 하심을 받았다면 자랑할 것이 있지만 하나님 앞에서는 자랑할 것이 없다고 잘라 말한다. 오히려 구약을 인용하며 아브라함이 하나님을 믿으니 하나님께서 그를 의롭다고 인정하셨다고 말한다.[36]

---

36) 창 15:6, 아브람이 여호와를 믿으니 여호와께서 이를 그의 의로 여기시고.

아브라함은 하나님의 약속을 믿고 아비와 친척들이 있는 그의 고향을 떠났다. 75세의 고령에 오직 하나님의 약속만 믿고 갈 곳이 어디인지도 모르고 떠났다.[37] 하지만 하나님은 그를 약속하신 땅, 가나안 땅으로 인도하셨다. 그러나 문제는 하나님의 약속도 있고 인도하심과 축복도 있었지만 정작 그에게 임한 하나님의 약속을 이어갈 아들이 없었다. 아브라함은 하나님이 아들을 주시지 않음을 항의하였다.[38] 그때 하나님은 아브라함을 데리고 밖으로 나가 하늘의 별들을 보여주시며, 네 후손들도 이 별들처럼 많이 불어나게 될 것이라고 말씀하셨다.

현실은 그렇지 않지만 그 말씀을 아브라함이 믿을 때, 하나님은 그것을 의로 여기셨다. 바울은 유대인들이 믿고 있는 것과는 달리, 아브라함의 행위로 의롭다 함을 받은 것이 아니라 그가 하나님의 말씀을 믿을 때 의롭다 인정받은 것이라고 말한다.

이어 바울은 의롭다 하심을 받는 것에 대한 논의를 계속 진행한다. 예를 들어 말하기를, 일을 하는 사람이 품삯을 받는 것은 은혜가 아니라 당연한 보수이다. 즉 행위가 의롭다고 인정받을 만한 사람이 그 행위로 구원을 받는다면, 그것은 은혜가 아니라 당연한 것이다. 하지만 경건치 못한 자가 의롭다 하심을 받는다면 그것은 은혜이다. 그 은혜는 믿음으로 받는다.

이를 다윗의 고백으로 입증한다. "하나님께서 잘못을 용서해

37) 히 11:8, 믿음으로 아브라함은 부르심을 받았을 때에 순종하여 장래의 유업으로 받을 땅에 나아갈새 갈 바를 알지 못하고 나아갔으며.
38) 창 15:3, 아브람이 또 이르되 주께서 내게 씨를 주지 아니하셨으니 내 집에서 길린 자가 내 상속자가 될 것이니이다.

주시고 죄를 덮어 주신 사람은 복이 있다. 주께서 죄 없다고 인정해 주시는 사람은 복이 있다."[39] 그러므로 우리가 믿을 때 하나님의 은혜가 임하여 죄 사함을 받는 사람은 복이 있다는 말로 믿음에 의한 구원을 분명히 한다.

우리가 아브라함이 믿음으로 의롭다 하심을 받은 것으로만 이해한다면, 이제까지의 바울의 주장을 절반밖에 이해하지 못한 것이다. 믿음으로 의롭다 하심을 받는다는 것은 그의 삶의 차원이 달라졌다는 것을 의미한다고 앞에서 지적하였다. 아브라함은 믿음으로 떠났고, 그 믿음으로 의롭다 하심을 얻었다. 그 결과 아브라함이 어떻게 변하였는가? 그의 인생 자체가 바뀌었다. 노년에 자신이 이룩한 것들을 버리고 타향으로 떠난다는 것은 엄청난 모험이다. 그 모험이 가능했던 것은 믿음 때문이다. 그 믿음의 결과 그는 믿음의 조상이 되었고, 하나님의 약속을 이루었다.

우리가 믿음으로 구원받았다고 하는 것도 이와 같다. 믿음은 떠남을 전제로 한다. 구원 이전에 내가 이룩해 놓은 것들을 떠나 그리스도의 세계로 들어가는 것이다. 삶의 목표와 생활의 당위성이 바뀌고 생각마저 변하는 것이다. 아예 삶의 차원 자체가 송두리째 바뀌는 것이다. 이것이 믿음으로 구원받았다고 하는 것이다. 이를 위해 주께서 죽으셨고, 나도 그와 함께 죽고, 그와 함께 새로운 차원의 생명의 세계에서 살아난 것이다. 차원이 달라지지 아니한 구원은 더 이상 구원이 아니다. 아브라함의 삶의 차원이 달라진 것처럼 우리의 차원도 달라져야 구원받은 성도이다.

39) 시 32:1~2, 허물의 사함을 받고 자신의 죄가 가려진 자는 복이 있도다 마음에 간사함이 없고 여호와께 정죄를 당하지 아니하는 자는 복이 있도다.

할례 이전(4:9~12)

그런즉 이 복이 할례자에게냐 혹은 무할례자에게도냐 무릇 우리가 말하기를 아브라함에게는 그 믿음이 의로 여겨졌다 하노라 그런즉 그것이 어떻게 여겨졌느냐 할례 시냐 무할례 시냐 할례 시가 아니요 무할례 시니라 그가 할례의 표를 받은 것은 무할례 시에 믿음으로 된 의를 인친 것이니 이는 무할례자로서 믿는 모든 자의 조상이 되어 그들도 의로 여기심을 얻게 하려 하심이라 또한 할례자의 조상이 되었나니 곧 할례 받을 자에게뿐 아니라 우리 조상 아브라함이 무할례 시에 가졌던 믿음의 자취를 따르는 자들에게도 그러하니라.

하나님은 아브라함이 99세 되었을 때 그에게 나타나 할례로 언약을 맺을 것을 요구하셨다.[40] 하나님이 세우신 언약의 핵심은 "내가 너와 세우는 언약은, 나와 너 사이에 맺는 것일 뿐 아니라, 너의 뒤에 오는 너의 자손과도 대대로 세우는 영원한 언약이다. 이 언약을 따라서, 나는, 너의 하나님이 될 뿐만 아니라, 뒤에 오는 너의 자손의 하나님도 될 것이다"[41]라는 말씀에 있다. 할례는 양피를 베어 이 언약을 몸에 새기는 것이다. 그러나 할례를 받지 않은 남자, 곧 양피를 베지 않은 남자는 하나님의 언약을 깨뜨린 자로 간주되어 이스라엘 백성에게서 끊어진다.[42] 끊어진다는 말은 종교적 파문을 의미한다.

---

40) 창 17:10~11, 너희 중 남자는 다 할례를 받으라 이것이 나와 너희와 너희 후손 사이에 지킬 내 언약이니라 너희는 포피를 베어라 이것이 나와 너희 사이의 언약의 표징이니라.

41) 창 17:7(표준새번역).

그러므로 유대인들은 할례가 하나님이 친히 규정하신 것으로 하나님의 언약의 표를 몸에 지니고 있는 것이니, 할례를 매우 소중한 것일 뿐 아니라, 자랑스러운 표식이라고 생각하였다. 그러나 바울은 하나님의 은혜로 임하는 죄 사함의 복은 할례를 받은 사람만 받는 것이냐, 할례를 받지 않은 사람에게도 임하는 것이냐고 반문한다. 바울은 아브라함이 할례를 받기 이전에 이미 의롭다 하심을 받았으므로 할례를 받지 아니한 사람도 죄 사함의 은혜가 임하여 의롭게 된다고 말한다. 따라서 유대인의 조상 아브라함은 할례와 상관없이 믿음의 발자취를 따라가는 모든 사람의 조상이 된다.

바울이 율법이 아닌 할례를 말한 것은 아브라함이 율법 이전 사람이기 때문이다. 바울은 육체에다 하는 할례는 구원의 조건이 아니므로 하지 않아도 되지만 마음의 할례로 그 의미는 되살리고 있다.[43] 마음의 할례라고 하는 해석은 새로운 것이 아니다. 이는 구약의 여러 곳에 나와 있으며, 특히 예레미야서에서 두드러진다.[44] 바울은 이러한 전통에 따라 율법의 조문을 따라서가 아니라 성령을 따라서, 마음에 받는 할례가 참 할례라고 말한다.[45]

오늘날 그리스도인들은 할례를 받지 않는다. 하지만 할례의 의

---

42) 창 17:14, 할례를 받지 아니한 남자 곧 그 포피를 베지 아니한 자는 백성 중에서 끊어지리니 그가 내 언약을 배반하였음이니라.

43) 참고. 행 15:1~21.

44) 신 10:16, 그러므로 너희는 마음에 할례를 행하고 다시는 목을 곧게 하지 말라.
신 30:6, 네 하나님 여호와께서 네 마음과 네 자손의 마음에 할례를 베푸사 너로 마음을 다하며 성품을 다하여 네 하나님 여호와를 사랑하게 하사 너로 생명을 얻게 하실 것이며.
렘 4:4, 유다인과 예루살렘 거민들아 너희는 스스로 할례를 행하여 너희 마음 가죽을 베고 나 여호와께 속 하라 그렇지 아니하면 너희 행악을 인하여 나의 분노가 불같이 발하여 사르리니 그것을 끌 자가 없으리라(참고. 렘 9:26).

미까지 무시해서는 안 된다. 할례는 하나님의 언약을 몸에다 새기는 것이다. 마음의 할례는 썩어질 육체 대신에 마음에 하나님의 언약을 새기는 것이다. 몸에다 하는 할례는 하나님의 백성이 되었다는 표징이지만, 바울이 말하는 마음에다 하는 할례는 성령에 따라서 하는 그리스도인의 표징이다. 이 말은 성령의 인 치심과 상응하는 의미이다.

"여러분도 그리스도 안에서 진리의 말씀, 곧 여러분을 구원하는 복음을 듣고 그리스도를 믿었으므로, 약속하신 성령의 인치심을 받았습니다."[46] "우리를 너희와 함께 그리스도 안에서 견고케 하시고 우리에게 기름을 부으신 이는 하나님이시니 저가 또한 우리에게 인치시고 보증으로 성령을 우리 마음에 주셨느니라."[47] 하나님의 언약의 표를 몸에다 새기는 것처럼 그리스도의 구원의 표를 우리의 마음에 성령께서 인치심으로 보증하신 것이 마음의 할례이다. 이것이 오늘날의 할례의 의미이다.

---

45) 롬 2:29, 오직 이면적 유대인이 유대인이며 할례는 마음에 할지니 신령에 있고 의문에 있지 아니한 것이라 그 칭찬이 사람에게서가 아니요 다만 하나님에게서니라. 여기서 마음에 하는 할례를 말할 때 바울은 마음을 '카르디아'(*καρδία*)라는 단어를 사용하였다. 개역성경에서는 똑같이 마음이라고 번역하였지만 카르디아는 '누스'(*νοῦς*, mind, 이성적 마음)와는 달리 감성적 마음(heart)을 말한다. 즉 우리의 이성적이고 합리적인 마음에 할례를 받는 것이 아니라, 우리의 감성적 마음, 우리의 심장에 할례를 받는 것이다.

46) 엡 1:13(표준새번역).

47) 고후 1:21~22, 성령을 우리의 마음에 부어 주신 것에서의 마음도 헬라어 '카르디아'(*καρδία*)라는 단어를 썼다.

믿는 자들의 조상(4:13~25)

아브라함이나 그 후손에게 세상의 상속자가 되리라고 하신 언약은 율법으로 말미암은 것이 아니요 오직 믿음의 의로 말미암은 것이니라 만일 율법에 속한 자들이 상속자이면 믿음은 헛것이 되고 약속은 파기되었느니라 율법은 진노를 이루게 하나니 율법이 없는 곳에는 범법도 없느니라 그러므로 상속자가 되는 그것이 은혜에 속하기 위하여 믿음으로 되나니 이는 그 약속을 그 모든 후손에게 굳게 하려 하심이라 율법에 속한 자에게 뿐만 아니라 아브라함의 믿음에 속한 자에게도 그러하니 아브라함은 우리 모든 사람의 조상이라 기록된 바 내가 너를 많은 민족의 조상으로 세웠다 하심과 같으니 그가 믿은 바 하나님은 죽은 자를 살리시며 없는 것을 있는 것으로 부르시는 이시니라 아브라함이 바랄 수 없는 중에 바라고 믿었으니 이는 네 후손이 이같으리라 하신 말씀대로 많은 민족의 조상이 되게 하려 하심이라 그가 백 세나 되어 자기 몸이 죽은 것 같고 사라의 태가 죽은 것 같음을 알고도 믿음이 약하여지지 아니하고 믿음이 없어 하나님의 약속을 의심하지 않고 믿음으로 견고하여져서 하나님께 영광을 돌리며 약속하신 그것을 또한 능히 이루실 줄을 확신하였으니 그러므로 그것이 그에게 의로 여겨졌느니라 그에게 의로 여겨졌다 기록된 것은 아브라함만 위한 것이 아니요 의로 여기심을 받을 우리도 위함이니 곧 예수 우리 주를 죽은 자 가운데서 살리신 이를 믿는 자니라 예수는 우리가 범죄한 것 때문에 내줌이 되고 또한 우리를 의롭다 하시기 위하여 살아나셨느니라.

바울은 본문에서 이제까지 해왔던 아브라함을 통한 증명을 종합적으로 다시 반복하면서 예수 그리스도를 믿는 믿음으로 연결시키고 있다. 아브라함이 100세, 사라가 90세가 되어 아이를 낳는다는 것은 현실적으로 불가능하지만, 그는 끝내 하나님의 약속을 믿고 의심치 않았다. 또한 그는 하나님께서 스스로 약속하신 것을 능히 이루실 것이라고 확신하였다. 하나님께서는 이것을 '그의 의로움'이라고 인정하셨다.

아브라함이 믿음으로 의롭게 된 것은 예수 그리스도를 믿는 우리에게도 해당되어, 우리도 믿음으로 의롭다 하심을 얻게 된다. 이런 의미에서 아브라함은 유대인의 조상만 되는 것이 아니라 모든 믿는 자들의 조상이 되는 것이다.[48] 그러므로 우리는 아브라함이 하나님께서 약속을 이루시는 신실하신 분이라는 믿음을 가질 때 의롭다고 인정받은 것처럼, 우리도 예수 그리스도를 믿을 때 의롭다고 인정받게 되고 그로 인해 아브라함과 믿음으로 연결되는 것이다.

믿음의 연단

처음부터 온전한 믿음, 성숙한 믿음을 갖게 되는 사람은 아무도 없다. 마치 사람이 태어날 때부터 성인으로 태어나는 사람이 아무도 없는 것과 같다. 태어날 때는 누구나 갓난아기로 태어난다. 믿

---

48) 참고. 갈 3:7, 그런즉 믿음으로 말미암은 자들은 아브라함의 자손인 줄 알지어다.

음의 시작은 구원에 이르고자 하는 결단에 있다. 그러한 능동적 믿음의 결단이 하나님으로부터 오는 수동적 믿음에 이름으로 구원을 받는 것이다. 하나님의 은혜와 능력으로 받은 구원은 완전한 구원이다. 우리를 구원하시기 위해 주께서 십자가를 지고 죽으셨는데, 그것이 유일한 사건이라는 것은 구원의 완전성을 말해 주는 것이다.

구원의 완전성을 인간에 비유하여 설명하자면, 인간은 태어나는 순간부터 완전한 인간이라는 것이다. 한 번 인간으로 태어난 사람은 인간이 되기 위해 다시 태어날 필요가 없다. 그리스도의 피로 구원받은 사람이 죄를 지었다고 해서 다시 구원받을 필요가 없는 것과 같다. 한 번 하나님의 자녀가 되었으면 영원히 하나님의 자녀가 되는 것이다. 만약 죄 때문에 하나님의 자녀가 된 것이 취소된다면 다시 구원하기 위해 그리스도가 또 십자가에서 죽어야 한다는 말이 된다. 이는 십자가 사건의 유일성에 위배된다.

그러나 인간이 갓난아기로 태어난 후에는 점차 성인으로 성장해 가는 것처럼, 구원받은 성도도 점차 자라나 그리스도의 완전한 분량에 이르기까지 성장해야 한다. 이를 신앙의 성숙이라고 한다. 신앙의 성숙 과정을 성화(聖化)라고 말한다. 그러므로 구원의 완전성은 신앙의 성숙과는 다른 것이다. 미성숙한 갓난아기가 성숙한 성인이 되기까지 자라나는 과정에서 시행착오도 거치고, 부모나 선생님으로부터 배우기도 하고, 야단도 맞고, 각종 시련을 겪는다. 이처럼 구원받은 성도도 처음 구원받은 미성숙한 상태에서 그리스도의 완전한 인격의 실현과 하나님의 거룩함에 이르는 성숙한 성도가 되기까지 신앙의 시련과 갈등, 책망과 깨달음의 과정을 거치는데, 이 과정이 연단이요 성화다.

아브라함도 이 과정을 거쳤다. 본문과는 조금 거리가 있지만 아브라함의 믿음에 대한 이해를 돕기 위해, 그리고 이 글을 읽는 독자들의 믿음의 성숙을 위해 아브라함의 믿음의 연단 과정을 간략하게 적어 보려 한다.

믿음은 약속을 전제로 한다. 약속을 지키는 자는 믿을 만한 자요, 그렇지 못한 자는 믿을 수 없는 사람이다. 하나님을 신실하다고 하는 것은 하나님이 약속을 반드시 지키시는 분이기 때문이다. 믿음이 구원을 이루는 것은, 믿는 자는 누구든지 구원하시겠다는 약속이 있기 때문이다. 우리가 그 약속을 믿을 때 신실하신 하나님께서 그 약속을 이루시는 것이다. 아브라함은 하나님의 약속, 큰 민족을 이루고 복을 주어 이름을 창대케 하여 복의 근원이 되게 하시겠다는 약속을 믿고 고향을 떠난다.

신앙에 있어서 모든 떠남은 과거로부터의 떠남이다. 현재의 삶을 규정하고, 이해하게 하며, 유지시키는 것이 과거이다. 그러므로 우리의 과거는 현재의 상태를 형성하는 원인이며, 미래가 현재의 결과이듯 현재는 과거의 결과이다. 사람은 누구나 과거와 현재가 연속적이기를 바란다. 안락함과 생존성이라는 자아의 속성 때문에 그렇다. 안락함과 생존성을 보장하는 것이 습관이다. 그리고 습관으로 유지되는 삶을 자기 정체성이라고 믿는다.

그러나 믿음의 세계는 항상 새로움을 추구한다. 과거는 아담의 세계로 죄와 그로 인한 괴로움으로 점철된 세계이다. 그러므로 현재의 새로움은 과거와의 단절을 통해서만 가능하다. 거듭나야 한다든지 새로운 피조물이 되었다든지 하는 표현들은 모두 과거와 단절된 새로움을 지향하는 신앙 양태를 말하는 것이다. 거듭남은 자기 정체성의 파괴로 가능하게 된다. 자기라고 믿고 있는 자아의 속성을 부정해야만 얻을 수 있는 것이다. 과거가 부여해 주는 안락함과 생존성을 거부하고 새로운 생명으로 거듭나는 것이다. 로마서에서 바울이 말하고자 하는 것이 바로 이것이다.

아브라함이 자신의 과거, 즉 이제까지 자신을 지지해 주었던 고향, 부모, 친척들로부터 떠났다고 하는 것은 자아의 연속성의 포기이다. 자신을 구성하고 있는 환경, 여건들, 정체성, 안락함 등으로부터 떠나 새로움의 세계로 첫발을 내딛은 것이다. 포기하고 떠나는 것은 자신의 의지에 속한다. 능동적 믿음으로 해야 하는 것이다. 하지만 이를 가능하게 하는 것은 포기하고 떠나도록 하시는 하나님의 은혜이다. 그러나 분명한 것은, 떠나게 하시는 하나님의 은혜와 능력이 내게 임한다고 해서 수동적인 것이 아니라는 사실이다. 그 은혜에 대한 순종과 결단은 전적으로 인간의 몫이다. 거듭 말하거니와 결단하게 하시는 분은 하나님이시지만 결단은 우리가 하는 것이다.

믿음의 결단에 의한 떠남은 한 순간에 이루어진다. 그러나 믿음의 완성, 즉 완전히 성숙된 신앙에 이르기까지는 많은 시간이 소요된다. 아브라함도 40여 년 이상이 걸렸다. 이 과정이 연단의 과정이다. 과거의 습관, 자아의 속성, 이를 한마디로 죄성, 또는 원죄라고 하는데, 이 죄성을 극복한다는 것은 쉬운 일이 아니다. 자아가 완전히 죽어야만 가능하다.

다시 말하자면 완전히 죽음으로 그리스도의 완전성, 하나님의 거룩함에 이르기까지의 여정이 연단이다. 연단 과정에서 비록 과거로부터는 떠났지만 여전히 죄의 습성으로 인해 갈등하는 모습을 바울은 '죄와 사망의 몸에 매여 있는 곤고한 자'[49]라고 표현했다. 연단은 물에 빠진 자가 자기 힘이 다할 때까지 허우적거리다가 이윽고 죽어 물에 떠내려가기까지의 과정이니, 참으로 어려운 과정이다. 물론 빨리 죽으면 그만큼 쉬워진다.

창세기 12~22장에 나오는 아브라함의 연단 과정을 대략 셋으로 구분하여 볼 수 있다. 첫째는 세상을 통한 연단이요, 둘째는 가정을 통한 연단이요, 셋째는 하나님을 통한 연단이다.

첫째, 세상을 통한 연단이다. 아브라함이 가나안 땅에 들어간 후 그 땅에 기근이 들어 애굽으로 내려갔다.[50] 거기서 그의 아내 사라를 바로에게 빼앗기는 사건이 일어난다. 아브라함은 세상을 상징하는 애굽과 왕의 권력 앞에서 자신의 힘으로는 도저히 어찌할 수 없는 무력감을 맛보아야만 했다. 그때 하나님이 개입하셔서 아내도 되찾고 오히려 많은 재물을 얻어 가지고 나왔다. 아브라함은 이 체험을 통해, 세상에 대해 내가 할 수 있는 일이 아무것도 없는 상황이라 할지라도 하나님의 능력이 모든 것을 이루신다는 교훈을 얻게 된다.

그후 조카 롯이 살고 있는 소돔에 전쟁이 일어났다.[51] 엘람 왕을 비롯한 네 왕의 연합군이 소돔과 고모라에 있는 모든 재물과 양식을 탈취하고 사람들을 사로잡아 갔다. 그 사람들 중 롯이 포

---

49) 롬 7:24, 오호라 나는 곤고한 사람이로다 이 사망의 몸에서 누가 나를 건져내랴.

50) 창 12:10, 그 땅에 기근이 들었으므로 아브람이 애굽에 거류하려고 그리로 내려갔으니 이는 그 땅에 기근이 심하였음이라.

51) 창 14:1~16.

함되어 있었다. 이 소식을 들은 아브라함은 자기 집에 있는 종들과 그와 동맹을 맺은 아넬과 에스골과 마므레의 사람들,[52] 도합 318명을 거느리고 다마스커스 북쪽 호바까지 그들을 추격하여 약탈당한 재물을 다시 빼앗아 오고 조카 롯과 그의 모든 소유와 붙잡혀 간 사람들을 모두 되찾아왔다. 318명으로 동방 왕들의 연합군을 격파한 일은 실로 기적 중의 기적이라 할 만하다. 주변 나라들에게 조공을 받는 네 국가의 연합군을 기습 공격으로 격파했다는 것은 고대 국가를 아무리 작은 나라로 폄하한다 하더라도 기적적인 일임에 틀림이 없다.

다섯 국가 연합군도 패했던 그들에게 아브라함이 그토록 담대하게 맞서 승리할 수 있었던 것은 애굽 체험의 결과이다. 하나님께서 함께하시면 승리한다는 믿음의 결과인 것이다. 나는 비록 약하나 하나님은 강하시다는 것을 그는 애굽에서 절실히 깨달았기에 승리하게 하시는 하나님을 믿는 믿음으로 담대하게 싸울 수 있었던 것이다. 이제 그는 애굽에서처럼 연약한 아브라함이 아니다. 그는 애굽에서의 연단을 통하여 강한 자가 되었다. 또한 그는 이 전쟁을 통하여 하나님이 정말로 나와 함께하시며, 나의 방패가 되시며 승리하게 하시는 하나님이시라는 사실을 다시금 체험했다.

이처럼 하나님은 세상에서의 연단을 통해 세상에서 항상 승리할 수 있는 믿음을 갖도록 하신다. 예수께서도 말씀하시기를 “세

52) 참고. 창 14:13, 마므레는 에스골의 형제요 또 아넬의 형제라 이들은 아브람과 동맹한 사람들이더라.
창 14:24, 오직 젊은이들이 먹은 것과 나와 동행한 아넬과 에스골과 마므레의 분깃을 제할지니 그들이 그 분깃을 취할 것이니라.

상에서는 너희가 환난을 당하나 담대하라 내가 세상을 이기었노라"[53]고 하셨다. 바울 사도도 말하기를 "이 모든 일에 우리를 사랑하시는 이로 말미암아 우리가 넉넉히 이기느니라"[54]라고 하였다. 또한 사도 요한은 "무릇 하나님께로부터 난 자마다 세상을 이기느니라 세상을 이기는 승리는 이것이니 우리의 믿음이니라"[55]라고 하였다.

세상을 통한 연단의 결과는 간단하다. 더 이상 세상의 환경, 여건, 권력이나 명예, 돈이나 재물을 의지하지 않게 된다는 것이다. 세상을 통해 주어지는 것은 모두 과거에 만들어진 것들이다. 그러한 과거의 산물들, 이제까지 나를 유지하고 나의 정체성을 확립해 주었던 것들로부터 떠나 항상 현재에 역사하시는 하나님만 의지하는 것이다. 현재에 승리하게 하시는 하나님을 믿기에 늘 담대하게 세상에서 이길 수 있는 것이다. 세상과의 싸움에서 어느 정도 승리하느냐가 신앙의 성숙과 미성숙의 정도를 가늠한다.

둘째, 가정을 통한 연단이다. 가정은 하나님의 계획을 이루어가는 기초 단위이다. 아브라함의 씨를 통하여 큰 민족을 이루게 하시겠다는 하나님의 계획은 아브라함 혼자만으로는 결코 이루어질 수 없다. 씨는 단독으로 열매를 맺을 수 없다. 밭에 뿌려져야 열매를 맺듯이 사라가 없이는 약속의 아들도 없다.

하나님은 교회보다 가정을 먼저 만드셨다. 천국은 나 혼자 가서 혼자 사는 곳이 아니다. 가정에서 혼자 천국의 삶을 사는 것은 거

53) 요 16:33.
54) 롬 8:37.
55) 요일 5:4.

의 불가능할 뿐 아니라 의미도 없다. 가족 구성원 모두가 함께 가정에서 천국을 누리는 것이 진정 하나님의 바람이다.

아브라함의 가정에는 문제가 있었다. 그것은 큰 민족을 이루게 하시겠다는 하나님의 약속은 있는데, 그 약속을 이어갈 아들이 없다는 것이다. 이것은 나이 들어 후손에 대한 소망이 끊어질 때까지도 이루어지지 않았다.[56]

이에 아브라함과 사라는 하나님의 계획을 자의적으로 해석하고 하갈을 통해 아들을 낳았다. 그러나 이스마엘은 약속의 아들이 아니었다.[57] 오히려 가정의 불화만 가져왔다. 그들의 능력으로 하나님의 약속을 이룰 수 없는 상황이 되자 그들은 하나님의 개입하심으로 이삭을 낳게 된다.

가정을 통한 연단은 하나님이 개입하실 때 해결된다. 바로와 아비멜렉이 아브라함의 가정을 깨뜨리려 하자 하나님이 개입하심으로 해결해 주셨다.[58] 능치 못함이 없으신 하나님의 능력이 이삭을 낳을 수 있게 하셨다.[59] 그로 말미암아 모든 사람이 함께 즐거워

---

56) 히 11:11~12, 믿음으로 사라 자신도 나이가 많아 단산하였으나 잉태할 수 있는 힘을 얻었으니 이는 약속하신 이를 미쁘신 줄 알았음이라 이러므로 죽은 자와 같은 한 사람으로 말미암아 하늘의 허다한 별과 또 해변의 무수한 모래와 같이 많은 후손이 생육하였느니라.

57) 갈 4:30, 그러나 성경이 무엇을 말하느냐 여종과 그 아들을 내쫓으라 여종의 아들이 자유 있는 여자의 아들과 더불어 유업을 얻지 못하리라 하였느니라.
창 21:12, 하나님이 아브라함에게 이르시되 네 아이나 네 여종으로 말미암아 근심하지 말고 사라가 네게 이른 말을 다 들으라 이삭에게서 나는 자라야 네 씨라 부를 것임이니라.

58) 창 20:3, 그 밤에 하나님이 아비멜렉에게 현몽하시고 그에게 이르시되 네가 데려간 이 여인으로 말미암아 네가 죽으리니 그는 남편이 있는 여자임이라.

59) 창 18:14, 여호와께 능하지 못한 일이 있겠느냐 기한이 이를 때에 내가 네게로 돌아오리니 사라에게 아들이 있으리라.

했다.[60] 그리고 하나님의 약속을 자신들의 생각으로 왜곡하여 낳은 이스마엘과 하갈을 내보냄으로 해결될 수 있었다.

가정을 통한 연단의 핵심은 모든 갈등이 해소되고 하나님의 뜻이 실현되어 모두가 함께 웃는 가정을 만드는 것이다. 이를 위해 하나님의 뜻이라는 미명하에 시행되는 인간적인 일들이 얼마나 잘못된 것인가를 깨닫고, 오직 우리 가정의 주인은 하나님이시며 가정의 평화를 지키시고 하나님의 약속을 이루시는 분이 하나님이시라는 믿음을 확고히 가져야 한다. 그러한 연단된 믿음이 우리 가정을 살리고, 우리 가정을 통하여 모든 사람이 함께 즐거워하게 된다.

가정을 통한 연단에서 또 하나 중요한 요소는 감정의 연단 부분이다. 사람들은 자신들의 기대가 충족되거나 그 이상이면 행복감을 느끼게 된다. 하지만 자신이 기대하는 수준에 미치지 못하면 상처를 받는다. 자신과 가까운 관계일수록 그 상처의 강도는 훨씬 더 강하게 나타난다. 그러므로 사람들이 가장 상처를 많이 받는 사람은 다름아닌 가족들이다. 기대가 큰 만큼 상처도 크기 때문이다. 누군가가 우스갯소리로 "전생이 있다면 아마도 전생에서 서로 원수였던 사람들끼리 모아놓은 것이 가족일 것이다"라는 말을 했다. 그만큼 가족들간의 상처가 크다는 이야기일 것이다.

아브라함의 가정도 예외는 아니다. 바로에게 사라를 빼앗겼을 때 아브라함의 심정이 어떠했을까? 사라가 다시 돌아왔을 때 둘

60) 창 21:6, 사라가 이르되 하나님이 나를 웃게 하시니 듣는 자가 다 나와 함께 웃으리로다.

사이의 감정은 매우 어색했을 것이다. 자신의 안전을 위해 바로의 강압에 수수방관한 아브라함, 아무 말도 못하고 아내를 내어준 아브라함의 비겁함과 용렬함을 사라는 죽을 때까지도 잊지 못했을 것이다. 하갈이 아이를 가진 후 사라에게 대들 때, 사라와 하갈 사이의 다툼 사이에서 아브라함의 처지는 또한 어떠했을까? 하갈과 이스마엘을 내보낼 때 아브라함의 근심과 가정 분위기는 어떠했을까? 이렇듯 아브라함의 가정도 여러 문제들로 평탄하지 않았다. 서로 상처를 주고받으며, 감정의 골은 깊어만 갔을 것이다.

대부분의 감정의 상처는 상대를 이해할 때 치유된다. 상처받을 때의 상황으로 되돌아가 그 상황을 직시하여 이해가 되면 용서가 가능해진다. 상담에서 하는 일이 이것이다. 그러나 이것 가지고는 부족하다. 예를 들어 우리가 누구를 용서한다고 하자. 상대의 처지를 이해하고, 입장을 바꿔놓고 생각해 보면 용서 못할 것도 없다. 하지만 그런 용서는 완전한 치유가 아니다. 또다시 그와 비슷한 상황에 처하게 되면 예전의 상처가 재발한다.

감정을 이해하는 수준에 머무르지 말고 그 감정을 승화시켜야 한다. 완전한 용서는 상처를 이해함으로 용서하는 것이 아니라, 그리스도의 십자가의 사랑이 개입하고 그 사랑에 감동될 때 일어난다. 이때는 굳이 용서라는 표현이 필요없다. 모든 것이 감사로 연결된다. 아브라함은 하나님이 개입하시고 약속을 재확인해 주셨을 때 감정의 굴레에서 벗어날 수 있었다.[61] 이제까지 쌓였던 사라의 모든 감정은 이삭을 낳고 웃을 때 눈 녹듯이 사라졌다.

61) 창 12:17, 13:14, 15:4, 21:2, 21:12 등.

가정을 통한 감정의 연단이든 이웃을 통한 감정의 연단이든 간에 모든 감정의 연단은 그리스도의 사랑 안에서만 완성된다. 그의 사랑이 우리의 감정에 스며들 때 뭉쳤던 마음, 상처 난 감정 등이 다 녹고 치유되어 그 흔적을 찾아볼 수 없게 된다. 모든 감정은 과거의 사건들의 찌꺼기들이다. 그리스도의 피만이 그 찌꺼기들을 말끔히 씻어낼 수 있다.

셋째, 하나님을 통한 연단이다. 아브라함에게 있어서 믿음의 마지막 연단은 그의 사랑하는 아들 이삭을 번제로 바치라는 것이다. 아브라함은 큰 민족을 이루게 하시겠다는 약속을 믿고 떠났다. 그 약속이 그의 인생의 목적이요, 존재 이유이다. 그 약속의 매개가 바로 이삭이다. 그 이삭을 번제로 바치라고 하신다.

이 시험의 목적은 아들을 더 사랑하는가, 아니면 하나님을 더 사랑하는가 하는 것이 아니다. 약속의 아들을 죽이라는 것은 하나님 스스로가 약속을 파기하시겠다는 뜻이다. 그럼에도 불구하고 순종하겠느냐는 것이 시험의 요지이다. 이러한 시험은 우리에게도 종종 있는 것들이다. 성경에는 하나님의 약속들이 많이 나온다. 우리가 좋아하는 구절들을 보자.

"그러므로 내가 너희에게 말하노니 무엇이든지 기도하고 구하는 것은 받은 줄로 믿으라 그리하면 너희에게 그대로 되리라."[62] "믿는 자들에게는 이런 표적이 따르리니 곧 그들이 내 이름으로 귀신을 쫓아내며 새 방언을 말하며 뱀을 집어올리며 무슨 독을 마실지라도 해를 받지 아니하며 병든 사람에게 손을 얹은즉 나으리

62) 막 11:24.

라 하시더라."[63] "야베스가 이스라엘 하나님께 아뢰어 이르되 주께서 내게 복을 주시려거든 나의 지역을 넓히시고 주의 손으로 나를 도우사 나로 환난을 벗어나 내게 근심이 없게 하옵소서 하였더니 하나님이 그가 구하는 것을 허락하셨더라."[64]

과연 그런가? 정말로 기도하는 대로 다 이루어졌는가? 병든 자에게 믿음으로 손을 얹고 기도하면 다 낫는가? 구하는 대로 허락하셨는가? 성경의 약속들과 현실이 다를 때, 그때도 하나님을 100퍼센트 신뢰할 수 있는가? 마치 하나님이 자가당착 속에 빠져버린 것과 같을지라도, 약속이 사라질지라도 우리는 하나님을 계속해서 믿을 수 있는가? 하나님 스스로 자기 모순을 드러내시는 이유는 무엇일까? 줄 때는 언제고 다시 빼앗아가는 것은 또 무슨 경우인가? 사람도 그러면 옹졸하다는 말을 듣는데 왜 하나님이 그러실까? 정말로 하나님이라면 그러실 수 있는가? 이것이 아브라함의 시험의 주제요, 우리가 늘 부딪치는 부분들이다.

신앙인들에게 '하나님은 어떠한 분이신가' 라고 물어 보면 사람마다 하나님은 거룩하신 분이다, 사랑이시다, 치료하시는 분이다, 능력이 많으신 분이다 등 여러 가지 대답이 나온다. 심지어 하나님은 이런 분이어야만 한다는, 그러기 때문에 신뢰할 수 있는 분이라고 대답한다. 과연 그런가?

하나님은 무한하신 분이다. 그 어떤 수식어로도 하나님을 결코 묘사할 수 없다. 존재 자체요, 무(無) 자체이시다. 그런데 우리는 하나님을 체험한다. 그리고 그 체험을 바탕으로 하나님을 표현한

---

63) 막 16:17~18.
64) 대상 4:10.

다. 유한한 인간이 체험하는 유한성으로 무한하신 하나님을 다 체험할 수도 없을 뿐더러 표현할 수도 없다. 하나님 스스로를 우리에게 드러내실 때 그저 약간의 감지하는 체험일 뿐이다. 그럼에도 인간은 자신의 조잡한 언어로 체험한 하나님을 표현하고 그 체험된 하나님을 전부인 것처럼 묘사하는 것이다.

하나님의 무한성은 인간의 유한성 속에 결코 갇히지 않는다. 하나님을 표현함으로 하나님을 자기의 범주 안에 가두려는 인간의 어리석음을 하나님은 깨뜨리신다. 우리가 하나님을 인식하기 위해서는 유한성의 도구를 이용하지만 하나님은 그 유한성 밖에 계신다. 아브라함이 경험한 하나님의 자기모순은 사실 하나님이 아니라 하나님에 대한 아브라함의 생각일 뿐이다. 하나님은 당신에 대한 체험과 인식들이 결코 완전할 수 없기에 그것을 깨뜨리기 위해 이삭을 요구하신 것이다.

하나님은 약속을 성실히 지키시는 분이지만 그것도 인간의 표현일 뿐이다. 하나님은 약속에 매이지 않는다는 것을 깨닫게 하시기 위해 이삭을 죽이려 하셨다. 그렇다고 한다면 모리아 산 위에서 죽은 것은 이삭이 아니라 아브라함이다. 이삭은 결정적인 순간에 살아났지만 아브라함은 거기서 완전히 죽은 것이다. 하나님에 대한 그의 제한적인 생각들, 당위적인 생각들, 하나님에 대한 그의 모든 수식어들, 유한한 그의 믿음과 체험들 모두가 그와 함께 죽었다.

이제까지 아브라함의 경우를 들어 믿음의 연단을 세 가지로 살펴보았다. 그것은 세상을 통한 연단, 가정을 통한 연단, 하나님을 통한 연단이다. 이 모두를 한마디로 표현한다면 과거로부터의 떠님이다. 과거 청산이 완전히 이루어질 때까지 하나님은 세상을 통해, 가정을 통해, 그리고 스스로 당신의 모순을 드러내시면서까지 우리를 연단하신다. 우리가 의지하는 것들, 생각들의 오류, 감정의 찌꺼기들, 하나님에 대한 제한된 관념들은 모두 과거에 형성된 것들인데, 이것들이 습관이 되어 우리에게 지속적으로 영향을 준다. 그러한 습관으로부터의 단절을 위해 연단하시는 것이다.

그러므로 온전한 하나님의 거룩하심과 그리스도의 완전성에 이르는 온전히 성숙한 믿음, 성화의 완성을 위해서는 과거로부터 떠나 하나님 안에 들어가야 한다. 그것이 성령 안에서의 삶이요 의의 종으로 사는 것이며, 그리스도와 함께 죽고 그와 함께 생명으로 살아가는 것이다. 과거로부터 떠난 자는 항상 하나님의 현재에서 살아간다. 그것이 바울이 말하는 영생이다. 영생을 얻은 자는 과거로부터 자유로운 자이다.

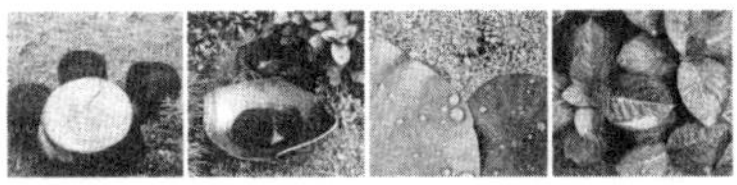

제4부 의인의 결과로서의 자유와 그리스도의 사랑

앞 단원에서 바울은 의인에 대해 간결하게 정의하고 의인론에 대한 당시의 논쟁들을 문답 형식으로 설명하였다. 뒤이어 아브라함을 통해 행위가 아닌 믿음으로 의인 됨을 증명하였다. 로마서가 믿음으로 의롭다 하심을 얻어 죄 사함을 받아 구원에 이른다는 것만을 기록한 것이라면 로마서는 4장, 아니 3장까지만 있어도 충분하다. 하지만 바울의 관심은 의인(義認)에 머무르는 것이 아니라 구체적으로 의인의 결과, 우리에게 주어지는 새로운 세계에서의 삶에 있다.

의인의 결과로 바울이 제일 먼저 거론하는 것은, 의롭다 하심을 받은 자는 하나님과 더불어 평화를 누린다는 것이다. 이는 그리스도께서 우리를 위해 죽으심으로 하나님과 화해가 이루어졌기 때문이다. 의인의 결과로 나타나는 상태는 평화라는 말로 집약된다. 이 평화를 누리는 삶이 영생인데, 영생은 그리스도 안에서 누리는 영원한 현재의 삶이다. 영원한 현재는 구원의 현재성과 영원성을 아우르는 말로, 지금부터 영원까지라는 구원의 시간을 함축한 표현이다.

뒤이어 바울은 구체적으로 영생을 설명한다. 죄와 죽음의 세계인 아담의 세계로부터 은혜와 생명의 세계인 그리스도의 세계를 대조하며 우리는 그리스도의 세계로 그 차원이 바뀌었다고 말한다. 그리스도의 세계는 영생의 세계이다. 6장에서는 이미 죄에서 떠난 자가 다시 죄 가운데 거할 수 없음을 세례와 종의 개념으로 증명하고 있다. 7장에서는 율법을 혼인 관계에 비유하면서 율법으로부터의 자유를 말하고, 이어 현실 속에

서 우리가 겪는 죽음과 영생 사이에서 느끼는 좌절감, 하나님의 법을 따르는 속사람과 죄의 법을 따르는 겉사람 사이의 괴리감, 신앙과 현실 사이에서 맛보는 무력감 등에 대한 갈등의 해소를 시도한다. 그리고 8장에서는 이 갈등이 그리스도 예수 안에 있는 살아 있는 생명의 법으로 완전히 해결되었음을 선언한다. 뒤이어 육신에 따라 살지 말고 성령 안에서 살 것을 권면한 후, 끊을 수 없는 그리스도의 사랑을 감동적으로 찬양하며 구원에 관한 논의를 일단락 짓는다.

현대 신학은 구원론을 크게 의인론(義認論)과 성화론(聖化論)으로 구분한다. 믿음으로 의롭다 하심을 받는 의인(義認)을 신앙의 시작으로 보고, 의인 이후에는 필연적으로 성화(聖化)가 뒤따라와 의인의 신앙을 확증해야 한다는 것이 의인과 성화의 관계이다. 즉 의인과 성화를 시간 개념에 의거한 하나의 과정으로 보는 것이다. 하지만 바울은 현대 신학에서처럼 의인과 성화를 시간적인 과정으로 보지 않는다. 오히려 의인의 기초 위에 성령의 역사와 은혜로 누리는 삶의 상태를 말한다.

물론 의인의 결과 우리가 누리는 삶과 그 삶의 상태에 대해 말하므로 이를 성화라고 할 수 있다. 그러나 바울이 말하는 성화는 의인 다음 단계로서 하나의 과정으로 보는 것이 아니라, 의인의 기초 위에서 살아가는 삶의 상태로 말한다는 것이 현대 신학과 다르다. 다시 말하자면 현대 신학은 의인과 성화를 선형적인 시간으로 말하지만 바울은 수직적인 시간으로 설명한다는 것이 그 차이점이라고 할 수 있다.

의인과 성화를 수평적인 시간의 개념으로 보면 필연적으로 의인과 성화는 하나의 과정으로 인식되지만, 수직적으로 보면 성화는 의인의 기초 위에 서 있는 하나의 건물로 비유할 수 있다. 의인의 기초 위에 성도의 영생의 삶이 세워진 건물이다. 따라서 성화는 과정이 아닌 삶의 상태로 성숙과 미성숙 사이의 각각의 상태, 완성된 건물이냐 아니면 미완성의 건물이냐로 설명된다. 바울의 관심은 의인의 결과 성도가 누리는 삶에 있다. 이 삶은 평화의 삶이요, 그리스도와 함께 영생을 누리는 것이며, 성령의 인도하심에 따라 끊을 수 없는 그리스도의 사랑 안에서 살아가는 것이다.

바울은 본 단원을 통해 의인이 되었다는 것이 무슨 의미이며, 그 원리는 무엇인가 하는 것과 의인 이후 그리스도와 함께 살아가는 자유의 삶, 모두를 아우르는 내용을 의인이라고 하는 틀에 넣어 우리에게 제공하고 있다.

1. 소망 가운데 누리는 평화

〉〉〉 **5장 1~11절**

그러므로 우리가 믿음으로 의롭다 하심을 받았으니 우리 주 예수 그리스도로 말미암아 하나님과 화평을 누리자 또한 그로 말미암아 우리가 믿음으로 서 있는 이 은혜에 들어감을 얻었으며 하나님의 영광을 바라고 즐거워하느니라 다만 이뿐 아니라 우리가 환난 중에도 즐거워하나니 이는 환난은 인내를, 인내는 연단을, 연단은 소망을 이루는 줄 앎이로다 소망이 우리를 부끄럽게 하지 아니함은 우리에게 주신 성령으로 말미암아 하나님의 사랑이 우리 마음에 부은 바 됨이니 우리가 아직 연약할 때에 기약대로 그리스도께서 경건하지 않은 자를 위하여 죽으셨도다 의인을 위하여 죽는 자가 쉽지 않고 선인을 위하여 용감히 죽는 자가 혹 있거니와 우리가 아직 죄인 되었을 때에 그리스도께서 우리를 위하여 죽으심으로 하나님께서 우리에 대한 자기의 사랑을 확증하셨느니라 그러면 이제 우리가 그의 피로 말미암아 의롭다 하심을 받았으니 더욱 그로 말미암아 진노하심에서 구원을 받을 것이니 곧 우리가 원수 되었을 때에 그의 아들의 죽으심으로 말미암아 하나님과 화목하게 되었은즉 화목하게 된 자로서는 더욱 그의 살아나심으로 말미암아 구원을 받을 것이니라 그뿐 아니라 이제 우리로 화목하게 하신 우리 주 예수 그리스도로 말미암아 하나님 안에서 또한 즐거워하느니라.

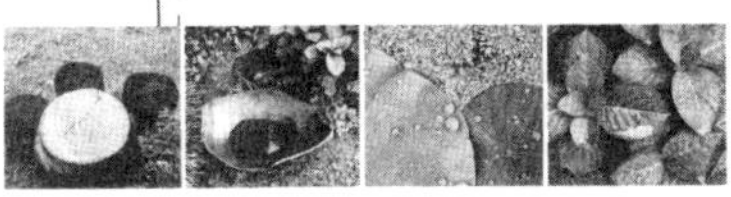

믿음으로 의롭다 하심을 받으면 어떻게 되는가? 의인의 결과는 하나님과 평화를 누리는 것이다. 이는 우리가 현실에서 겪는 환난과 상관없이 소망 가운데 누리는 평화이다. 비록 환난이 있다 할지라도 그 환난은 인내를 이루고, 인내는 연단(품격)을 이루며, 연단은 소망을 이루기 때문이다. 하나님께서 성령으로 말미암아 그의 사랑을 우리에게 부어 주심으로 이 소망을 확증해 주시고 또한 이루시기에, 우리는 소망 가운데 하나님과 평화를 누리게 된다.

그리고 무엇보다도 우리가 소망 가운데 평화를 누리는 이유는 그리스도께서 우리를 위하여 죽으셨기 때문이다. 의인을 위해 죽을 사람도 거의 없는데 죄인인 우리를 위해 주께서 죽으셨다. 그것은 그의 사랑 때문이다. 우리를 위한 사랑 때문에 흘리신 그리스도의 피로 우리 죄가 사함 받았으니, 이제 우리는 의인(義人)으로 하나님과 화해하게 되었다. 그러므로 우리와 하나님, 그리스도와 내가 화해하여 하나로 연결된 상태가 평화이다. 이제 하나님과 더불어 화목하게 되어 평화를 누리는 우리는 하나님의 영광에 참여할 소망을 갖게 된다. 이에 우리는 확신을 가지고 그 소망을 자랑할 수 있다.

여기서는 의인의 결과로서 나타나는 평화, 소망을 이루는 연단(품격), 인격의 재현, 그리고 의롭다 인정받은 자의 자랑 등을 살펴보고자 한다.

평화

성경에 나오는 평화에 대한 개념을 간략히 정리해 보면 다음과 같다. 평화는 히브리어로는 '샬롬'(שָׁלוֹם), 헬라어로는 '에이레네'(εἰρήνη)이다. 평화의 성서적 개념은 단지 전쟁이 없는 상태를 말하는 것이 아니다. 평화는 적극적인 의미로 무엇에 의해 저해되는 일 없는 상태, 개인이나 공동체의 삶에 있어서 정신적, 물질적, 육체적으로 자유로운 상태나 완전하고 이상적인 충족 상태를 말한다. 무엇보다도 이 평화는 하나님과의 관계 속에서만 실현되는 것으로, 하나님에 의해 주어지는 것이다.[1)]

구약성서에서의 참된 평화는 인간의 불의와 악의 현실에 대한 하나님의 심판과 용서하심으로 이루어진다. 즉 하나님의 의가 실현된 상태가 평화이다. 또한 현실 속에서 또는 현실과 상관없이 고난이 극복된 상태를 말한다. 그런 의미에서 평화와 구원은 동의어이다.

신약성서에서의 '평화'(εἰρήνη)라는 말도 단지 전쟁과 대립하는 정치적, 사회적 개념으로서의 평화만을 가리키는 것은 아니다. 또한 단지 심령의 평안상태를 의미하는 정신적 개념만을 말하는 것도 아니다. 평화는 당시의 그리스 사상의 영향을 받아 내면화는

---

1) 레 26:6, 내가 너희 땅에 평화를 주겠다. 너희는 안심하고 잠잘 수 있을 것이다. 또 내가 사나운 짐승을 쫓아내고 그 땅에 전쟁이 없게 하겠다(현대인의 성경).
시 29:11, 여호와께서 자기 백성에게 힘을 주심이여 여호와께서 자기 백성에게 평강의 복을 주시리로다.
사 26:3, 주께서 심지가 견고한 자를 평강하고 평강하도록 지키시리니 이는 그가 주를 신뢰함이니이다.

되어 있지만,[2] 기본적으로는 히브리어의 샬롬이 포함하고 있는 다양한 의미와 내용 그리고 종말론적 특징을 그대로 이어받아, 인간 삶의 전 영역에 걸쳐 하나님의 뜻에 기초한 참된 소망의 상태를 말한다. 평화는 하나님과의 화해를 근거로 하고, 그 화해는 예수 그리스도에 의해 오는 것이다.[3] 그러므로 그리스도에 의해 임하는 하나님 나라는 평화의 나라이다.

바울도 평화를 단지 현실 저편에서 누리는 내면적인 의미에서의 평화나 심령 상태만을 말하지는 않는다. 그보다 삶의 현장 속에서 누리는 내면적인 심령의 평화를 말하고 있음을 우리는 본문을 통해 알 수 있다. 평화는 환난과 같은 삶의 현장 속에서도 그리스도를 믿는 믿음과 우리를 실망시키지 않는 하나님의 사랑을 소망함으로 내면의 평화 상태를 유지하는 것을 말한다. 그러므로 평화는 하나님이 주시는 선물이다.

성경은 현실이 하나님이 주시는 평화를 깨뜨릴 수 없다고 한다. "여호와는 나의 목자시니 내게 부족함이 없으리로다 그가 나를 푸른 풀밭에 누이시며 쉴 만한 물가로 인도하시는도다……내가 사망의 음침한 골짜기로 다닐지라도 해를 두려워하지 않을 것은 주께서 나와 함께하심이라 주의 지팡이와 막대기가 나를 안위하시나이다."[4] 우리가 애송하는 시편 중의 하나이다.

---

2) 참조. 롬 8:6, 15:13; 벧후 3:14.

3) 엡 2:15~17, 법조문으로 된 계명의 율법을 폐하셨으니 이는 이 둘로 자기 안에서 한 새 사람을 지어 화평하게 하시고 또 십자가로 이 둘을 한 몸으로 하나님과 화목하게 하려 하심이라 원수 된 것을 십자가로 소멸하시고 또 오셔서 먼 데 있는 너희에게 평안을 전하시고 가까운 데 있는 자들에게 평안을 전하셨으니.

4) 시 23:1~4.

우리의 현실은 항상 주께서 주신 평화를 깨뜨리려 한다. 그러나 주의 지팡이와 막대기가 우리를 보호하시기에 평화가 깨어진 것과 같은 현실을 두려워하지 않는다. 내가 현실과 달리 부족함이 없는 평화 상태를 유지할 수 있는 것은 오직 여호와가 나의 목자이시기 때문이다. 현실은 사망의 음침한 골짜기와 같을지라도 여호와가 나의 목자이시니 그곳이 쉴 만한 물가요, 푸른 초장이다.

그러므로 평화를 얻기 위해 현실을 고치거나 현실에서 떠날 필요는 없다. 현실은 항상 우리가 살아가는 터전이며 삶이다. 단지 여호와를 나의 목자로 삼고, 그의 인도하심을 받아 살면 된다. 주님을 내 인생의 주인으로 인정하고 그에게 순종하면 된다. 주님 안에 내 인생을 송두리째 내던지면 된다. 우리의 부족함을 채우기 위해 주께로 나아갈 필요가 없다. 우리가 부족하면 부족한 채로 주님의 충만 속에 나를 던지면 된다. 그리하면 현실이 바뀌는 것이 아니라 현실 그 자체가 푸른 초장, 맑은 물가가 된다. 평화는 현실을 바꿈으로 이루어지는 것이 아니라, 현실 속에 하나님의 은혜로 임하는 것이다.

평화에 대한 또 다른 측면을 생각해 보자. 예수께서 말씀하시기를 "화평하게 하는 자는 복이 있나니 그들이 하나님의 아들이라 일컬음을 받을 것임이요"[5]라고 하셨다. '화평케 하는 자'라는 말은 평화를 위해 일하는 자, 평화를 중재하는 자, 또는 평화를 이루는 자라는 뜻이다. 이는 평화의 적극적인 의미에서, 현실에서 평화를 이룩해 가는 자를 말한다. '저희가 하나님의 아들이라 일컬

5) 마 5:9.

음을 받는다'는 말은 하나님의 아들이 된다는 말이 아니라, 하나님의 아들이라고 사람들이 불러 준다는 말이다. 즉 인정해 준다는 뜻이다.

평화를 이루는 것은 그 사람 속에 평화가 있지 않으면 할 수 없다. 자기 속에 평화가 없는데 어찌 사람 사이에서 평화를 위해 일할 수 있단 말인가? 사람은 누구나 자기에게 있는 것을 주는 것이며, 속에 있는 것을 드러내는 것이다. 내면의 평화 없이 평화를 위해 일한다는 것이 사회에서는 통할 수 있을지 모르나 신앙 안에서는 있을 수 없다. 만약에 있다면 그것은 하나님을 속이고 사람을 속이는 일이다.

따라서 그리스도로 말미암아 하나님 안에서 평화를 누리는 자만이, 현실과 상관없이 푸른 초장 맑은 물가에서 사는 자만이 화평케 하는 일을 할 수 있으며, 그때 사람들이 그를 하나님의 아들이라고 인정해 주는 것이다. 우리는 그리스도로 말미암아 하나님의 자녀가 되었다. 우리가 하나님의 자녀인 것을 세상에서 인정받으려면 평화를 이루는 삶을 살아야 한다. 아주 당연한 말이다. 우리 속에 있는 평화가 자연스럽게 흘러나와 온 세상에 평화가 이루어지도록 해야 할 사명이 우리에게 있음을 잊어서는 안 된다. 오직 그리스도만이 평화이시다.

일전에 교우들에게 숙제를 하나 내준 적이 있다. '어떻게 하면 깨진 항아리에 물을 채울 수 있는가'를 한 주간 동안 생각해 보기이다. 물론 몇 년 전에 나온 영화 "달마야 놀자"에서 나온 이야기이다. 그 다음 주에 나온 대답들은 영화에서 나온 것과 다르지 않았다. 깨진 항아리를 물 속에 집어넣으면 자연적으로 항아리가 물에 잠길 것이므로 깨진 항아리에 물이 채워진다는 것이 답이다. 물을 채우기 위해 깨진 항아리를 때우거나 고칠 필요는 없다. 그렇게 해서 물을 채워 봤자 시간이 지나면 고친 부분이 다시 망가져 또 터지고 만다. 어렸을 때, 깨진 항아리를 시멘트로 땜질하고 아가리는 철사로 동여매 쓰는 것을 본 적이 있다. 어려울 때의 일이다. 그러나 그것은 오래가지 못한다. 땜질한 부분이 얼마 안 가서 다시 새기 때문이다. 즉 깨진 항아리를 땜질하는 것은 임시 처방이지 완전할 수 없다.

평화는 내가 무엇을 함으로써 이루어지는 것이 아니다. 평화 자체이신 그리스도 안에 내가 들어감으로 참된 평화가 이루어지는 것이다. 우리는 모두 깨진 항아리와 같은 존재들이다. 내가 나를 고칠 수 없다. 내가 할 수 있는 일이란 "나는 깨진 항아리와 같은 형편없는 자입니다"라고 고백하는 것뿐이다. 믿음으로 하나님의 은혜만을 바라는 것뿐이다. 그때 주의 능력이 나를 그리스도 안으로 집어던지신다. 깨진 항아리 같은 나를 그리스도의 충만의 세계로 던지신다. 그리스도 안에 있는 나는 비록 깨진 항아리일지라도 그의 충만 속에 거하므로 온전한 평화를 누리게 된다.

탕자가 성공했기에 아버지가 맞이한 것이 아니다. 거지 몰골로 아버지 집으로 갔지만, 아버지 눈에는 거지로 보이는 것이 아니라 사랑하는 아들로만 보이기에 그를 끌어안았던 것이다. 아버지 집에 거하는 아들은 항상 평화를 누리며 산다.

연단(품격)

환난과 같은 삶 속에서도 평화를 누릴 수 있는 것은, 환난은 인내를 이루고, 인내는 연단(**품격**)을 이루며, 연단은 소망을 이루기 때문이다. 환난은 압박, 고통, 박해 등을 말한다. 여기서 바울이 말하는 환난은 과거의 선택으로 인해 현재 당하는 고통인 인과응보로서의 환난이 아니다. 그것은 회개하고 그 원인을 고치면 해결된다. 그런데도 인과응보에 의한 시련과 환난을 소망 가운데 인내하며 살아간다면 그보다 어리석은 것은 없을 것이다.

바울이 말하는 환난은 그리스도를 따르는 사람들이 현실 세계 속에서 당하는 시련, 즉 믿음을 지키기 위해 당하는 시련, 주님 때문에 당하는 시련을 말한다. 이를 종말론적 고난이라고 한다. 주를 위해 환난을 당한 자들은 그리스도의 피로 씻은 흰 옷을 입고, 다시는 주리거나 목마르지 아니하며, 그들의 눈에서 눈물을 친히 씻어주실 것이라고 하였다.[6]

주께서도 말씀하시기를 "나로 말미암아 너희를 욕하고 박해하고 거짓으로 너희를 거슬러 모든 악한 말을 할 때에는 너희에게 복이 있나니 기뻐하고 즐거워하라 하늘에서 너희의 상이 큼이라 너희 전에 있던 선지자들도 이같이 박해하였느니라"[7]라고 하셨다. 따라서 주를 위해 믿음 때문에 당하는 고난과 박해는 고난으로 끝나는 것이 아니라 하늘의 상과 복을 받게 되므로, 소망 가운데 기뻐하며 즐거워할 수 있다.

---

6) 계 7:12~17을 보라.
7) 마 5:11~12.

환난은 인내를 이룬다. 헬라 문화권에서 인내는 악에 저항하는 용기를 의미한다. 여기서 바울은 이와 비슷한 의미로 이 단어를 사용했다. 환난이 그리스도를 믿기에 당하는 고난이라면 그것은 종말론적인 개념이다. 나아가 그 내면은 이원론적인 세계를 바탕으로 하고 있다. 이를 로마서에서는 죄와 사망, 그리고 생명과 성령으로 대조시키고 있다.[8] 그리스도의 평화를 방해하는 세력들은 우리에게 환난을 가져다주지만 우리는 그 환난을 통하여 인내를 이루어낸다. 이 인내는 주를 믿는 믿음의 의연함이며, 평화를 방해하는 세력들에 맞서는 용기이다.[9] 하나님의 영광에 참여할 소망이 있기에 우리는 인내를 온전히 이룰 수 있다.

인내는 연단(품격)을 이룬다. 연단은 '도키메'(δοκιμή)란 단어로 갖가지 일들과 위험에 의해 그 진실함이 증명된 원숙한 사람의 품성을 뜻한다.[10] 개역개정판 성경에서는 이를 연단으로 번역하였으나, 표준새번역에서는 연단 대신 품격이라고 번역하였다. 영어 성경에서도 '도키메'를 두 가지로 번역하였다. 첫째는 '경험, 종교적 체험'을 뜻하는 'experience'(KJV), 둘째는 '개성, 인격, 성품'을 뜻하는 'character'(NIV)이다.

첫째, 연단을 'experience'로 해석할 경우에는 인내가 체험을 이룬다는 말이다. 즉 환난을 통해 믿음의 의연함을 이루게 되고 그 성취된 인내는 체험을 이룬다는 것이다. 이 체험은 신비 체험

---

8) 롬 8:2, 그것은, 그리스도 예수 안에서 생명을 누리게 하는 성령의 법이 여러분 각자를 죄와 죽음의 법에서 해방하여 주었기 때문입니다(표준새번역).

9) 롬 12:21, 악에게 지지 말고, 선으로 악을 이기십시오(표준새번역).

10) 빌 2:22, 디모데의 연단(δοκιμή)을 너희가 아나니 자식이 아버지에게 함같이 나와 함께 복음을 위하여 수고하였느니라.

을 말하는 것이 아니고 환난을 인내함으로 생겨나는 힘, 즉 경험을 말한다. 물론 이 경험은 인내하는 노하우를 체득한다는 의미에 그치는 것은 아니다. 인내를 통하여 하나님의 사랑을 경험하고, 믿음의 의연함을 경험하고, 나아가 그리스도의 고난과 능력을 경험하게 되는 것을 말한다.

둘째, 연단을 'character'로 해석할 경우이다. 인내가 품격을 이룬다는 말이다. 이렇게 되면 우리는 환난을 믿음의 의연함으로 대처하는 인내를 통하여 새로운 품격을 함양하게 된다는 뜻이다. 그렇다면 이 품격은 무엇을 말하는가? 그것은 성도로서의 인격을 말한다. 성도의 인격은 모름지기 그리스도의 인격에서 비롯된다. 이런 의미에서 볼 때 품격보다는 성품, 또는 인격이란 표현이 더 적절하다. 즉 우리는 인내를 통해 그리스도의 인격을 함양하고 그의 인격을 배우며 체득하게 된다.

이를 종합하여 말하자면 우리가 주를 위해 현실에서 당하는 고난은 고난으로 끝나는 것이 아니라 인내를 이룬다. 우리가 믿음의 의연함을 지키며 인내하게 될 때 그 인내는 연단을 이룬다. 여기서의 연단은 시험 속에서 겪는 연단이 아니라 인내를 통하여 그리스도의 고난을 경험하게 되고, 그의 인격을 체득하여 우리의 삶 속에 그의 인격이 나타나게 되는 것을 말한다.

연단은 소망을 이룬다. 즉 그리스도의 고난을 체험하고 그의 인격을 체득한 사람은 소망 가운데 살아가는 것이다. 이 소망은 종말론적인 소망이다. 왜냐하면 이 소망은 주와 함께 누리는 평화의 삶에 대한 소망이요, 장차 주님과 함께 누릴 소망이기 때문이다. 이 소망은 하나님께서 성령으로 보증하신 것으로 그의 사랑이 이를 확증한다. 또한 '의인은 믿음으로 말미암아 살아간다'[11]고 할 때, 믿음으로 살아가는 이유는 바로 이 소망 때문이다. 주님과 함께 평화를 누리며 살아가는 사람은 믿음으로 살아가는 사람이요, 소망 가운데 살아가는 사람이다.

인격의 재현

우리가 당하는 환난 속에서 그리스도의 인격을 재현하기란 쉽지 않은 일이다. 환난이라는 삶의 여건이 없더라도 마찬가지이다. 인격의 재현이란 인간의 의지로 되는 것이 아니기 때문이다. 인격의 재현은 의롭다 하심을 받은 사람이 성령의 도우심으로 할 수 있는 일이다. 교회는 다녀도 의롭다 하심을 받아 새로운 차원으로 변화되지 않은 사람이 그리스도의 인격을 재현한다는 것은 불가능하다. 척하는 것일 뿐이다.

그리스도의 인격은 그의 삶과 십자가에 표현되어 있다. 그것은 누구나 재현할 수 있는 보편적 인격이다. 그러나 그 보편적 인격은 그리스도의 삶과 십자가의 체험을 통하지 않고는 개별화될 수 없다. 체험을 통해 그리스도의 보편적 인격과 하나가 될 때 그리스도의 인격이 우리의 개별적인 삶을 통해 재현되는 것이다. 그리스도의 인격 체험은 그리스도와 하나 될 때 일어나는데, 그 하나됨의 정도에 따라 우리 삶에서 그의 인격이 재현되는 정도가 드러

11) 롬 1:17.

나게 된다. 인격의 형성과 재현 과정에는 항상 성령의 도우심이 필연적으로 개입한다.

그리스도의 인격을 재현한다는 것은 열린 인격을 가진다는 뜻이다. 사람은 누구나 개별 인격을 가지고 있는데, 그 인격은 과거의 삶으로부터 형성된다. 과거의 환경, 사회와 부모의 영향과 교육 등 과거의 삶이 총체적으로 그의 인격에 담겨 있다. 사람마다 과거의 삶이 다르므로 모두가 자신만의 독특한 인격을 가진다. 모든 개별 인격이 자신만의 독특함을 가지고 있다는 것은 모든 개별 인격이 폐쇄성을 가진다는 뜻이기도 하다.[12]

개별 인격의 폐쇄성을 깨뜨릴 수 있는 것은 오직 그리스도의 인격밖에는 없다. 우리가 그리스도의 인격과 하나가 될 때 우리는 열린 인격을 소유하게 된다. 열린 인격을 가진 사람들이 하나가 될 때 인격의 공동체성이 이루어진다. 교회는 다름아닌 열린 인격을 가진 사람들이 그리스도의 인격으로 하나 된 인격 공동체이다. 따라서 교회는 그리스도의 열린 인격을 재현하여 모든 인격들을 그리스도의 품으로 모아들이는 어머니로서의 역할을 감당하는 곳이다.

그리스도의 인격은 그리스도의 열린 인격, 보편적 인격을 체험한 사람만이 재현할 수 있다. 그리스도의 인격을 체험한 사람은 그리스도의 고귀한 인격이 자연스럽게 삶으로 표현된다. 그의 말

12) 개별 인격의 폐쇄성을 다른 말로 하면 개인의 정체성, 또는 자아라고 말할 수 있다. 나라고 하는 정체성, 곧 자아가 깨져야 그리스도와의 연합이 이루어질 수 있다. 자기를 부인하는 것, 자아를 십자가에 못 박는 것, 그리스도와 함께 죽는 것 등은 모두 개별 인격의 폐쇄성을 깨뜨린다는 의미이다. 그리고 거듭남, 새로운 피조물, 그리스도와 함께 부활하는 것 등은 그리스도와의 인격적 연합을 일컫는 말이다.

속에서 그리스도의 인격의 향기가 나오며, 그의 얼굴 표정에서 그리스도의 온화하고 인자하신 표정이 나타난다. 그의 행동에는 주를 닮은 모습이 나타나 그를 볼 때 주님을 본 듯하고, 그의 말을 들을 때, 주님의 음성을 듣는 듯하며, 그의 얼굴 표정에서 주님의 사랑의 마음을 읽을 수 있게 된다. 이것이 온전히 그리스도의 인격을 이룬 성도의 모습이다.

자랑

본문의 2절과 3절, 그리고 11절에 '즐거워하느니라' 라는 말이 나온다. 즐거워한다는 이 말의 원어는 '카우카오마이' (καυχάομαι)로 '자랑하다, 뽐내다, 기뻐하다' 는 뜻으로 자랑하며 뽐낸다는 의미이다. 자랑하며 뽐내는 것은 항상 즐겁다. 개역개정판 성경에서는 기뻐한다는 의미로 "또한 그로 말미암아 우리가 믿음으로 서 있는 이 은혜에 들어감을 얻었으며 하나님의 영광을 바라고 즐거워하느니라" 라고 번역하였다. 11절도 "그뿐 아니라 이제 우리로 화목하게 하신 우리 주 예수 그리스도로 말미암아 하나님 안에서 또한 즐거워하느니라" 라고 하였다. 대부분의 영어성경에서도 '즐거워한다' (rejoice)로 번역했다.

이에 대해 표준새번역에서는 '즐거워하다' 대신 '자랑하다' 로 번역하였다. 나는 표준새번역이 보다 정확한 번역이라고 본다. 왜냐하면 이 말씀을 단지 본문에 국한하여 보면 즐거워한다는 표현이 더 잘 어울릴 수 있지만, 로마서 전체를 놓고 본다면 '자랑하다'가 더 정확하다.[13] 바울은 로마서 전체에서 이 단어를 단지 두 군데에서만 사용하는데 그것은 2장과 이 본문이다. 2장에서 바울은 두 번에 걸쳐 유대인들이 율법을 자랑하는 자들이라고 하였는데 그때 사용한 단어가 '카우카오마이'(καυχάομαι)이다.[14] 무엇보다도 다른 서신들에서는 거의 다 '자랑하다'의 뜻으로 쓰였다.

그러므로 바울은 본문을 통하여 율법을 자랑하는 유대인들에 대하여 우리도 자랑할 것이 있다고 말하는 것이다. 우리는 그리스도를 믿는 믿음으로 은혜의 자리에 나왔고, 하나님의 영광에 참여할 소망이 있다고 자랑하는 것이다. 또한 환난도 그리스도와 함께하는 것이며, 소망을 이루기에 환난까지도 자랑하고, 그리스도로 말미암아 생명을 구원하신 하나님을 자랑하자고 말하는 것이다.

자, 이제 바울이 그리스도를 자랑하고 우리의 소망과 구원하신 하나님을 자랑하자고 한 것에 대해 생각해 보자. 자랑이란 말은 자화자찬으로 자신이나, 자기와 관련된 일이나 사물을 드러내어 스스로 뽐내고 칭찬하는 것이다. 반면에 자기와 상관없는 것을 자랑하는 것은 자랑이 아니라 거짓말이요, 사기다. 그러므로 우리는 우리가 체험하고 우리와 관계하시는 주님을 자랑하는 것이지, 알

---

13) 바울 서신 전체에서 이 단어가 주로 '자랑하다'라는 의미로 쓰였다. 아래의 성경 구절들은 모두 '카우카오마이'(καυχάομαι)란 단어를 썼다.
고전 1:31, 기록된 바 자랑하는 자는 주 안에서 자랑하라 함과 같게 하려 함이라.
고후 11:18, 여러 사람이 육신을 따라 자랑하니 나도 자랑하겠노라.
갈 6:13~14, 할례를 받은 그들이라도 스스로 율법은 지키지 아니하고 너희에게 할례를 받게 하려 하는 것은 그들이 너희의 육체로 자랑하려 함이라 그러나 내게는 우리 주 예수 그리스도의 십자가 외에 결코 자랑할 것이 없으니 그리스도로 말미암아 세상이 나를 대하여 십자가에 못 박히고 내가 또한 세상을 대하여 그러하니라.

14) 롬 2:17, 유대인이라 불리는 네가 율법을 의지하며 하나님을 자랑하며.
롬 2:23, 율법을 자랑하는 네가 율법을 범함으로 하나님을 욕되게 하느냐.

지도 못하고 체험하지도 못한 주님을 자랑하는 것은 스스로를 속이는 것이요, 남에게 거짓말을 하는 것이다.

성도의 자랑은 모름지기 그리스도이다. 그리스도 안에서 나를 구원하신 하나님을 자랑하고,[15] 예수 그리스도의 십자가를 자랑하고,[16] 우리의 약한 것을 통하여 그리스도의 능력이 나타나니 이를 자랑하는 것이다.[17] 이것이 전도의 이유요 원리이다. 전도는 강요가 아니라 자랑이 되어야 한다. 강요하는 자는 지칠 수 있지만 자랑하는 자는 결코 지치지 않는다. 앉기만 하면 뉴욕주립대학교에 입학한 아들 자랑을 늘어놓는 내 친구만 보더라도 자랑은 결코 지치지 않는다. 입에 침이 마르면 그칠까. 바다가 마르면 말랐지, 자랑하는 그의 침은 결코 마르지 않는다.

바울은 말하기를 "내 말과 내 전도함이 설득력 있는 지혜의 말로 하지 아니하고 다만 성령의 나타남과 능력으로 하여 너희 믿음이 사람의 지혜에 있지 아니하고 다만 하나님의 능력에 있게 하려 하였노라"[18]라고 하였다. 그리스도를 자랑하는 것은 말이나 내 지혜로 하는 것이 아니라, 성령의 나타남과 능력으로 하는 것이다. 그리스도를 자랑하되 말이나 지혜로 하는 것은 사람들의 시기만을 불러올 뿐이다.

---

15) 롬 15:17, 그러므로 내가 그리스도 예수 안에서 하나님의 일에 대하여 자랑(*καύχησις*)하는 것이 있거니와.

16) 갈 6:14, 그러나 내게는 우리 주 예수 그리스도의 십자가 외에 결코 자랑(*καυχάομαι*)할 것이 없으니 그리스도로 말미암아 세상이 나를 대하여 십자가에 못 박히고 내가 또한 세상을 대하여 그러하니라.

17) 고후 12:9, 나에게 이르시기를 내 은혜가 네게 족하도다 이는 내 능력이 약한 데서 온전하여짐이라 하신지라 그러므로 도리어 크게 기뻐함으로 나의 여러 약한 것들에 대하여 자랑(*καυχάομαι*)하리니 이는 그리스도의 능력이 내게 머물게 하려 함이라.

18) 고전 2:4~5.

이를 우리 삶에 적용해 보자. 그리스도를 자랑하는 것은 내 안에 있는 그리스도, 내가 체험한 그리스도를 드러내는 것이며, 그의 능력을 드러내는 것이다. 또한 다른 사람이 우리의 삶을 보고 그리스도를 생각하게 하는 것, 이것이 성도의 자랑이다. 예수 믿는 자가 선한 일을 할 때, 사람들은 그리스도를 떠올리게 된다.

그리스도를 드러나게 하는 선한 일은 우리 주위에 얼마든지 있다. 사무실에 떨어진 휴지를 줍는 것, 일에 지친 동료에게 커피 한 잔 타 주는 것, 버스나 지하철에서 자리를 양보하는 것, 자랑할 만한데도 이웃을 생각하여 참는 것, 아내의 어깨를 주물러 주는 것 등 너무도 많다.

그러나 이와 반대로 자랑함으로 그리스도를 욕되게 하는 것도 많다. 먼저 손해 보지 않으려고 하는 것, 명품으로 치장하여 남에게 위화감을 주는 것, 필요 이상으로 많이 먹고 분수에 넘치는 좋은 음식을 탐하는 것, 남을 배려하지 않고 자신의 욕심만 채우려는 것, 교회 안에서 하나님이 주시는 은사와 은혜를 욕심으로 구하는 것, 은사를 자랑함으로 믿음 약한 자를 실족하게 하는 것, 말로만 그리스도를 전하는 것 등이다. 이 정도 말하면 찔리는 것들이 있을 터인데, 그런 것들로 인해 그리스도의 영광이 가려지는 것이다.

그러므로 성도는 모름지기 죽기까지 그리스도만을 자랑하되, 말이나 지혜로 하지 않고 오직 성령의 나타남과 능력으로 자랑하는 것이다. 말이 아니라 그리스도를 드러내는 삶, 그리스도를 생각나게 하는 행동, 그리스도의 능력을 드러내게 하는 믿음의 행위로 자랑해야 한다. 이 자랑이 사람들을 구원에 이르게 하며, 그리스도의 영광이 되며, 우리의 기쁨과 상급이 되는 것이다.

글을 쓰고 지금 있는 창 밖에는 겨울을 재촉하는 바람이 분다. 치악산을 붉게 물들였던 단풍잎이 하나둘 낙엽 되어 떨어진다. 떨어지는 낙엽은 바람을 이기지 못하여 떨어지는 것이 아니라, 세월의 무게를 견디지 못하고 바람을 핑계 삼아 스스로 떨어지는 것이다. 꽃은 떨어지지만 그것을 고난으로 여기지 않는다. 단풍이 지는 것도 떨어지는 이파리에게는 시련일지 모르나 나무에게는 고난이 아니다. 그것은 생명 현상으로, 소망의 표현일 뿐이다. 화창한 어느 봄날, 다소곳이 새순이 돋고 가지마다 화사한 꽃망울을 터뜨리는 그날이 되면 고난은 찾을 수도 없고 기억조차 없다.

생명이 있는 시련은 고난이 아니다. 생명을 위한 고난은 소망의 표현이다. 그러므로 우리는 고난 가운데서도 소망을 바라고 즐거워할 수 있는 것이다.

2. 세계의 변화 - 자유

의인의 결과 우리의 세계 자체가 변화한다.[19] 그리스도로 말미암은 평화를 누리는 삶은 현실 세계의 영향을 받지 않는다. 현실은 그리스도와 함께 죽고 그리스도와 함께 변화된 새로운 세계이다. 우리는 죽음이 극복된 영생을 사는 것이다. 죄에 매여 죄의 종으로 사는 것이 아니라, 거룩한 의의 종으로 성령 안에서 참 자유를 누리며 생명으로 사는 것이다. 율법적인 삶에서 복음적인 삶으로 변하는 것이다. 본 단원에서 바울은 의롭다 하심을 얻음으로

19) 바울은 세계(*κόσμος*)라는 말을 크게 세 가지 의미로 사용했다. 첫째, 코스모스는 창조된 세계를 말한다(롬 1:8, 20; 고전 8:4). 둘째, 하나님 또는 그의 영역과 대립되는 개념으로서의 세계이다(롬 3:6, 11:15; 갈 1:4). 셋째, 악의 세력들, 사탄, 세대의 지배자들의 개념으로 쓰였다(롬 8:38; 고전 15:24). 하지만 바울은 사탄이나 악한 영의 세력들을 피조물로 보았지 이원론이나 영지주의적으로 보지는 않았다. 이는 구약의 전통에 따른 것이다.

인해 달라진 이러한 세계에 대해 설명하고 있다.

1) 아담과 그리스도(5:12~21)

그러므로 한 사람으로 말미암아 죄가 세상에 들어오고 죄로 말미암아 사망이 들어왔나니 이와 같이 모든 사람이 죄를 지었으므로 사망이 모든 사람에게 이르렀느니라 죄가 율법 있기 전에도 세상에 있었으나 율법이 없었을 때에는 죄를 죄로 여기지 아니하였느니라 그러나 아담으로부터 모세까지 아담의 범죄와 같은 죄를 짓지 아니한 자들까지도 사망이 왕 노릇 하였나니 아담은 오실 자의 모형이라 그러나 이 은사는 그 범죄와 같지 아니하니 곧 한 사람의 범죄를 인하여 많은 사람이 죽었은즉 더욱 하나님의 은혜와 또한 한 사람 예수 그리스도의 은혜로 말미암은 선물은 많은 사람에게 넘쳤느니라 또 이 선물은 범죄한 한 사람으로 말미암은 것과 같지 아니하니 심판은 한 사람으로 말미암아 정죄에 이르렀으나 은사는 많은 범죄로 말미암아 의롭다 하심에 이름이니라 한 사람의 범죄로 말미암아 사망이 그 한 사람을 통하여 왕 노릇 하였은즉 더욱 은혜와 의의 선물을 넘치게 받는 자들은 한 분 예수 그리스도를 통하여 생명 안에서 왕 노릇 하리로다 그런즉 한 범죄로 많은 사람이 정죄에 이른 것같이 한 의로운 행위로 말미암아 많은 사람이 의롭다 하심을 받아 생명에 이르렀느니라 한 사람이 순종하지 아니함으로 많은 사람이 죄인 된 것같이 한 사람이 순종하심으로 많은 사람이 의인이 되리라 율법이 들어온 것은 범죄를 더하게 하려 함이라 그러나 죄가 더한 곳에 은혜가 더욱 넘쳤나니 이는 죄가 사망 안에서 왕 노릇 한 것같이 은혜도 또한 의로 말미암아 왕

> 노릇 하여 우리 주 예수 그리스도로 말미암아 영생에 이르게 하려 함이라.

본문은 로마서를 연구하는 학자들이나 독자들이 이해하기 난해한 부분이다. 본문은 아담과 그리스도를 대조하는 형식을 취하고 있다. 하지만 이는 아담과 그리스도를 대조하기 위함이 아니다. 바울은 이 대조를 통하여 의롭다 하심을 받은 자는 죄와 사망을 상징하는 아담의 세계와는 다른 차원, 즉 그리스도 안에 있는 영원한 생명의 세계에서 살아간다는 것을 설명하고자 하는 것이다.

다른 한편으로는 이제까지 진행해 온 의인론에 대해 바울이 우주론적인 설명을 시도하고 있다. 즉 최초의 인간인 아담을 거론하면서, 아담 이후 모든 인간이 죄와 사망에 이르렀지만 그리스도로 말미암아 의와 생명을 얻게 되었다는 것과, 죄인인 인류가 어떻게 의롭다 하심을 받을 수 있는지를 증명하는 것이다. 여기서는 본문을 난해하게 만드는 몇 가지 의문점들에 먼저 답을 하고 본문을 살펴보도록 한다.

의문점들

본문이 이해하기 어려운 이유는 아담의 등장 때문이다. 본문에서 보는 것과 같은 아담에 대한 바울의 해석은 성경 상에서 전혀 생소한 것이다. 아담의 등장과 함께 새로이 나타나는 의문점들을 정리해 보면 다음과 같다.

'첫째, 이제까지와는 달리 아담을 등장시켜 그리스도와 대조하며 설명하는 이유는 무엇일까? 둘째, 율법이 세상에 있기 전에도 죄는 있었으나 율법이 없을 때에는 죄를 죄로 여기지 아니하였다고 했는데, 그것은 무슨 뜻인가? 셋째, 아담은 그리스도의 모형(표상)이라고 했는데 그 의미는 무엇인가? 넷째, 아담으로 말미암아 죄가 세상에 들어왔고, 사망이 왕 노릇 하게 되었는데, 이는 원죄를 설명하기 위함인가? 그렇다면 원죄는 존재하는 것인가? 다섯째, 예수 그리스도로 말미암아 영생에 이르게 되었다고 했는데, 영생의 의미는 무엇인가?' 등이다. 이 중 앞의 두 개의 질문은 여기서 다루고 나머지 의문점들은 심도 있게 논의하기 위해 별도의 제목으로 다루기로 한다.

첫째, 이제까지와는 달리 아담을 등장시켜 그리스도와 대조하며 설명하는 이유는 무엇일까? 로마서를 주의 깊게 읽어온 독자라면 이제까지 진행되어 온 의인론이 개인적 차원에 머물러 있었다는 것을 발견했을 것이다. 그러므로 그리스도에 의한 구원을 개인주의적이고 소극적 의미에서만 받아들이는 사람에게는 본문이 난해하고 심지어 신비롭게 느껴질 수도 있을 것이다.

이제 바울은 그리스도에 의한 구원의 지평을 온 인류에게까지 넓힐 필요가 있다. 구원하시는 능력으로서의 하나님의 은혜는 과거나 현재나 미래에 온 인류에게 동일하게 적용된다. 이와 마찬가지로 구원을 이루는 십자가의 능력은 과거, 현재, 미래, 그리고 온 인류에게, 언제, 어디서나, 누구에게든지 동일하게 적용된다는 것을 말하고자 하는 것이다. 그리스도의 십자가는 온 인류 앞에 놓여 있다.

이러한 의미에서 바울은 전 인류를 아우르는, 또한 전 인간의 역사를 관통하는 의인론을 전개해야만 했다. 앞서 바울은 그리스도의 죽으심이 어떻게 인간에게 죄 사함을 이루는가를 속죄제물의 개념을 통해 증명하였다. 또한 아브라함을 통해 사람이 의롭다 하심을 얻는 것이, 율법이나 행위가 아니라 믿음으로 된다는 것을 구약성서를 통해 증명하였다. 본문은 의롭다 하심에 대한 최종적인 증명으로 그리스도에 의한 구원을 우주론적으로 증명하고 있다. 구원을 위한 십자가의 은혜와 능력은 온 인류에게 골고루 차별 없이 임하지만, 구원은 오직 이를 믿고 그리스도의 생명으로 나가는 자에게만 해당된다. 구원의 은혜가 임하였으나 이를 믿지 아니하는 자에게는 오직 사망만이 있을 뿐이다.[20]

그리하여 최초의 인간으로 죄를 지은 아담 이후 모든 사람이 죄인이 되었지만, 모든 인간의 죄를 사하시고 의롭다 하시는 하나님의 은혜가 그리스도로 인하여 임하였다. 따라서 전 역사 속에서 전 인류에게 영원한 생명이 임하게 되었다는 사실을 바울은 본문을 통해 증명하고자 하는 것이다.

둘째, 죄가 율법이 있기 전에도 세상에 있었으나 율법이 없을 때에는 죄를 죄로 여기지 아니하였다고 했는데, 그것은 무슨 뜻인가? 이를 간단히 설명하자면 오늘날 법 이론에서 말하는 죄형법정주의를 말하는 것이다. 이는 모든 죄는 법이 규정한 것만 죄로 인

---

20) 참고. 민 21:8~9, 여호와께서 모세에게 이르시되 불뱀을 만들어 장대 위에 매달아라 물린 자마다 그것을 보면 살리라 모세가 놋뱀을 만들어 장대 위에 다니 뱀에게 물린 자가 놋뱀을 쳐다본즉 모두 살더라.
요 3:14~15 모세가 광야에서 뱀을 든 것 같이 인자도 들려야 하리니 이는 그를 믿는 자마다 영생을 얻게 하려 하심이니라.

정되어 처벌할 수 있다는 이론이다. 법 없이는 죄도 없고, 죄가 없이는 처벌할 수 없다는 뜻이다.

예를 들면 예전에는 길거리에 쓰레기를 버리거나 술 취해 큰소리로 노래하더라도 죄가 되지 않음으로 벌금을 물지 않았다. 그러나 경범죄처벌법이 시행된 이후에는 그러한 행위가 죄가 되어 처벌 대상이 된다. 죄가 먼저냐, 법이 먼저냐? 당연히 죄가 먼저이다. 그러나 법이 없을 때는 죄를 죄로 여기지 않기에 처벌하지 않는다.

바울도 율법 아래 있는 자는 율법에 의해 심판을 받는데, 이는 율법이 죄가 무엇인지를 깨닫게 하기 때문이라고 하였다.[21] 즉 율법은 율법 아래 있는 사람에게 무엇이 죄인지를 밝히는 기준이 된다. 그 기준인 율법이 없이는 죄를 죄라고 규정할 수 없으므로, 죄는 있지만 죄로 여기지 않았다는 것이다. 이것은 바울이 율법과 죄를 구별한다는 반증이기도 하다.[22] 더욱이 바울은 율법을 죄라고 한 적이 한 번도 없다.[23]

---

21) 롬 3:19~20, 우리가 알거니와 무릇 율법이 말하는 바는 율법 아래에 있는 자들에게 말하는 것이니 이는 모든 입을 막고 온 세상으로 하나님의 심판 아래에 있게 하려 함이라 그러므로 율법의 행위로 그의 앞에 의롭다 하심을 얻을 육체가 없나니 율법으로는 죄를 깨달음이니라.

22) 롬 2:12, 무릇 율법 없이 범죄한 자는 또한 율법 없이 망하고 무릇 율법이 있고 범죄한 자는 율법으로 말미암아 심판을 받으리라.
롬 4:15, 율법은 진노를 이루게 하나니 율법이 없는 곳에는 범법도 없느니라.

23) 롬 7:7, 그러면 우리가 무엇이라고 말을 할 것입니까? 율법이 죄입니까? 그럴 수 없습니다. 그러나 율법에 비추어 보지 않고서는, 나는 죄가 무엇인지 알지 못하였을 것입니다. 율법에 "탐내지 말아라" 하지 않았으면, 나는 탐심이 무엇인지를 알지 못하였을 것입니다(표준새번역).

아담

성경에서 아담은 최초의 인간이며, 최초로 죄를 범한 사람이다. 하나님의 명령을 어기고 선악과를 따먹고 저주를 받아 에덴에서 쫓겨났으며, 그로 인해 영생을 상실하였다. 이 창세기 3장의 내용은 원인론적 설화로, 하나님이 창조한 이 세상에 어떻게 죄와 사망이 들어왔으며, 왜 인간이 수고하고 땀을 흘려야 먹고 살게 되었는지를 설명하기 위한 말씀이다. 그런데 구약에서는 이후에 아담의 이름이 족보에 실린 것 외에는 단 한 곳에만 나온다.[24] 신약에서도 족보를 거론할 때[25]와 바울의 서신들 외에는 전혀 나오지 않는다.

그러나 묵시문학과 신 · 구약 중간기의 문서들에는 아담이 자주 거론된다. 바울 당시의 전통적인 유대교의 가르침도, 인간의 죄와 죽음의 근원으로 아담의 불순종을 지적한다. 그러므로 외경, 묵시문학, 랍비문학[26]에 나타난 아담에 대한 언급을 검토해 보아야 한다. 이는 대략 세 가지로 요약된다.

첫째, 아담이 지은 죄의 결과로 인간에게 죽음이 왔다는 것이다. 즉 아담의 범죄 때문에 하나님의 심판이 임하였고, 그 결과 죽음이 온 인류에게 임했다. 둘째, 아담으로 인하여 하나님이 완전

24) 호 6:7, 그들은 아담처럼 언약을 어기고 거기에서 나를 반역하였느니라.
25) 눅 3:38, 그 위는 에노스요 그 위는 셋이요 그 위는 아담이요 그 위는 하나님이시니라.
유 1:14, 아담의 칠대 손 에녹이 이 사람들에 대하여도 예언하여 이르되 보라 주께서 그 수만의 거룩한 자와 함께 임하셨나니.
26) 이를 '하가다'라고 한다. 하가다는 유대교에서 전설이나 격언, 비유, 우화, 수수께끼 등을 포함하는 비법률적인 랍비문학 형태를 말한다.

하게 계획하고 창조한 세계가 부정하게 되었다. 그리하여 인간과 자연계가 고통과 괴로움에 처하게 되었고, 하나님과의 관계가 단절되었다. 셋째, 아담의 죄가 모든 사람들의 죄의 원인이 된다는 죄의 보편성과 원죄 교리의 근거가 된다.

이러한 개념들을 충분히 알고 있는 바울은 아담에 대한 이들의 이론을 극복한다. 그 극복의 핵심은 바로 그리스도이다. 아담에 의한 죽음은 그리스도의 생명에 의해 극복되며, 아담의 불순종으로 말미암아 죄와 죽음이 왕 노릇 하는 세계는 그리스도의 순종으로 인하여 은혜와 생명이 지배하는 세계가 된다. 그리고 심판으로 인한 죽음은 그리스도와 함께하는 영생으로 극복된다. 외경이나 랍비문학에서 가르친 아담의 불순종으로 인한 죄와 죽음이, 그리스도로 인하여 은혜와 영생으로 극복된다. 바울은 또한 이 모든 것이 인간의 노력이 아니라, 하나님이 주시는 은사로 말미암은 것임을 분명히 한다.

자, 이제는 아담의 의미에 대해 살펴보자. 아담을 해석하는 데는 여러 가지 이론이 있는데, 그 중에 가장 설득력 있는 것이 인류의 대표자로서의 아담 또는 인간의 원형으로서의 아담이다. 본문에도 '한 사람으로 말미암아 죄가 들어왔다', '한 사람의 순종치 아니함으로 많은 사람이 죄인 된 것같이' 라는 표현이 나온다. 그러므로 아담은 죄인인 인간을 대표한다고 말할 수 있다. 그러나 바울이 과연 그런 의도로 아담을 거론했는지에 대해서는 의심하지 않을 수 없다. 그렇다고 아담을 개인 자격으로 단순화시켜 설명하는 이론도 문제이다. 아담을 개인으로 보면 아담이 죄를 범한 것은 아담 개인의 몫으로 스스로 회개하면 그만인데, 그것을 가지고 온 인류가 다 죄인이 되었다고 하는 것은 논리적으로 맞지 않다.

바울은 창세기 3장을 염두에 두고 본문을 썼지만 본문에서는 아담의 인간적인 면을 부각하거나 탐구하지도 않는다. 단지 아담이 죄를 범하였다는 것과 그로 인하여 죽음이 이 땅에 들어왔다는 것 정도만을 고려하고 있다. 우선적으로 바울이 아담을 신화적인 인물로 생각하지 않았다는 것은 분명하다. 그것은 오늘날의 해석 방법이다. 바울이 아담을 역사적 인물로 믿었다는 것은 의심할 수 없다. 바울뿐 아니라 그 당시의 모든 유대인 중 성경을 신화로 믿는 사람은 없었다. 하나님의 말씀이며, 역사적 사실로 분명히 믿었다.

그렇다면 본문에서 아담은 어떤 존재인가? 아담을 인류의 대표자로 보든, 아니면 한 개인으로 보든 그것이 중요한 것이 아니다. 바울의 의도는 역사 속에 나타난 최초의 인간인 아담과 이후 존재하는 모든 사람이 다 죄인이라는 것을, 당시의 묵시문학이나 랍비문학에 익숙한 사람들에게 그들의 언어로 설명하는 것이다. 따라서 본문이나 "아담 안에서 모든 사람이 죽은 것같이 그리스도 안에서 모든 사람이 삶을 얻으리라"[27]는 말씀에서처럼 아담은 죄 또는 죄인이라는 원형적, 보편적 개념, 또는 집합인격을 지칭하는 말로 우주론적 차원에서 이해해야 할 것이다.

그러므로 아담은 최초의 인간으로 처음 죄를 지은 사람이며, 모든 사람이 죄인이라고 할 때 죄인이라는 원형적 개념으로서의 아담이다. 이는 아담이 인류의 대표자라는 뜻이 아니라, 죄의 시작

27) 고전 15:22.

(또는 근원)과 모든 사람이 죄인이라는 의미이다. 또한 아담을 죄와 그 결과로서의 사망으로, 그리스도를 의와 그 결과로서의 생명(영생)으로 서로 대조할 때, 아담은 옛사람을, 그리스도는 새사람을 각각 상징하는 것이다.

그리고 세계관으로 설명하자면, 생명과 영생의 그리스도의 세계와 그와 대조되는 죽음과 죄의 아담의 세계를 각각 구원 이후의 세계와 구원 이전의 세계로 상정한 것이라고 말할 수 있다.[28] 그러나 이것은 실재의 세계는 아니다. 만약에 그리스도의 세계와 대비되는 아담의 세계가 실재한다면, 이는 바울을 이원론자의 전형으로 볼 수밖에 없으며, 그의 구원론은 유일신 사상에서 벗어나 이신론(dualism)적 토대 위에 서게 된다.

마지막으로 학자들은 아담을 집합인격이라는 말로 설명하기도 하는데, 매우 설득력 있는 이론이다. 이는 모든 사람의 죄의 인격

28) 참고로 아담과 그리스도를 대조한 또 다른 바울의 본문을 살펴보자. 그러면 죄와 사망이 지배하는 육의 사람들의 세계를 상징하는 아담의 세계와 생명과 영생의 세계인 그리스도의 세계에 대한 대조를 통해 영생을 설명하는 바울의 이론을 보다 잘 이해할 수 있을 것이다. "기록된 바 첫 사람 아담은 생명이 되었다 함과 같이 마지막 아담은 살려 주는 영이 되었나니 그러나 먼저는 신령한 자가 아니요 육의 사람이요 그 다음에 신령한 사람이니라 첫 사람은 땅에서 났으니 흙에 속한 자이거니와 둘째 사람은 하늘에서 나셨느니라"(고전 15:45~47).
바울은 부활을 아담이 죽고 그리스도로 살아나는 것이라고 말하기 위해 이 말씀을 한 것인데, 여기서도 아담과 그리스도는 대조의 형식을 취하고 있다. 아담은 산 영, 육 있는 자로 흙에 속한 자이며, 그리스도는 살려 주는 영(생명을 주는 영), 신령한 자로 하늘에서 나신 분이다. 참고로 아담이 '산 영'이라고 한 것은 창세기 2장 7절을 인용한 것인데, 이는 '살아 있는 영적 존재'를 말하는 것이 아니다. 사람은 영적인 존재로 창조된 것이 아니다. 영혼을 가진 자로 창조되었다. 원어로 보면 개역개정판 성경의 "사람이 생령이 되니라"(창 2:7)에서 '영'은 '프뉴마'(*πνεῦμα*)라는 단어가 아닌 '혼'(soul), 또는 '영혼'이란 뜻의 '프쉬케'(*ψυχή*, 70인역 참고)이다. 본문에서도 '산 영'은 '살아 있는 영혼'(*ψυχὴν ζῶσαν*, a living soul, KJV)을 말한다. 이에 대해 그리스도는 '살려주는 영'(*πνεῦμα ζῳοποιοῦν*, a life-giving spirit, KJV)이다.

을 아담의 인격으로 단일화시켜 표현한 것이다. 그런 의미에서 아담을 본다면 우리가 바로 아담이다. 항상 그렇다. 아담은 죄 가운데 있는 바로 '나'를 말한다. 실존적 의미에서 내가 자신의 의지와 결단으로 죄를 선택하고 지을 때마다 아담이 되는 것이다. 죄의 습성 가운데 있는 나의 옛사람, 나의 자아가 아담이다.

아담–그리스도 모형론(제2의 아담설)

다음으로 아담은 그리스도의 모형(표상)[29)]이라고 말한 그 의미를 살펴보자. 바울이 그리스도를 아담의 모형으로 설명하는 것은 앞서 보았듯이 외경, 묵시문학, 랍비문학 등의 영향을 받은 것이다. 여기서도 바울은 아담에 대한 이들의 이론을 극복한다. 그리스도 모형론에 대해 많은 학자들이 내놓은 수많은 학설들이 있다. 여기서 그 많은 학설들을 검토한다는 것은 능력 밖의 일이므로 본인이 이해한 수준에서 서술해 보고자 한다.

아담을 오실 자의 모형(표상), 즉 그리스도의 모형이라고 하는 것을 보응의 원리로 설명하면 쉽게 이해될 수 있다. 모든 구원은 과거로부터의 구원, 인과응보로부터의 구원이다. 하나님은 행한 대로 보응하시는 분이다.[30)] 하나님의 심판과 보응은 자신의 죄업에

---

29) 모형, 또는 표상이란 말은 '튀포스'(*τύπος*)란 단어로 모델, 양식, 유사, 도장 등의 뜻이다.
빌 3:17, 형제들아 너희는 함께 나를 본(*τύπος*)받으라 그리고 너희가 우리를 본(*τύπος*)받은 것처럼 그와 같이 행하는 자들을 눈여겨보라.

따르는 대가이다. 하지만 구원은 그리스도로 말미암은 은혜로서, 하나님은 이러한 인과응보의 대가를 묻지 않고 용서하신다. 이것이 구원의 기본 원리인데, 이 원리를 적용하는 데 있어서는 보응의 원리가 동시에 작용한다.

보응의 원리를 잘 설명하고 있는 다음 구절을 보자. "그가 그의 형제에게 행하려고 꾀한 그대로 그에게 행하여 너희 중에서 악을 제하라 그리하면 그 남은 자들이 듣고 두려워하여 다시는 그런 악을 너희 중에서 행하지 아니하리라 네 눈이 긍휼히 여기지 말라 생명에는 생명으로, 눈에는 눈으로, 이에는 이로, 손에는 손으로, 발에는 발로이니라."[31] 죄를 행한 대로 갚을 때 악이 제하여진다는 말씀이다. 눈에는 눈, 이에는 이, 생명은 생명으로 갚을 때, 그로 인한 죄가 사해지는 것이다. 구약의 속죄제사도 똑같다. 죄로 인해 죽을 사람 대신에 속죄양이 죽음으로 죄가 사해지는 것이다. 즉 생명이 생명을 구한 것이다. 역으로 말하면 생명으로 생명을 갚은 것이다.

이를 본문에 적용해 보자. 아담이 죄를 범함으로 이 세상에 죄와 사망이 들어왔다. 보응의 원리를 적용하여 다시 처음 상태, 죄 없는 상태로 되돌리려면 어떻게 해야 하겠는가? 보응의 원리는 눈

---

30) 잠 24:12, 네가 말하기를 나는 그것을 알지 못하였노라 할지라도 마음을 저울질하시는 이가 어찌 통찰하지 못하시겠으며 네 영혼을 지키시는 이가 어찌 알지 못하시겠느냐 그가 각 사람의 행위대로 보응하시리라.
사 3:11, 악인에게는 화가 있으리니 이는 그의 손으로 행한 대로 그가 보응을 받을 것임이니라.
렘 32:19, 주는 책략에 크시며 하시는 일에 능하시며 인류의 모든 길을 주목하시며 그의 길과 그의 행위의 열매대로 보응하시나이다.
롬 2:6, 하나님께서 각 사람에게 그 행한 대로 보응하시되.

31) 신 19:19~21.

에는 눈, 이에는 이, 생명은 생명으로 행한 대로 갚을 때 죄가 사해진다. 그렇다면 아담이 죄를 지었고, 그후에 모든 사람이 죄를 지었다면 이를 갚기 위해서는 어떻게 해야 하는가? 눈에는 눈, 이에는 이처럼 아담에는 아담이란 공식이 성립된다.

즉 아담으로부터 시작된 인류의 죄를 사하기 위해서는 그 죄의 원인(또는 결과)인 아담으로 갚아야 한다. 그렇기 때문에 그리스도께서 인간의 몸을 입고 아담으로 다시 오실 수밖에 없다는 결론에 도달한다. 그러므로 아담은 오실 그리스도의 모형이며, 그리스도는 제2의 아담이 되는 것이다. 다시 말하자면 아담의 죄를 갚기 위해 아담으로 오셔서 그 죄의 대가를 자신의 죽음으로 갚으셨다. 그러므로 모든 사람의 죄를 보응의 원리로 갚지 아니하시고, 은혜로 구원해 주셨다. 이것이 구원의 원리이다.

요한복음에도 이와 같은 원리가 적용된다. 요한복음은 "태초에 말씀이 계셨다. 그 말씀은 하나님과 함께 계셨다. 그 말씀은 하나님이셨다"[32]는 선언으로 시작된다. 그리고 "말씀이 육신이 되어 우리 가운데 사셨다"[33]고 함으로 그리스도께서 말씀으로 이 땅에 오셨다고 하였다. 이 말씀(로고스, λόγος)은 '그리스도 선재론', '로고스 기독론' 등 그리스도에 대한 많은 이론들의 근거가 되는 것이지만, 내가 갖는 관심은 '왜 말씀으로 오셨다고 하는가?' 라는 점이다. 로고스의 개념이 워낙 철학적이고 다양하여 설명하기도 쉽지 않을 뿐 아니라, 설명할 필요도 없이 그저 단순하게 '왜 말씀으로 오셨는가?' 라는 물음에 보응의 원리를 적용시켜 보면 답이

32) 요 1:1(표준새번역).
33) 요 1:14a(표준새번역).

쉽게 나온다.

하나님은 말씀으로 이 세상을 창조하셨다. 그런데 말씀으로 창조하신 이 세상이 인간의 범죄로 인하여 타락했다. 타락한 이 세상을 구원하기 위해서는 다시 말씀이 와서 그 말씀으로 회복시켜야 한다. 그러므로 눈에는 눈, 이에는 이, 아담에는 아담, 말씀에는 말씀이라는 보응의 원리가 성립된다. 따라서 주께서 말씀으로 창조하신 이 타락한 세상을 구원하시기 위해 말씀으로 오신 것이다. 구원은 창조의 회복이며, 아담의 회복이며, 말씀의 회복이다.

원죄

원죄(original sin)의 사전적 의미는, 기독교 교리에서 모든 인간이 나면서부터 처하게 되는 죄의 상황이나 상태, 또는 기원(이유나 근거)을 가리키는 말이다. 전통적으로는 그 기원이 최초의 인간인 아담의 죄에 있다고 보며, 아담 이후로 그의 죄책이 후손들, 즉 모든 사람에게 유전되었다는 것이 원죄에 대한 교리적 설명이다. 원죄 교리의 성서적 근거는 창세기 3장에 나오는 첫 사람, 아담의 타락에 의해 설명되지만 죄가 유전적으로 모든 인류에 전가되었다는 구체적인 언급은 지금의 본문 외에는 성경 어디에도 나오지 않는다.[34]

34) 시 51:5의 말씀 "내가 죄악 중에서 출생하였음이여 어머니가 죄중에서 나를 잉태하였나이다"도 종종 인용되기는 하지만, 이 말씀은 원죄를 설명하고자 함이 아니라 회개와 치유에 대한 말씀이다.

원죄 교리는 어거스틴 이후 서방 교회에서 절대적인 지지를 받았다. 중세시대에는 인간에게 보편적 죄가 실재한다는 것을 증명하기 위해 원죄론이 거론되어야만 했다.[35] 보편적 죄가 실재해야만 그리스도에 의한 보편적 구원이 타당성을 갖기 때문이다. 다시 말하자면 그리스도에 의한 구원의 완전함과 구원의 능력을 설명하기 위해서는, 자신이 지은 죄뿐 아니라 자신 속에 있는 아담으로부터 유전되어 온 죄의 근원인 원죄가 실재한다는 가정에서 출발하여야 한다.

그러나 원죄에 대한 전통적인 교리는 예정론과 더불어 죄에 대한 인간의 책임성이 자칫 모호해질 수 있다는 단점을 가질 수밖에 없다. 죄에 대한 근원적인 책임이 궁극적으로 아담의 범죄로부터 비롯되었다고 한다면, 이는 죄가 개인의 책임이 아닌 숙명으로 축소되고 만다. 우리가 죄를 짓든 안 짓든 간에 상관없이 아담 때문에 죄인이 된다면 인간은 죄인이라는 숙명 속에 던져진 존재일 수밖에 없다. 이는 예정론이 은총론적인 입장에서 벗어날 때 숙명론으로 귀결되는 것과 마찬가지이다.

또한 아담이 죄를 범하게 된 배경이 사탄의 유혹으로부터 비롯되었다고 한다면, 더더욱 인간의 잘못은 없어지고 모든 죄의 책임이 사탄에게 돌려지게 된다. 그렇다면 가장 큰 문제는, 그리스도의 속죄나 구원도 인간 구원이 아닌 사탄 박멸로 결론 지어져야만

35) 이 보편적 죄로서의 원죄가 실재하느냐, 아니면 단지 이름뿐이지 실재하는 것은 아니라는 것은 중세 때 보편 논쟁에서 다루었던 문제인데, 실재론(實在論, Realism)과 유명론(唯名論, Nominalism)의 논쟁이다. 논쟁의 결과 유명론이 승리하게 되는데, 이는 신학적으로 중세 교회의 몰락을 가져왔고, 결국 종교개혁으로 이어질 수밖에 없었다. 그럼에도 불구하고 종교개혁자들은 원죄 교리의 큰 틀은 바꾸지 않았다.

한다는 것이다. 원죄에 대한 전통적인 교리는 죄의 근원을 명쾌하게 설명해 주는 것 같지만 사실상 이러한 논리적 문제점들을 가지고 있다.[36]

사람은 누구나 태어날 때부터 타락한 죄인이며 그 죄는 아담으로부터 유전되었다는 이 원죄 교리가 속죄론과 구원론의 허점을 가지고 있고, 특히 이성적인 현대인들에게는 받아들이기 힘든 부분임에도 불구하고 여전히 맹위를 떨치고 있는 이유는 무엇인가? 무엇이 문제인가?

그것은 헬라어 원문을 잘못 읽었기 때문이다. 논란이 되고 있는 "모든 사람이 죄를 지었기 때문에"(ἐφ' ᾧ πάντες ἥμαρτον)의 해석의 문제 때문이다. 여기서 '판테스'(πάντες)는 모든 사람이, 그리고 '헤마르톤'(ἥμαρτον)은 '죄를 짓다' 라는 뜻이다. 그리고 '에피'(ἐφ')는 '~ 때문에'(for)라는 전치사이다. 문제는 ᾧ 인데, 이를 관계대명사 남성으로 읽느냐 중성으로 읽느냐에 따라 본문의 해석이 달라진다. 남성으로 읽을 경우에는 "그 사람(아담) 때문에, 또는 그를 통하여 모든 사람이 죄를 짓게 되었다"는 뜻이 된다. 그러므로 아담 이후 죽음이 인류를 지배하게 된 이유를 원죄라고 규정할 수 있게 된다.

그러나 ᾧ를 중성으로 읽게 되면 "그것은 모든 사람이 그렇게 죄를 지었기 때문이다"로 해석하게 된다. 즉 12절은 "그러므로 한

36) 나는 이 글에서 원죄 교리를 설명하거나 이 교리에 대한 이론들을 소개할 필요성을 느끼지 않는다. 그것은 신학자들의 몫이다. 또한 유전되는 것으로서의 원죄 교리를 지지할 생각은 더군다나 없다. 나는 원죄 교리가 신학적 논리의 결론에 지나지 않는다고 생각한다. 다만 내가 이 글에서 관심을 갖는 것은 바울의 의도이다.

사람을 통하여 죄가 세상에 들어오고, 죄를 통하여 죽음이 들어온 것처럼 모든 사람들이 죄를 지었기 때문에 죽음이 모든 사람에게 이르게 되었습니다"라고 해석된다. 개역성경이나 개역개정판 성경도 ᾧ를 중성으로 해석하였다. "이와 같이 모든 사람이 죄를 지었으므로 사망이 모든 사람에게 이르렀느니라." 그러므로 원죄 교리를 부정한다 하더라도 성경 상으로는 하등 이상할 것이 없다.

이와 같은 결과를 바탕으로 12절을 다시 보자. "그러므로 한 사람으로 말미암아 죄가 세상에 들어오고 죄로 말미암아 사망이 들어왔나니 이와 같이 모든 사람이 죄를 지었으므로 사망이 모든 사람에게 이르렀느니라." 이 구절의 전반부, 즉 "한 사람으로 말미암아 죄가 세상에 들어오고 죄로 말미암아 사망이 왔나니"에서는 원죄로 해석이 가능하다. 하지만 바울은 후반부에서 "이와 같이 모든 사람이 죄를 지었으므로 사망이 모든 사람에게 이르렀느니라"라고 함으로, 죄를 짓고 그 죄의 결과 죽음에 이른다고 하는 것을 다시 개인의 문제로 되돌리고 있음을 알 수 있다. 이는 아담의 죄로 인하여 모든 사람에게 사망이 온 것이 아니라, 자신의 죄로 인하여 사망이 임하였다는 말이다.

이렇게 본다면 바울이 정말로 원죄를 주장하기 위해 본문 말씀을 기록했느냐 하는 것이 의문이다. 신약성서에 아담과 관련된 구절이 총 7개가 나오는데, 바울 서신에는 모두 5개의 구절이 나온다. 나머지 두 구절은 예수의 족보와 관련된 구절이다.[37] 바울 서

37) 눅 3:38, 그 위는 에노스요 그 위는 셋이요 그 위는 아담이요 그 위는 하나님이시니라.
유 1:14, 아담의 칠대 손 에녹이 이 사람들에 대하여도 예언하여 이르되 보라 주께서 그 수만의 거룩한 자와 함께 임하셨나니.

신들을 살펴보면 죄, 또는 구원과 관련된 구절은 본문을 포함하여 모두 3개인데,[38] 이를 엄밀하게 분석해 보면 바울은 교리적 의미의 원죄에 대해서는 알지 못했던 것이 분명하다.

그러므로 유전되는 것으로서의 원죄는 성서적이 아니므로 부정되어야 한다. 하지만 문자적인 의미에서의 원죄는 계속 강조되어야 한다. 원죄(original sin)는 원초적인 죄로 속성상 인간이 가지고 있는 죄성(罪性),[39] 죄의 소원,[40] 죄를 짓고자 하는 본능[41] 등을 지칭하는 것으로 받아들여야 한다. 인간의 속성으로서의 원죄는 우리가 극복해야 할, 그리고 그리스도의 은혜와 능력으로 제거시켜야 할 평생 회개 제목이다.

그렇다면 원죄라고 불리는 인간의 본래적인 죄성은 어디로부터 왔는가? 성경은 타락으로부터 시작되었다고 말한다. 타락의 결과 인간에게는 이원성이 생겨났다. 이원성은 하나가 분리되어 너와 나로 구별됨을 말한다. 하나님과 인간의 분리, 인간과 인간의 분리, 인간과 자연과의 분리가 이원성이며, 이 이원성이 원죄이다. 서로 나뉘어 서로를 비교함으로 시기, 질투, 책임 전가, 지배와 피

---

38) 롬 5:14, 그러나 아담으로부터 모세까지 아담의 범죄와 같은 죄를 짓지 아니한 자들까지도 사망이 왕 노릇 하였나니 아담은 오실 자의 모형이라.
고전 15:22, 아담 안에서 모든 사람이 죽은 것같이 그리스도 안에서 모든 사람이 삶을 얻으리라.
고전 15:45, 기록된 바 첫 사람 아담은 생령이 되었다 함과 같이 마지막 아담은 살려 주는 영이 되었나니.

39) 롬 7:17, 이제는 그것을 행하는 자가 내가 아니요 내 속에 거하는 죄니라.

40) 창 4:7, 네가 선을 행하면 어찌 낯을 들지 못하겠느냐 선을 행하지 아니하면 죄가 문에 엎드려 있느니라 죄가 너를 원하나 너는 죄를 다스릴지니라.

41) 이를 바울은 정욕이라는 말로 표현했다.
롬 7:5, 우리가 육신에 있을 때에는 율법으로 말미암는 죄의 정욕이 우리 지체 중에 역사하여 우리로 사망을 위하여 열매를 맺게 하였더니.

지배, 우열 등이 생겨났다. 이것이 원죄의 결과이다.

본디 생명은 하나님께로부터 온 것이므로, 하나님이 하나이듯 모든 생명도 하나인데, 원죄는 자신의 생명을 우선적으로 여기기에 자신의 생명을 위해 다른 생명을 압박하고 탄압하게 된다. 원죄는 자신의 생명을 다른 생명과 구별함으로써 생겨난 것이다. 하나 됨 안에서 원죄도 없다. 본래 죄가 실체가 없듯이 원죄도 실체가 없는 비존재이다. 이 비존재를 존재로 여기기에 죄성이 존재하는 것이다.

정말로 서로 사랑하여 하나 된 부부에게는 부끄러움이 존재하지 않는다. 그들에게는 원죄가 작용하지 않는다. 그러나 온전히 하나 되지 못했을 때는 그때부터 서로를 탓하고, 원망하고, 서로 상처를 주는 죄성이 작용하게 된다. 그리스도와의 하나 됨도 마찬가지이다. 정말로 성령 안에서 참 자유와 평안을 누리는 사람에게는 죄가 문제되지 않는다. 죄성이 작용할 수 없다. 그러나 신앙이 식고 의심이 들면 죄가 작용하여 그리스도와의 분리가 일어나고 구원에 대한 불안이 찾아오게 된다.

그리스도로 말미암아 죄성이 극복된 상태를 웨슬리는 '기독자의 완전'이라고 했고, 동방 교회에서는 '신화'(神化)로, 바울은 '자유'[42]라는 말로 표현하였으며, 그러한 삶을 '영생'[43]이라고 하였다. 이 영생의 삶은 인간의 회복된 자유의지로는 불충분하고, 성

---

42) 롬 8:21, 그 바라는 것은 피조물도 썩어짐의 종 노릇한 데서 해방되어 하나님의 자녀들의 영광의 자유에 이르는 것이니라.
고후 3:17, 주는 영이시니 주의 영이 계신 곳에는 자유가 있느니라.

43) 롬 6:22, 그러나 이제는 너희가 죄로부터 해방되고 하나님께 종이 되어 거룩함에 이르는 열매를 맺었으니 그 마지막은 영생이라.

령의 도우심과 끊을 수 없는 그리스도의 사랑으로만 가능하다고 바울은 로마서를 통해 말하는 것이다.

영생

다섯 번째 질문은 '예수 그리스도로 말미암아 영생에 이르게 되었다고 했는데, 영생의 의미는 무엇인가?' 이다. 의롭다 하심을 얻으면 그 결과 하나님과 화해가 이루어져 평화를 누리게 된다. 이 평화를 누리게 된 사람은 이제 그리스도로 말미암아 영원한 생명을 누리게 된다. 영원한 생명은 죽음으로부터의 자유이다. 우리의 영혼이 육체로부터 분리되는 것이 육체적 죽음이다. 그리고 우리의 영혼이 하나님으로부터 분리되는 것이 영적 죽음이다. 영생은 육체적 죽음을 극복하는 것이 아니라 영적 죽음의 상태를 다시 회복하는 것이다. 우리의 육체가 영원히 사는 것이 아니라, 우리가 하나님과 영원히 사는 것이다.

영생을 죽음 이후, 그리스도와 함께 천국에서 영원 복락을 누리는 것만을 말한다고 한다면 로마서는 여기서 끝나야 한다. 그렇다면 믿음으로 의롭다 하심을 받고 난 후와 죽음 사이에서 사는 삶이 무슨 의미가 있는가? 하지만 로마서는 16장까지 계속된다. 그러므로 여기서 말하는 영생은 죽음 이후에 주님과 함께 누리는 것이 아니다. 의인 이후에 그리스도와 함께 사는 삶을 말하는 것이다. 이를 위해 로마서는 16장까지 필요하다.

바울은 영생을 말하기 전에 우리의 현실에서의 삶을 먼저 거론한다. 의롭다고 인정받아 영생을 얻었다고 해서 우리의 현실이 바뀌는 것은 아니다. 현실은 여전히 환난이 있을 수 있다. 영생의 삶을 산다고 해서 사망의 음침한 골짜기가 면제되는 것도 아니다. 이러한 역설적인 삶은 여전히 우리 가운데 있다. 변하는 것은 현실이 아니라 바로 나이다. 현실에 대한 나의 가치관, 삶의 방식, 인생의 목표 등이 바뀐다. 이것을 세계관의 변화, 또는 구원관의 변화, 삶과 믿음의 차원의 변화라고 말한다. 이 세계관이 변함으로, 즉 내가 변함으로 현실이 변하는 것이다. 이 변화된 새로운 차원의 세계를 바울은 영생이라고 말하며, 영생은 그리스도 안에서 성령의 인도하심을 받아 하나님의 은혜로 사는 것이다.

바울이 말하고자 하는 영생의 의미를 좀더 확실하게 하기 위해서는 다시 앞으로 돌아가 '믿음으로 믿음에 이른다' 는 구절을 되새겨야 한다. 위에서 앞의 믿음은 능동적 믿음이요, 뒤의 믿음은 수동적 믿음이라고 하였다. 믿음의 능동적 행위가 주님으로부터 오는 수동적 믿음에 이르게 함으로 우리를 구원으로, 즉 새로운 차원의 체험의 세계로 이끌어 간다. 능동적 믿음은 체험의 세계로 나아가려고 하는 의지의 행위이며, 수동적 믿음은 주님으로부터 오는 새로운 차원의 체험의 세계라고 설명하였다. 그러므로 여기서 말하는 영생은 믿음으로 말미암아 체험하는 새로운 세계에서의 삶, 수동적 믿음의 삶을 말하는 것이다.

예수께서도 말씀하시기를 "나는 부활이요 생명이니 나를 믿는 자는 죽어도 살겠고 무릇 살아서 나를 믿는 자는 영원히 죽지 아니하리니"[44]라고 하셨다. 그리스도가 부활이며 생명이심을 믿는 자는 죽어도 살겠고, 살아서 믿는 자는 영원히 죽지 않는다는 것은 믿는 자는 영생을 얻는다는 말이다.

여기서도 영생은 생물학적으로 죽지 않고 영원히 산다는 말이 아니다. 만약에 그렇다고 한다면 예수 그리스도를 믿고 따르던 제자들과 초대 교회 성도들은 죽지 않고 지금까지 살아 있어야 한다. 하지만 그들 모두 죽었다. 또한 죽음 이후에 그리스도와 함께 영원히 산다는 말은 더더욱 아니다. 만약에 그렇다고 한다면 우리는 죽지 않고는 그리스도와 함께 살 수 없다. 앞에서 말한 것처럼 영원은 영원한 현재를 말한다. 그러므로 그리스도와 함께 영원한 현재를 살기에 죽음의 경계는 의미가 없다. 죽음으로부터의 자유이다.

요한복음의 표현대로 하자면, 영생은 성령으로 거듭난 자가 그리스도와 함께 죽음의 세계를 이기고 부활의 세계, 생명의 세계에서 영원한 현재를 사는 것이다. 이미 죽음의 세계를 벗어나 생명의 세계로 들어와 사는 자에게 죽음은 없다는 말이다. 바울의 표현대로 말하면 그리스도를 믿는 믿음으로 죄가 지배하는 죽음의 세계, 아담의 세계에서 벗어나 새로운 차원의 세계, 그리스도의 세계, 체험의 세계에서 살아가는 것을 말한다. 이 세계가 바로 주께서 선포하신 하나님의 나라이다.

이 세계를 잘 표현한 비유 중 하나가 '참 포도나무 비유'[45]이다. 주님은 참 포도나무요 아버지 하나님은 농부이시다. 우리는 참 포도나무에 붙어 있는 가지이다. 가지가 나무에 붙어 있을 때 많은 과실을 맺게 된다. 그리고 농부이신 아버지께서 우리가 과실을 많이 맺을 수 있도록 잘 돌보신다는 말씀이다.

---

44) 요 11:25~26.
45) 요 15:1~6을 보라.

요한복음 15장 전체가 이 비유의 의미에 대한 설명이므로, 여기서는 영생의 의미에서만 살펴보고자 한다. 가지인 우리가 참 포도나무에 붙어 있으려면 접붙임을 받아야 한다. 그런데 접붙이고자 하는 가지는 원래의 나무에서 잘라져야 한다. 이제까지 자신이 의지하고 자신을 지탱해왔던 뿌리, 줄기에서 잘려야 한다. 이것은 이제까지 자신을 유지해오고 살아왔던 세계로부터 단절되는 것을 의미한다.

아픔이 없이는 단절도 없다. 원래의 나무에서 잘려야만 새로운 나무, 참 포도나무이신 주님께 접붙임을 받을 수 있다. 접붙임의 원리는 쌍방적인 것이다. 우리는 주님께 접붙임을 받기 위해서 이전의 세계로부터 잘려야 하는 아픔을 경험한다. 그리고 주님께서도 우리를 자신의 몸에 접붙이기 위해 십자가 위에서 자신을 찢어야만 했다.

참 포도나무의 가지가 되었다고 하는 것은 자아, 욕심, 교만으로 인한 죄의 세계로부터 잘라져 새로운 주님의 생명의 세계로 옮겨지는 것, 접붙임을 받는 것이다. 이것은 인생의 가치관만이 달라진 것이 아니라 아예 세계 자체가 달라지는 것이다. 이전 세계인 육의 세계에 대하여는 죽고, 영으로 살아나는 것이다. 이 원리에 대해 바울은 다음에 나오는 6~8장에서 자세히 설명하고 있다. 죄에 대해 죽는 것, 즉 자신의 원래 나무에서 잘라지는 것이 세례와 십자가의 죽음이요, 참 포도나무이신 그리스도에 접붙이는 것이 부활이요, 생명이며, 영생이다.

그러므로 영생은, 죄에 대해 죽고 그리스도 안에서 그리스도의 생명으로 살아가는 새로운 차원의 세계를 말한다. 이 세계에 들어가는 것은 의인(義認)으로 말미암는다. 그러나 의인으로 끝나는 것이 아니다. 새로운 세계에서 태어났으면 성장하고, 일하고, 그 세계를 누리며 살아가야 한다. 그리스도에게 접붙임을 받았으면 그리스도의 진액을 빨아들여 자라고, 열매 맺으며 살아가는 것이다. 이 과정이 성화요 다른 말로 하면 연단이며, 성숙해져가는 과정이다.

하나님께서 아브라함에게 "너는 너의 고향과 친척과 아버지의 집을 떠나 내가 네게 보여줄 땅으로 가라 내가 너로 큰 민족을 이루고 네게 복을 주어 네 이름을 창대하게 하리니 너는 복이 될지라"46)라고 하셨다. 이는 네가 이제까지 의지하고 살았던 육의 세계를 떠나 하나님의 인도하심을 받아 살아가는 새로운 하나님의 세계로 들어오라는 초청이다. 구약에서는 이 새로운 차원의 세계를 젖과 꿀이 흐르는 땅으로, 주님께서는 하나님 나라로, 바울은 죄 가운데서 살아가는 육의 세계와 단절된 그리스도 안에 사는 영생으로 각각 표현한 것이다.

영생을 창조의 관점에서 보자. 하나님이 인간을 하나님의 형상으로 창조하신 것은 인간이 하나님의 신성에 참여하도록 창조하셨다는 말씀이다. 그런데 타락으로 하나님의 형상을 상실하게 되었다. 이를 영적 죽음이라고 말한다. 영적 죽음으로 인간은 창조의 세계에서 소외되어 죄와 죽음이 지배하는 아담의 세계, 육의 세계에서 살게 되었다. 그런데 그리스도께서 십자가를 지고 죽으심으로 창조 회복의 길이 열렸다. 누구든지 주를 믿으면 의롭다하심을 받아 그리스도의 세계로 들어가 그와 함께 영생을 누리게

46) 창 12:1~2.

된다.

이것은 하나님의 형상을 회복하고 다시금 하나님의 신성에 동참하게 된 것을 의미한다. 즉 에덴의 회복이다. 타락 이전으로의 회복이다. 그러나 옛 에덴으로의 회귀는 아니다. 그리스도로 인해 회복된 에덴이다. 다시 말하자면 아담의 창조로 만들어진 에덴이 아니라, 그리스도로 인해 새롭게 창조된 에덴이다. 아담의 창조로 만들어진 곳이 에덴이라고 한다면, 그리스도로 인해 창조된 곳은 하나님의 나라이다. 그러므로 영생은 하나님의 신성에 참여하는 본래의 창조 목적으로의 회복된 삶, 그리스도와 함께 하나님 나라에서 살아가는 삶을 말한다.

대조

이제까지의 논의를 바탕으로 본문을 보자. 본문은 '그러므로'라는 말로 시작한다. 이는 앞의 내용을 이어받아 새로운 주제를 펼치겠다는 의도이다. 그리고 본문의 마지막은 "이는 죄가 사망 안에서 왕 노릇 한 것같이 은혜도 또한 의로 말미암아 왕 노릇 하여 우리 주 예수 그리스도로 말미암아 영생에 이르게 하려 함이니라"(롬 5:21)로 끝맺고 있다. 이를 연결해 보면 '의롭다 하심을 받은 사람은 그리스도 안에서 하나님과 화해하여 참 평화를 누린다. 그러므로 여차여차하여 우리 주 예수 그리스도로 말미암아 영생에 이르게 되었다'는 것이다.

그 중간 부분, 즉 여차로 표현한 부분은 아담과 그리스도 예수의 대조인데, 그것은 아담으로 말미암아 죄가 들어왔고, 그로 인하여 하나님의 심판을 받아 모든 사람이 죽음에 이르렀다. 그러나 예수 그리스도로 말미암아 은혜로 무죄 선언이 내려졌고, 그리하여 의롭게 해주심을 받아 생명에 이르게 되었다는 것이다.

여기서 아담과 그리스도를 대조하여 설명하는데, 이는 아담과 그리스도를 대등한 관계로 놓고 그리스도와 아담의 행위와 그 결과를 비교하고자 함이 아님을 알아야 한다. 본문에 나타난 아담에 대해 아무리 후한 점수를 준다 하더라도 그리스도와 아담은 본질상 비교 자체가 불가능하다. 만약에 그렇다고 한다면 바울은 이원론자라는 비난을 면치 못할 것이다. 그러므로 본문의 대조는 다만 기능적인 면에서 비교하는 것일 뿐이다.

표면적으로는 그러한 형식을 따라 논리를 전개하지만, 실제 바울이 본문에서 말하고자 하는 것은 당연히 예수 그리스도로 인하여 의롭다 하심을 받고 영생을 누린다는 것이다. 이것을 보다 근원적으로 논증함에 있어 아담을 등장시켜 그리스도와 대조하는 것이다. 즉 죄 가운데서 사망에 이를 수밖에 없는 아담의 세계와 하나님과 평화를 누리며, 그리스도와 영원히 사는 영생의 세계, 이 두 차원의 세계를 대조하여 설명하고 있는 것이다.

첫째, 원인론적인 비교이다. 아담으로 말미암아 죄가 세상에 들어오고, 그 죄 때문에 모든 사람이 사망에 이른다. 그러나 하나님의 은혜와 예수 그리스도의 은혜로 말미암아 선물이 많은 사람에게 넘치게 되었다. 본문에서 선물은 '카리스마'(χάρισμα), 즉 은사를 말한다. 여기서의 은사는 방언, 예언, 치유와 같은 기능적인 은사[47]가 아니라 "죄의 삯은 사망이요 하나님의 은사는 그리스도 예수 우리 주 안에 있는 영생이니라"[48]라는 말씀에서 보듯이 우리의 노력과 행위가 아닌 전적으로 하나님이 은혜로 주시는 본질적인 구원의 은사이다. 또한 '넘치게 되었다'는 말은 질과 양적으로 초과되었다는 말이다.

앞에서 말한 대로 이 말씀은 원죄를 설명하고자 함이 아니다. 최초의 인간인 아담, 집합인격으로서의 아담이 처음 죄를 지은 후로 모든 사람이 다 죄를 지었다는 말로 죄의 원형을 가리키는 것이다. 이는 죄를 짓고 죄 가운데서 죽을 수밖에 없는 인간들의 세계, 구원 이전의 세계를 상징적으로 말하는 것이다. 이 아담의 세계와 대조하여 그리스도의 세계는 전혀 다른 차원이다. 아담의 세계가 죄와 죽음의 세계라면 그리스도의 세계는 생명과 영생과 은혜의 세계이다. 아담으로 인해 죄가 이 세상에 들어왔다면 그리스도로 인하여는 은혜가 들어왔다. 죄로 인하여 사망이 이 세상에 들어왔다면 그리스도로 인해서는 생명이 들어왔다는 것을 논증하는 말씀이다.

둘째, 아담으로 인해 이 세상에 죄가 들어왔고 그 결과 모든 사람은 하나님의 심판을 피할 수 없게 되었지만, 그리스도의 은혜로 말미암은 은사(구원)는 사람들의 죄를 사하는 의롭다 하심에 이르게 되었다는 것으로, 심판과 은혜의 대조이다. 죄에 대한 하나님의 반응은 심판이다. 이는 하나님의 정의의 표현이다. 그러므로 아담의 세계는 심판의 세계이다. 그러나 그리스도의 세계는 의롭다 하심을 받는 죄 사함의 은혜의 세계이다.

---

47) 고전 12:8~11에 나오는 은사로, 교회의 유익을 위해 사용되는 은사를 말한다.
48) 롬 6:23.

셋째, 아담의 세계는 죽음이 지배(왕 노릇)하는 세계요, 예수 그리스도의 세계는 넘치는 은혜와 의의 선물(은사)을 받은 사람들이 생명으로 지배하는 세계이다. 즉 죽음의 세계와 생명의 세계를 대조하고 있다. 여기서 '지배'(왕 노릇)라는 단어는 '통치하다, 다스리다'라는 뜻의 '바실류오'(βασιλεύω)인데, 이 말은 왕, 주권자라는 뜻의 '바실류스'(βασιλεύς)에서 온 말이다. 이 '바실류스'에서 나온 말 중에 '왕국, 나라, 통치'라는 뜻의 '바실레이아'(βασιλεία)가 있다. 그러므로 바울은 이 대조를 통해 분명하게 죽음이 지배하는 아담의 세계와 그리스도의 생명이 지배하는 영생의 세계를 대립시키고 있는 것이다.

넷째, 한 사람의 순종치 아니함으로 많은 사람이 죄인 된 것같이 한 사람의 순종하심으로 많은 사람이 의인이 되었다는 것 역시 원인론적인 대조이다. 첫 번째 대조와의 차이점은, 여기서는 죄의 원인을 불순종으로 밝히고 있다는 점이다. 앞서 말한 보응의 원리로 이를 설명하자면, 불순종으로 말미암아 죄인이 되었다면 이를 해결하기 위해서는 다시 순종하는 것뿐이다. 아담이 불순종하여 죄인이 되었으므로 이 죄의 문제를 해결하기 위해서는 그리스도께서 순종하는 길밖에 없다. 그러므로 아담의 세계는 불순종의 세계이지만 그리스도의 세계는 순종의 세계라는 것을 밝힘과 동시에, 그리스도의 세계에 사는 성도는 하나님의 뜻에 순종하는 삶을 살아야 한다는 윤리적 소명이 있음을 지적하고 있는 것이다.

2) 죄로부터의 자유(6:1~11)

그런즉 우리가 무슨 말을 하리요 은혜를 더하게 하려고 죄에 거하겠느냐 그럴 수 없느니라 죄에 대하여 죽은 우리가 어찌 그 가운데 더 살리요 무릇 그리스도 예수와 합하여 세례를 받은 우리는 그의 죽으심과 합하여 세례를 받은 줄을 알지 못하느냐 그러므로 우리가 그의 죽으심과 합하여 세례를 받음으로 그와 함께 장사되었나니 이는 아버지의 영광으로 말미암아 그리스도를 죽은 자 가운데서 살리심과 같이 우리로 또한 새 생명 가운데서 행하게 하려 함이라 만일 우리가 그의 죽으심과 같은 모양으로 연합한 자가 되었으면 또한 그의 부활과 같은 모양으로 연합한 자도 되리라 우리가 알거니와 우리의 옛 사람이 예수와 함께 십자가에 못 박힌 것은 죄의 몸이 죽어 다시는 우리가 죄에게 종 노릇하지 아니하려 함이니 이는 죽은 자가 죄에서 벗어나 의롭다 하심을 얻었음이라 만일 우리가 그리스도와 함께 죽었으면 또한 그와 함께 살 줄을 믿노니 이는 그리스도께서 죽은 자 가운데서 살아나셨으매 다시 죽지 아니하시고 사망이 다시 그를 주장하지 못할 줄을 앎이로라 그가 죽으심은 죄에 대하여 단번에 죽으심이요 그가 살아 계심은 하나님께 대하여 살아 계심이니 이와 같이 너희도 너희 자신을 죄에 대하여는 죽은 자요 그리스도 예수 안에서 하나님께 대하여는 살아 있는 자로 여길지어다.

이제까지의 바울의 논리 전개 방식을 보면, 먼저 한 주제를 내세우고 뒤이어 이를 확대해 나간다. 필요에 따라서는 문답 형식을 통해, 또는 예를 들어가며 다시 반복하며 점차 심도를 더해간다.

그리고는 새로운 주제로 연결하여 다시 이와 같은 방식을 반복한다. 본문도 6장 1~2절에서 앞의 주제를 문답 형식으로 이어받아 3~4절에서 이를 세례의 예를 통해 증명하고, 이어 5~11절에서는 이에 대해 더욱 심도 있게 반복 설명한다. 그리고 12절부터 마지막까지는 1~11절까지의 내용을 종의 개념으로 다시 확대시키고 있다.

본문도 해석하기에 따라 상당히 난해한 요소를 지니고 있다. 그것은 크게 두 가지인데, 첫째는 그리스도와 함께 죽고 그와 함께 부활한다는 개념이다. 이는 적어도 유대교의 관점에서는 해석이 거의 불가능하다. 왜냐하면 유대교에서는 속죄제물이 대신 죽는 것이지 구속자이신 하나님이 죽는 것이 아니기 때문이다. 그리고 이 개념을 그리스도와의 연합이라는 말과 결부시켜 보면 이는 신비주의의 해석이 가능하다. 신비주의의 목표가 합일인데, 바울이 본문에서 그리스도와의 합일의 의미로 그리스도와의 연합을 말했는지 검토해 보아야 한다.

둘째는 세례를 통해 죄로부터 자유하게 된다는 것을 설명함에 있어 바울이 과연 세례를 전통적인 의미의 물세례를 염두에 두고 이 말을 한 것인지, 아니면 성령의 세례를 의미하는 것인지, 또는 세례의 의미를 상징적으로 말하고 있는 것인지, 아니면 실제적인 측면에서 말하고 있는지에 대한 것이다. 여기서는 먼저 세례에 대하여 일반적인 내용을 검토한 후, 죄의 개념을 정리하고 나서 본문을 한 절씩 검토하며 이 문제들을 다루기로 한다.

세례에 대하여

세례는 성례전으로 기독교회에 입회하는 의식을 말한다. 세례의 방법은 물에 몸을 완전히 잠그거나 물을 머리에 붓는 것이다. 전자를 침례라 부르고 후자를 세례라고 부르는데, 일반적으로는 구별하지 않고 세례라는 말로 통칭하여 부른다. 세례는 유대교에서 유래되었다. 예수께서도 세례 요한에게 세례를 받으셨다. 요한의 세례는 회개의 세례로 불린다.[49] 요한은 말하기를, 자신은 물로 세례를 주지만 장차 오실 이는 불과 성령으로 세례를 주시는 분이라고 하였다. 이는 요한의 세례와 예수에 의한 성령 세례의 차이를 분명하게 드러내는 말씀이다.

유대교에서 죄 사함은 속죄제사를 통해서만 가능하다. 따라서 요한의 세례는 자신의 죄를 고백하는 회개 차원의 세례이지, 그것을 통해 죄 사함까지 얻는다는 것은 유대인들도 기대하지 않았을 것이다.

유대 전통의 회개의 세례의 의미에 비하여 기독교는 처음부터 죄 사함의 세례를 말함으로 구원 예식의 세례로 성례화하였다. 이런 의미에서 물과 성령으로 거듭난 자가 하나님 나라에 들어갈 수 있다.[50] 하지만 세례를 받아야만 구원을 받을 수 있느냐는 문제는 아직까지 논란이 되고 있으므로 성급한 결론은 내리지 말아야 할

49) 막 1:4, 세례 요한이 광야에 이르러 죄 사함을 받게 하는 회개의 세례를 전파하니. 행 13:24, 그가 오시기에 앞서 요한이 먼저 회개의 세례를 이스라엘 모든 백성에게 전파하니라.

50) 요 3:5, 예수께서 대답하시되 진실로 진실로 네게 이르노니 사람이 물과 성령으로 나지 아니하면 하나님의 나라에 들어갈 수 없느니라.

것이다.[51)]

성령이 최초로 주어진 것은 오순절 때인데, 또 이때 처음으로 교회에서 세례가 시행된 것[52)]은 의의가 깊다. 좀더 자세히 보자면 오순절 성령 강림 때 베드로가 성령의 충만함을 받고 모여든 사람들에게 예수를 전하였다. 그때 사람들이 마음에 찔려 '우리가 어떻게 하면 좋겠느냐'고 물을 때, 베드로는 "너희가 회개하여 각각 예수 그리스도의 이름으로 세례를 받고 죄 사함을 받으라 그리하면 성령의 선물을 받으리니"[53)]라고 대답하였다. 회개하고 예수 그리스도의 이름으로 세례를 받고 죄 사함을 얻으라고 하는 말에서 회개의 세례가 죄 사함의 세례로 바뀐 것을 알 수 있다. 따라서 초대 교회의 세례는 구원의 의미인 죄 사함의 의식이며, 물세례와 성령세례가 연결되어 있음을 알 수 있다.

바울의 세례에 관한 말씀들은 전통적인 유대 관점으로는 설명이 안 될 정도로 독특하기까지 하다. 바울이 세례에 대해 직접적으로 언급한 곳은 총 12개 구절이다. 이 중 고린도 교회의 분열에 대한 자신의 변증의 방편으로 자신이 직접 세례를 주지 않았음을 밝히는 구절이 5개가 나온다.[54)] 이를 제외하고 본문에 2개, 고린

---

51) 성경에 따르면 세례를 받지 않고도 성령이 임하는 것을 볼 수 있다. 만약에 세례를 구원의 필수조건이라고 한다면 세례를 받은 자에게만 성령이 임해야 하기 때문이다. 행 10:47~48, 이에 베드로가 이르되 이 사람들이 우리와 같이 성령을 받았으니 누가 능히 물로 세례 베풂을 금하리요 하고 명하여 예수 그리스도의 이름으로 세례를 베풀라 하니라 그들이 베드로에게 며칠 더 머물기를 청하니라.

52) 행 2:40~41, 또 여러 말로 확증하며 권하여 이르되 너희가 이 패역한 세대에서 구원을 받으라 하니 그 말을 받은 사람들은 세례를 받으매 이날에 신도의 수가 삼천이나 더하더라.

53) 행 2:38.

54) 고전 1:13~17을 보라.

도전서에 3개,[55] 갈라디아서,[56] 에베소서,[57] 골로새서[58]에 각각 한 구절씩 나온다. 이들을 보면 바울이 세례에 대한 예전적 의식에 대해서는 관심이 없음을 알 수 있다. 오히려 바울은 세례에 대해 자유자재로 해석하는 것을 볼 수 있다.

예를 들면 이스라엘이 홍해를 건넌 것을 세례를 받은 것이라고 해석하는 것이나, 또는 세례를 받은 자는 그리스도로 옷 입은 것이라는 표현 등이다. 무엇보다도 "우리가 유대인이나 헬라인이나 종이나 자유인이나 다 한 성령으로 세례를 받아 한 몸이 되었고 또 다 한 성령을 마시게 하셨느니라"(고전 12:13)라는 말씀에서 보듯이, (성령)세례로 말미암아 우리가 그리스도와 연합한 것뿐 아니라 성도들 모두가 세례로 연합되었다고 해석한다. 또한 "다 한 성령을 마시게 하였느니라"는 성만찬을 의미하는데, 이는 세례를 성만찬과 마찬가지로 중요하게 여겼음을 알 수 있다.

본문에서도 바울은 세례의식에 대한 말을 하려는 것이 아님을 알 수 있다. 바울은 의롭다 하심을 받은 사람과 그리스도와의 관계를 세례를 통해 설명하고 있는 것이다. 의롭다 하심을 받은 성도는 그리스도와 연합하게 된다. 그러므로 그리스도와의 연합을

---

55) 고전 10:2, 모세에게 속하여 다 구름과 바다에서 세례를 받고.
고전 12:13, 우리가 유대인이나 헬라인이나 종이나 자유인이나 다 한 성령으로 세례를 받아 한 몸이 되었고 또 다 한 성령을 마시게 하셨느니라.
고전 15:29, 만일 죽은 자들이 도무지 다시 살아나지 못하면 죽은 자들을 위하여 세례를 받는 자들이 무엇을 하겠느냐 어찌하여 그들을 위하여 세례를 받느냐.

56) 갈 3:27, 누구든지 그리스도와 합하기 위하여 세례를 받은 자는 그리스도로 옷 입었느니라.

57) 엡 4:5, 주도 한 분이시요 믿음도 하나요 세례도 하나요.

58) 골 2:12, 너희가 세례로 그리스도와 함께 장사되고 또 죽은 자들 가운데서 그를 일으키신 하나님의 역사를 믿음으로 말미암아 그 안에서 함께 일으키심을 받았느니라.

세례를 통해 설명하는 것이다. 즉 물 속에 잠김으로 죽음을, 물 속에서 나옴으로 새 생명으로의 살아남을 세례가 의미하는 것처럼, 그리스도와 함께 죽고 그와 함께 살아나 그리스도 안에 거하는 것을 세례를 통해 증명하는 것이다.

몇 년 전에 충주에 있는 모 부대에서 8명의 목사님들과 함께 진중 세례를 집례한 적이 있었다. 그날 100명에 가까운 사병들에게 세례를 베풀었는데, 목사님들이 앞에 서고 각 목사님들을 향해 10여 명씩 한 줄로 서서 세례를 받았다. 불과 10여 분 만에 다 끝났다. 세례를 주면서 이들이 과연 믿음의 결단으로 세례를 받는 것일까, 그리고 세례를 받음으로 구원의 확신과 체험을 하였을까, 혹시 일인당 두 개씩 주는 초코파이에 더 관심이 있는 것이 아닐까 하는 의구심이 들었던 적이 있다.

만약에 신앙의 결단이 아닌 예수 믿는 고참이나 장교들의 권유에 의해, 또는 작업 면제나 초코파이의 유혹에 의해 그들이 세례를 받은 것이라면, 그들이 받은 세례는 유효한가, 아니면 무효인가? 본인의 의사와 상관없이 강압과 유혹에 의해 세례를 받은 것이라면, 나중에 정말로 신앙생활을 제대로 하게 될 때 믿음의 뜨거운 고백으로 받지 않았으니 다시 세례를 받아야 하는가? 실제로 세례를 다시 받기를 원하는 신자들을 만난 적도 있었고, 지금은 교회 다니지 않지만 군대에서 세례는 받았노라고 자랑스럽게 말하는 이를 만난 적도 있다.

결론부터 말하자면 세례를 다시 받을 필요는 없다. 세례를 누구에게 받았는가, 어떤 환경에서 받았는가 하는 것은 중요하지 않다. 그리고 믿음의 고백 위에 세례를 받는다는 것은 정도의 차이일 뿐 그 누구도 완전할 수 없다. 설사 그가 믿음 없이 세례를 받았다 할지라도 달라지는 것은 없다. 중요한 것은 그가 '성부와 성자와 성령의 이름으로' 세례를 받았다는 것뿐이다. 성삼위 하나님의 은혜와 능력이 구원하시는 것이지 우리의 고백이 우리를 구원하는 것은 아니기 때문이다.

성례는 그것을 집례하는 목회자의 권위와 능력, 또는 환경이 중요한 것이 아니다. 성례는 성삼위 하나님의 거룩성과 은혜와 능력으로 말미암는 것이다. 구원은 항상 수동적인 것이다. 우리의 믿음의 결단과 고백도 중요하지만 정말로 중요한 것은, 세례를 통해 우리를 구원하시고 그 구원의 결과 우리와 하나 되기를 원하시는 하나님의 은혜에 있다. 우리가 무엇을 하지 않더라도 우리가 인식하든 못하든지 간에 세례를 통해 우리는 주님과 하나 되는 신비를 경험하게 된다.

죄의 개념 I

많은 사람들이 죄에 대해 어렵게 생각한다. 어떤 사람은 자신이 죄인이라고 자학에 가까운 탄식으로 몸서리치는가 하면, 또 어떤 사람은 내가 잘못한 것이 뭐냐고 항변하며 자신이 죄인임을 극구 부인한다. 사실 죄의 개념이 어려운 것이 아니라, 죄 가운데 사는 우리의 삶이 어려운 것이다. 기독교를 비롯한 대부분의 고등종교에서는 죄의 문제를 적극적으로 다룬다. 죄의 원인과 그 결과에 대해 신화적으로 또는 교리적으로 설명하고 있다. 그리고 용어와

문화적 차이는 있을지언정 구원은 항상 죄로부터의 구원이다.

예로부터 전통적으로 자기가 범한 죄(자범죄, actual sin)와 원죄(original sin)로 죄를 구분한다. 자기가 범한 죄는 일상적인 의미의 죄로 행동, 말, 생각 등으로 범한 악행이다. 이 자범죄는 죄의 심각성에 따라 중죄와 경죄로 세분된다. 중죄는 고의적으로 하나님을 등지는 일이며, 죄인이 문제의 심각성을 충분히 알면서도 전적으로 자신의 의지에 따라 범한 죄를 말한다. 경죄는 대개 덜 중요한 문제와 관련되고 범죄에 대한 자기의식이 비교적 약한 경우를 말한다.

또한 자범죄는 실제적인 죄와 형식적인 죄로 세분화되기도 한다. 형식적인 죄는 죄인이 잘못을 아는 경우이며 개인적인 범죄와 관련된다. 실제적인 죄는 하나님의 법과 인간의 도덕적 본성을 거스르는 것이어서 그 자체가 나쁜 것인데도 죄인이 잘못을 깨닫지 못하여 개인적으로 태만을 범하는 경우를 말한다.

수도원 제도가 생긴 6세기 초에 로마 교황, 대(大) 그레고리우스 1세가 인간의 죄악을 규정한 7가지 대죄가 있다. ① 자만 또는 거만 ② 탐욕 ③ 정욕, 즉 지나치거나 부정한 성적 욕망 ④ 질투 ⑤ 과식(과음도 포함됨) ⑥ 노여움 ⑦ 게으름 등이다. 이 7가지 큰 죄는 도덕적으로 중대한 죄이기 때문이 아니라 그것이 결정적인 원인(또는 동기)이 되어 다른 죄악을 낳기 때문이다.

그러나 오늘날에는 이런 식으로 죄의 형태를 구분하지 않는다. 죄라고 규정할 수 있는 윤리적, 도덕적인 기준이나 어떤 현상으로 나타난 죄 또는 죄 이면에 감추어진 마음의 상태 등을 죄라고 규정하기보다는 보다 근원적인 것에 초점을 맞추어 죄를 설명한다.

분리, 무지(無知), 소외, 관계, 무관심 등의 개념들이 죄의 개념을 설명하는 데 유용하게 사용된다. 여기서는 관계와 분리라는 개념을 가지고 죄를 설명하고자 한다. 바울을 비롯하여 성경 전반에 걸쳐 죄를 가장 잘 설명할 수 있는 용어가 관계이다. 하나님과 인간, 인간과 인간, 인간과 자연 사이의 '관계'가 바람직하지 못하거나 어긋나거나 깨어진 결과 우리에게 생겨난 것이 분리이며, 그 상태가 죄이기 때문이다.

바울은 인간의 죄를 유형별로 일일이 열거하지 않는다. 하지만 죄로 인해 인간이 당하는 고통과 그 결과, 또한 죄의 본질과 구원에 대해서는 철저하게 다루고 있다. 바울은 하나님에 대해 우주론적으로나 논리적인 탐구를 시도하지 않는다. 다만 구약의 전통에 따라 하나님을 창조자로서 인간에게 순종을 요구하시는 인격적인 분으로 인식한다.[59] 그는 항상 하나님 앞에 선 인간, 하나님과 관계하는 인간을 전제로 한다. 그러기에 하나님 없는 인간이나 인간 없는 하나님은 신앙의 주제가 될 수 없다. 또한 인간 없는 죄도 존재할 수 없으며, 하나님과의 관계 속에서 설명되지 않는 죄도 없다. 이 관계가 깨어지거나 그릇되는 이유는 하나님을 떠났기 때문이다.[60] 즉 하나님과의 분리됨이다. 이스라엘은 하나님을 떠났고, 하나님은 떠난 이스라엘을 돌아오라고 부르신다.[61]

---

59) 고후 4:6, 어두운 데에 빛이 비치라 말씀하셨던 그 하나님께서 예수 그리스도의 얼굴에 있는 하나님의 영광을 아는 빛을 우리 마음에 비추셨느니라.
고전 11:12, 이는 여자가 남자에게서 난 것 같이 남자도 여자로 말미암아 났음이라 그리고 모든 것은 하나님에게서 났느니라.
고전 10:26, 이는 땅과 거기 충만한 것이 주의 것임이라.
롬 16:26, 이제는 영원하신 하나님의 명령으로 예언자들의 글을 통해 계시되고 알려져서 모든 민족이 믿고 순종하게 되었습니다(현대인의 성경).

바울은 죄의 기원을 아담의 범죄에서 찾는다.[62] 그리고 이 아담의 범죄 원인을 '탐심'[63]으로 보았다. 탐심에 의해 선악과를 따먹음으로 아담이 타락하게 되었다. 이 타락은 곧 생명의 상실이다.[64] 타락은 생명과 대신에 선악과를 선택한 결과이다.[65] 따먹지 말라고 한 하나님의 명령은 선악과를 따먹지 않는 한 생명을 유지하고 영생에 거할 수 있으므로 생명에 이르는 계명이다. 하지만 탐심의 결과 이를 어김으로 생명을 상실하게 되었다. 그러므로 죄는 생명을 상실한 상태를 말하는 것이다.

성경은 아담이 선악과를 따먹을 당시 하나님과의 관계가 어떠했는지에 대해 말하고 있지 않다. 다만 타락 이후의 상태에 대해서만 설명할 뿐이다. 타락 이후 나타난 현상은 분리(difference)요 관계의 깨어짐이다. 하나님이 먹지 말라고 한 나무의 실과를 왜

---

60) 민 32:15, 너희가 만일 돌이켜 여호와를 떠나면 여호와께서 다시 이 백성을 광야에 버리시리니 그리하면 너희가 이 모든 백성을 멸망시키리라.
렘 25:5, 그가 이르시기를 너희는 각자의 악한 길과 악행을 버리고 돌아오라 그리하면 나 여호와가 너희와 너희 조상들에게 영원부터 영원까지 준 그 땅에 살리라.

61) 호 6:1~2, 오라 우리가 여호와께로 돌아가자 여호와께서 우리를 찢으셨으나 도로 낫게 하실 것이요 우리를 치셨으나 싸매어 주실 것임이라 여호와께서 이틀 후에 우리를 살리시며 셋째 날에 우리를 일으키시리니 우리가 그의 앞에서 살리라.
행 11:21, 주의 손이 그들과 함께하시매 수많은 사람들이 믿고 주께 돌아오더라.

62) 롬 5:12, 그러므로 한 사람으로 말미암아 죄가 세상에 들어오고 죄로 말미암아 사망이 들어왔나니 이와 같이 모든 사람이 죄를 지었으므로 사망이 모든 사람에게 이르렀느니라.

63) 롬 7:8, 그러나 죄가 기회를 타서 계명으로 말미암아 내 속에서 온갖 탐심을 이루었나니 이는 율법이 없으면 죄가 죽은 것임이라.

64) 롬 7:10~11, 생명에 이르게 할 그 계명이 내게 대하여 도리어 사망에 이르게 하는 것이 되었도다 죄가 기회를 타서 계명으로 말미암아 나를 속이고 그것으로 나를 죽였는지라.

65) 창 3:22, 여호와 하나님이 이르시되 보라 이 사람이 선악을 아는 일에 우리 중 하나같이 되었으니 그가 그의 손을 들어 생명 나무 열매도 따먹고 영생할까 하노라 하시고.

먹었느냐고 물으실 때 남자는 여자에게, 여자는 피조물인 뱀에게 서로 책임을 전가하는 '탓' 논쟁을 벌인다.[66]

서로 분리되지 아니한 한 몸은 결코 탓하는 법이 없다. 오른손이 왼손을 탓하지 않는다. 신체의 어느 부분도 심장보고 게으르다고 탓하지 않는다. 설사 심장이 멎더라도 네가 뛰지 아니하였기 때문에 내가 죽는다고 탓하지 않는다. 한 몸이기에 죽어도 하나요, 살아도 하나이다. 그러나 둘은 서로 탓하게 된다. 한 몸이 아니기 때문이다.

하나님의 판결이 있기 전에 이미 관계가 깨어지고 거리가 생겼다. 타락의 결과 뱀은 여자와 원수가 되었고, 여자는 해산의 고통과 남자의 지배를 받게 되었다. 남자는 수고하여야 살 수 있게 되었고, 인간에게는 죽음이 찾아왔다. 그리고 아담으로 인해 땅이 저주를 받아 인간과 대립하게 되었다.[67]

창세기 3장을 관계와 분리라는 관점에서 보면 타락은 불순종의 결과 하나님과의 관계가 깨어진 것이며, 인간과 인간 사이의 관계, 인간과 자연과의 관계가 깨어진 것이다. 관계가 깨어진 것은 하나됨의 깨어짐이며 둘이 되었다는 것이다. 그리하여 인간은 찾아오시는 하나님의 낯을 피하여 숨어야 했다. 벌거벗었으나 부끄러워

---

66) 창 3:11~13, 이르시되 누가 너의 벗었음을 네게 알렸느냐 내가 네게 먹지 말라 명한 그 나무 열매를 네가 먹었느냐 아담이 이르되 하나님이 주셔서 나와 함께 있게 하신 여자 그가 그 나무 열매를 내게 주므로 내가 먹었나이다 여호와 하나님이 여자에게 이르시되 네가 어찌하여 이렇게 하였느냐 여자가 이르되 뱀이 나를 꾀므로 내가 먹었나이다.

67) 창 3:17~18, 그리고 아담에게는 이렇게 말씀하셨다. "너는 아내의 말에 넘어가 따먹지 말라고 내가 일찍이 일러둔 나무 열매를 따 먹었으니, 땅 또한 너 때문에 저주를 받으리라. 너는 죽도록 고생해야 먹고 살리라. 들에서 나는 곡식을 먹어야 할 터인데, 땅은 가시덤불과 엉겅퀴를 내리라"(공동번역).

하지 않았던 그들이 무화과 나뭇잎으로 자신의 부끄러움을 가려야 했다.68) 하나 됨 속에는 부끄러움이 없지만 둘은 비교가 되기에 부끄러움이 생겨난다. 그리고 서로에게 잘못을 전가시키기에 급급해했다.

죄의 개념 II

근원적인 차원에서 우리 인생의 어려운 문제들의 원인과 결과를 다루고 있는 것이 죄의 개념이다. 죄는 인간의 삶 전체를 포괄하고 있으므로, 죄를 설명할 때에는 몇 가지로 분류하는 것이 편리할 때가 많다. 인간의 내면을 들여다보면 본성적인 죄가 있는데, 이는 누가 가르쳐 주지 않았음에도 스스로 존재하여 우리의 내면의 평화를 깨뜨리고 우리의 현실을 곤란하게 만든다. 이것이 원죄이다.69) 그리고 하나님과 인간 사이의 분리를 다루는 것이 하나님 앞에서의 죄이다.

사람과 사람 사이에서는 서로의 기대나 욕망의 차이로 생겨나는 불편함이 있다. 그 불편함을 행위나 마음으로 옮길 때 그것이 사람 사이에서 발생하는 죄이다. 사회 구조가 인간을 좌절하게 만들고 소외되게끔 하는데 그것이 사회적 죄이다. 이외에도 자신을

---

68) 창 2:25, 아담과 그의 아내 두 사람이 벌거벗었으나 부끄러워하지 아니하니라.
창 3:7, 이에 그들의 눈이 밝아져 자기들이 벗은 줄을 알고 무화과나무 잎을 엮어 치마로 삼았더라.

69) 여기서의 원죄는 아담으로부터 유전된 원죄나 원죄 교리를 말하는 것이 아니다.

학대하거나 스스로 소외시키는 자신을 향한 죄, 인간이 자연을 훼손하고 수탈함으로 빚어지는 환경문제 등도 죄이다.

이처럼 인간의 모든 삶에 있어서 발생되는 갈등, 소외, 불편함, 좌절, 분리 등이 죄의 원인 또는 결과로 나타나므로, 죄는 삶 속에서 인간과 함께하며 늘 영향을 끼친다. 이러한 죄의 영향력으로부터 벗어나는 것이 구원이다. 이 구원은 인간의 노력으로는 달성할 수 없고, 오직 예수 그리스도를 믿는 믿음과 그의 죽으심으로 임하는 하나님의 은혜로만 이루어진다.

행위의 결과로 나타나는 죄는 경찰관이나 판사가 알아서 해야 하는 것이지 하나님까지 나설 필요는 없다. 미움, 시기, 우울증, 우월감과 비굴과 같은 낮은 자존감, 죄책감 등과 같은 문제는 정신의학이나 심리상담학 등에서 다루며 치유한다. 이와 같이 인간의 행동이나 감정으로 인한 잘못됨은 신앙에서 다룰 문제는 아니다. 신앙에서 다뤄야 하는 죄의 문제는 죄의 행위에 대한 문제가 아니라, 그 행위에 대한 보다 근본적인 원인을 밝히고 그것을 회개하여 다시는 같은 행위를 반복하지 않도록 하는 것이다. 마찬가지로 마음의 죄에 대해서도 그 근본 원인을 찾아내어 죄에 매이지 않도록 하는 것이다.

인간의 행위의 결과 나타나는 죄는 실재요 현실이다. 그러나 그 내면을 들여다보면 이원성이 죄의 본질이라는 것을 알게 된다. 하나님과 내가 분리되는 것, 사람과 사람 사이의 관계가 깨져 거리가 생기는 것, 자연과 사람 사이가 대립하게 되는 것, 개인과 사회집단, 심지어 자기와 자기 사이에 소외가 일어나는 것 등이 죄의 본질이다. 둘로 나누어졌으므로 이원성이라고 하는 것이다. 하지만 이 이원성은 존재가 아니다. 현상일 뿐이다. 그러므로 이원성은 허구요, 비존재인 것처럼 죄도 비존재이다.

첫째, 하나님 앞에서의 모든 죄는 하나님과의 관계가 깨어져 하나님과 우리 사이가 분리되었기 때문에 생겨난다. 성경에서 하나님에 대한 범죄로 대표적인 것이 교만이다.[70] 교만은 인간이 피조물임을 망각하고 창조주의 권위에 도전하는 것이다. 하나님처럼 되려는 것, 하늘까지 자신의 이름을 드러내고자 하는 것, 하나님의 계획을 무시하고 자신의 뜻대로 살아가는 것, 자신의 욕심을 위해 하나님께 떼쓰며 기도하는 것, 무엇보다도 하나님 앞에서 하나님 없이 살아가는 것, 하나님을 사랑하지 않는 것 등 하나님과 나 사이에서 그릇 발생하는 모든 것이 다 교만이다.

이 교만은 모두 다 하나님과의 관계가 깨어지거나 잘못되었을 때 나타난다. 관계가 올바로 되면 나와 하나님 사이의 분리가 일어나지 않는다. 거리가 생기면 둘이 되는데, 그 사이에는 시간과 공간이 존재하게 된다. 즉 하나님과 나 사이에 시차가 생기고 거리가 생기는 것이다. 생겨난 시공만큼 하나님과 나 사이에 갈등과 영적 공허감이 존재하게 된다. 이것이 죄이다.

합일은 하나님과 나 사이에 시공이 없어진 상태이다. 하나님과

---

70) 창 3:5, 너희가 그것을 먹는 날에는 너희 눈이 밝아져 하나님과 같이 되어 선악을 알 줄 하나님이 아심이니라.
창 11:4, 또 말하되 자, 성읍과 탑을 건설하여 그 탑 꼭대기를 하늘에 닿게 하여 우리 이름을 내고 온 지면에 흩어짐을 면하자 하였더니.
렘 50:29, 활 쏘는 자를 바벨론에 소집하라 활을 당기는 자여 그 사면으로 진을 쳐서 피하는 자가 없게 하라 그가 일한 대로 갚고 그가 행한 대로 그에게 갚으라 그가 이스라엘의 거룩한 자 여호와를 향하여 교만하였음이라.
벧전 5:5, 젊은 자들아 이와 같이 장로들에게 순종하고 다 서로 겸손으로 허리를 동이라 하나님은 교만한 자를 대적하시되 겸손한 자들에게는 은혜를 주시느니라.

내가 구별되지 않는다. 내가 그 안에 그가 내 안에 계시는데[71] 어찌 하나님의 뜻과 내 뜻이 다르며 분리될 수 있는가? 그러므로 하나님과 내가 구별되지 않는 하나 됨 속에는 죄가 존재하려야 존재할 수 없다. 따라서 하나님과 자신을 구별하지 말고, 내 안에 계신 하나님을 따로 구하지도 마라.

둘째, 죄는 인간과 인간 사이의 분리이다. 창조 당시에는 인간과 인간 사이에 분리됨이 없었다.[72] 그러나 타락 이후 서로 분리가 일어났다.[73] 사람 사이에 거리가 생기면 생긴 만큼 스트레스가 작용하고, 공허감이 생긴다. 이 공허감이 사회학에서 말하는 소외이다. 소외의 원천은 이기심이다. 인간과 인간 사이가 이기적인 관계가 됨으로 서로에게 상처를 주고받으며, 끊임없이 스트레스를 주고받으면서 살게 되었다. 소외를 극복하는 길은 단 하나 거리를 없애는 것이면서 그것은 서로 구별하지 않는 것이다. 사람과 사람을 구별하지 말라고 예수께서는 네 이웃을 네 몸처럼 사랑하라고 가르치신 것이다.[74] 내 몸은 구별도 없고, 거리도 없고, 스트레스도 없다.

---

71) 요 6:56, 내 살을 먹고 내 피를 마시는 자는 내 안에 거하고 나도 그의 안에 거하나니
요 14:20, 그날에는 내가 아버지 안에, 너희가 내 안에, 내가 너희 안에 있는 것을 너희가 알리라.
계 3:20, 볼지어다 내가 문 밖에 서서 두드리노니 누구든지 내 음성을 듣고 문을 열면 내가 그에게로 들어가 그와 더불어 먹고 그는 나와 더불어 먹으리라.

72) 창 2:22~23, 여호와 하나님이 아담에게서 취하신 그 갈빗대로 여자를 만드시고 그를 아담에게로 이끌어오시니 아담이 이르되 이는 내 뼈 중의 뼈요 살 중의 살이라 이것을 남자에게서 취하였은즉 여자라 부르리라 하니라.

73) 창 3:12, 아담이 이르되 하나님이 주셔서 나와 함께 있게 하신 여자 그가 그 나무 열매를 내게 주므로 내가 먹었나이다.

74) 막 12:31, 둘째는 이것이니 네 이웃을 네 자신과 같이 사랑하라 하신 것이라 이보다 더 큰 계명이 없느니라.

서로 구별하지 않는 방법은 서로 비교하지 않는 것이다. 내 아내와 남의 아내를, 내 자식과 남의 자식을 비교하면 자연히 가정의 평화가 깨어진다. 거기에서 우열이 드러나고, 우열은 좋지 않음과 좋음으로 인식되며, 좋지 않음은 필연적으로 스트레스와 짜증을 일으키게 된다. 이것이 상대에게 향할 때 상처가 된다. 나와 남을 비교하는 것, 이웃과 이웃을 비교하는 것 등은 구별하는 것이기에 항상 죄이다.

따라서 사람은 있는 그대로 대해야 한다. A는 A로, B는 B로 있는 그대로 보고 대해야지, A와 B를 비교하거나 연결해서 보면 거리가 생기고 그만큼 죄가 생긴다. A는 A이고, B는 B이다. 서로 상관도 없고, 서로 다른 존재 그 자체이다.

셋째, 사람과 자연과의 분리이다. 하나님이 인간을 창조하신 후에 에덴 동산에서 그들을 살게 하셨다. 그들의 직무는 동산을 지키고 다스리는 것이며, 그 대가로 나무의 실과를 먹고 살게 하셨다. '지키고 다스린다' 는 말은 '책임지고 보호하며, 섬기듯 관리한다' 는 뜻이다.[75] 그러나 타락 이후에는 자연과 사람 사이에 갈등과 거리가 생겨났다. 자연을 대상으로 보는 것이다. 생명의 요람이 아닌 부의 축적 대상으로 자연을 대하는 것이다.

인간은 청지기로서의 관리인이 아닌 정복자요 수탈자가 되었고, 자연은 이에 엉겅퀴와 가시덤불,[76] 자연재해로 대항하게 되었다. 자연과 환경문제에 대해서 인류의 회개가 있어야 하는데, 그

75) 지킨다는 말은 '솨마르'(שָׁמַר)로 '지키다, 보호하다, 책임지다' 의 뜻을 가지고 있다. 그리고 다스린다는 말은 '아바드'(עָבַר)로 '일하다'(민 8:26), '섬기다'(창 25:23; 출 23:25; 신 6:13 등), '봉사하다'(민 18:7), '경작하다'(창 4:12; 잠 28:19)의 뜻이다.

것은 자연과 인간을 구별한 죄에 대한 회개이다. 타락 이전으로 돌아가 인간은 충실한 자연의 관리자요 책임자이며, 보호자가 되어야 한다. 자연과 인간은 둘이 아니다. 모두가 하나님의 피조물로 하나이다.

넷째, 사회적 소외로서의 죄이다. 인류사회가 산업자본주의로 진행되면서 두드러지게 나타난 현상 중의 하나가 소외이다. 인간은 사회적 동물이라는 말처럼 인간은 공동체를 통해 자신의 정체성을 확립하며 더불어 살아왔다. 공동체는 인간미를 바탕으로 상호간의 신뢰가 전제된 사회이다. 무엇보다도 인간이 근본인 사회이다. 그런데 물질이 근본인 자본주의 사회로 진행되면서 인간관계는 물질관계로 탈바꿈되었다.

물질이 인간관계의 척도가 되다 보니 자연히 물질을 가진 사람들과 그렇지 못한 사람 사이의 구별과 분리가 일어났다. 그리고 물질을 근본으로 한 사회구조가 형성되면서 자연히 사람들이 사회구조나 생산구조로부터 분리되는 현상이 나타났는데, 이를 사회적 소외라고 한다. 그러므로 소외는 인간 상실의 원인이 된다. 사회 조직과 구조, 물질과 인간과의 분리와 괴리감인 소외는 이원성의 표현이므로 이 또한 죄이다. 이들 사회적 소외로부터 나타나는 병리적 현상이 사회적 죄이다. 이를 극복하기 위해서는 공동체

---

76) 창 3:18~19, 땅이 네게 가시덤불과 엉겅퀴를 낼 것이라 네가 먹을 것은 밭의 채소인즉 네가 흙으로 돌아갈 때까지 얼굴에 땀을 흘려야 먹을 것을 먹으리니 네가 그것에서 취함을 입었음이라 너는 흙이니 흙으로 돌아갈 것이니라 하시니라.
창 4:11~12, 땅이 그 입을 벌려 네 손에서부터 네 아우의 피를 받았은즉 네가 땅에서 저주를 받으리니 네가 밭을 갈아도 땅이 다시는 그 효력을 네게 주지 아니할 것이요 너는 땅에서 피하며 유리하는 자가 되리라.

성의 확립과 하나님 사랑을 근간으로 인간 중심의 공동체로의 회귀가 일어나야 한다. 이외에도 나와 나의 분리, 즉 자신으로부터의 소외를 들 수 있는데 이에 대해서는 7장에서 자세히 다루고자 한다.

깊은 산 계곡을 따라 흐르는 물이 있었다. 어느 날 하늘에 떠다니는 구름을 보았다. 바람이 부는 대로 자신의 몸을 이리저리 바꾸는 변화무쌍한 모습을 넋을 잃고 바라보았다. 계곡 사이로, 주어진 물길로 아래로 흘러가기만 하는 자신과 비교하면서 나도 저런 자유를 가졌으면, 유유자적한 여유를 가졌으면 참 좋겠다고 생각했다.

물은 자신의 몸을 계곡 바위에 던지며 울었다. 계곡물 소리는 자신의 운명적 삶을 한탄하며 흘러가는, 어찌할 수 없음의 체념의 신음소리다.

이윽고 내가 구름이 되지 못할 바에야 죽고 말리라는 심정으로 물은 폭포에 몸을 던졌다. 자신이 폭포 바닥에 내던져지는 순간 자신의 일부가 산산조각 나며 물안개가 되어 하늘로 올라가 구름이 되었다. 자신의 일부가 구름이 된 것을 본 물은 구름과 자신이 본디 하나였음을 깨달았다.

그후로 물은 구름을 부러워하지 않았다. 구름에 빼앗겼던 마음이 사라지고 물은 언제나 자신의 일부인 구름을 제 몸에 비추며 흘러간다. 그리고 구름은 제 몸이 흘러가는 모습을 내려다보며 바람 따라 흐른다.

물과 구름 사이에 거리가 없어지자 물은 비로소 자신을 찾을 수가 있었다. 이제는 구름만이 아니라 계곡 주변에 늘어선 나무의

푸름 속에서도, 바위와 흙 속에서도, 이름 없는 들꽃의 향기 속에서도 자신을 발견한다. 모두가 물이요, 모두가 하나다.

예전에는 풀, 나무, 바위, 꽃들, 아이들, 하늘의 달과 별들을 비추며 흘러갔지만 이제는 모두를 온몸으로 안고 흘러간다. 물은 자유다. 영생이다. 물은 본디 죄가 없다.

죄로부터의 자유

본문은 세 부분으로 구성되어 있다. 1~2절은 '죄로부터의 자유'라는 새로운 주제를 위한 도입부이다. 3~4절은 우리가 어떻게 죄로부터 자유함을 받는가를 세례를 예로 들어 설명하고 있다. 그리고 5~11절은 3~4절을 주제에 맞게 다시 재구성하여 재해석한다. 그리하여 다음 단락인 12절 이하의 말씀, 즉 죄로부터의 자유에 대한 구체적인 권고의 말씀으로 연결된다. 여기서는 이제까지와는 달리 한 구절씩 차례로 검토하는 방식으로 할 것이다.

1~2절, 바울은 "그러면 우리가 무엇이라고 말을 해야 하겠습니까? 은혜를 더하게 하려고 여전히 죄 가운데 머물러 있어야 하겠습니까?"[77]라는 말로 새로운 주제로의 전환을 시도한다. 이 물음은 앞에서 바울의 적대자들이 그의 구원론을 공격하기 위해 했던 질문들을 다시 거론한 것이다.[78]

77) 롬 6:1(표준새번역).

다시 반복하자면 바울의 구원론은, 모든 사람은 죄인이며, 죄인이 의롭다 하심을 얻기 위해서는 하나님의 은혜가 필수불가결한 조건임을 대전제로 하고 있다. 이 구원론을 역으로 말하면 죄가 많은 곳에 당연히 은혜도 많다는 식의 논리가 성립하게 된다.[79] 즉 죄가 많을수록 그 죄를 사하기 위해서는 더 많은 은혜가 필요하지 않겠느냐는 것이다. 그러므로 죄를 많이 지을수록 하나님의 은혜도 많이 드러나므로 죄를 많이 짓는 것이 오히려 하나님의 은혜를 드러나게 하고, 하나님께 영광을 돌리는 것이 아니냐는 식의 궤변이 성립하게 된다. 바울의 적대자들이 이러한 논리로 그의 의인론을 공격했다.

이에 대해 바울은 죄에 대해 죽은 사람이 어떻게 죄 가운데 그대로 살 수 있느냐고 반문한다. 바울은 의롭다 하심을 얻은 결과 죽음으로부터 자유함을 받아 그리스도와 영생을 누리게 되었다는 것을 앞에서 아담과 대조하여 논증하였다. 따라서 바울의 질문의 요지는 죄의 세계를 상징하는 아담의 세계에서 생명의 세계인 그리스도의 세계로 옮겨진 사람이 어떻게 다시 죄의 세계에서 살 수 있느냐는 것이며, 또한 영생 이전으로 돌아갈 수 있느냐는 것이다. 이는 앞서 말한 것처럼 바울이 구원을 단지 죄 사함의 차원에서

78) 롬 3:5, 그런데 우리의 불의가 하나님의 의를 드러나게 한다면, 무엇이라고 말하겠습니까? 우리에게 진노를 내리시는 하나님이 불의하시다는 말입니까?(내가 사람들이 말하는 방식으로 말합니다마는, 표준새번역)
롬 3:8, 그러나 "좋은 일이 생기라고, 악한 일을 하자" 하고 말할 수 있겠습니까? 사실, 어떤 사람들은 우리가 그런 말을 한다고 비방합니다. 그런 사람들은 심판을 받아야 마땅합니다(표준새번역).

79) 롬 5:20, 율법은 범죄를 증가시키려고 들어왔습니다. 그러나 죄가 많은 곳에, 은혜가 더욱 넘치게 되었습니다(표준새번역).

설명하고 있지 않음을 말하는 것이다. 죄 사함의 차원에서 구원을 보는 시각을 영생의 차원으로 발전시키고 있는 것이다.

이것은 앞으로 전개될 바울의 논의를 함축하는 것으로, 보는 각도에 따라 신학적 견해를 달리할 수 있는 매우 중요한 문제이다. 죄에 대해 죽은 사람, 죄의 세계에서 떠나 영생의 세계인 그리스도의 생명으로 옮겨진 자가 다시 죄를 지을 수 있느냐, 아니면 이제 더 이상 죄를 짓지 않느냐 하는 문제를 제기하기 때문이다. 또한 바울이 말하는 구원이 현대 신학에서처럼 의인을 출발점으로 성화의 과정을 거쳐 기독자의 완전이나 신화에 이르러야 구원이 완성된다고 하는 시간적인 개념을 말하는 것이냐, 아니면 의인과 더불어 완전의 단계까지 일순간에 이루어지는 수직적 시간적인 개념이냐 하는 문제를 야기하기 때문이다. 이 문제들은 현실적인 삶에 있어서 매우 중요하기에 아주 미묘한 것들이다. 이에 대해 충분한 검토가 있어야 하기에 '의인 이후 죄를 짓는 문제'에서 다시 거론하기로 한다.

결론적으로 말하자면 바울은 그럴 수 없다고 하여 구원의 단계를 거부하고 구원의 수직적 시간을 말한다. 그리고 그 이유를 본문에서 세례를 통해 설명하고 있다. 뒤이어 바울은 1, 2절을 다시 반복하며, 이제 은혜 아래 있다고 해서, 즉 구원을 이미 받았으니, 마음 놓고 죄를 지어도 된다고 생각하는 사람들에게 그럴 수 없다고 거듭 단언한다. 그리고 이에 대해 종의 개념을 들어서 죄의 종이 된 사람은 죄를 짓고 살아가지만 의의 종이 된 사람은 거룩함에 이르러 그리스도 안에서 영생을 누리며 사는 것이라고 말한다.

3절, "무릇 그리스도 예수와 합하여 세례를 받은 우리는 그의 죽으심과 합하여 세례를 받은 줄을 알지 못하느냐"라는 말씀은 의문문으로 되어 있다. 그러므로 세례는 그리스도와 연합하는 것인데, 그의 죽으심과 연합하는 것임을 알지 못하느냐 또는 이해하지 못하느냐는 말이다. 이 말에서 로마서의 수신인인 로마 교회 성도들이 그리스도와의 연합으로서의 세례를 이미 알고 있었고, 그것을 바울이 다시 상기시키는 것과 같은 느낌이 든다.

세례를 그리스도와의 연합으로 그와 함께 죽고 산다는 의미로 해석한 것은 바울이 유일하다. 적어도 신약성서에는 그와 같은 의미로 세례를 말한 곳이 없다. 하지만 바울의 로마서 이전 서신들, 고린도전서나 갈라디아서, 그리고 이후에 쓴 옥중서신인 골로새서 등에서 세례를 그리스도와 연합한 죽음과 부활의 의미로 기록한 것을 보아 로마 교회 성도들이나 기타 초대 교회 성도들이 이러한 의미의 세례에 대해 어느 정도 알고 있었다는 추론을 할 수 있다. 그렇다고 한다면 '알지 못하느냐?' 라는 의문문으로 쓴 것이 이해된다. 그러나 이를 단순히 수사학적인 의미에서 강조를 위한 의문문으로 기록했다고 볼 수도 있다.

'그리스도 예수와 합하여' 또는 '그의 죽으심과 합하여' 라는 말에서 '합하여' 는 헬라어로 '에이스' (εἰς)란 전치사로 '~안에, ~까지, ~를 통하여' 라는 뜻이다. 영어성경에서는 'into' 라는 전치사로 번역하였다(KJV, NIV). 이는 공간적인 개념으로 그리스도 안에서, 그의 죽으심 안에서 세례를 받았다는 의미이다.

4절, 바울은 4절의 말씀[80]에서 세례 예식을 구체적으로 적용하여 그리스도와의 연합으로서의 세례를 설명한다. 세례를 받음으로 그분과 함께 묻혔다는 말은, 세례를 받을 때 물 속에 온전히 잠기는 것을 묻혔다는 말로 표현한 것이다. 그리고 새로운 생명으로 살아가게 되는 것은 물 밖으로 나오는 것을 말한다. 즉 세례는 전통적으로 죄의 몸이 물에 완전히 잠김으로 죽고, 새로운 생명으로 다시 살아나는 것, 죄로부터 자유함을 얻어 영생의 세계로 들어감을 의미하는 예식이다. 이것을 그와 함께 묻혔다는 말로 바꿈으로 자신의 의도를 드러낸다. 이렇게 본다면 바울의 의도는 분명하다. 즉 세례는 다름아닌 십자가 사건의 재현이다. 내가 그리스도와 함께 십자가에 못 박혀 죽고, 그와 함께 부활로 살아나는 것을 세례 예식 속에 재현하는 것이다.

그렇다고 바울이 세례의 의미를 비유나 상징으로 사용했다고 해서는 안 된다. 바울은 결코 세례를 상징적으로 해석하지 않았다. 바울은 실제적으로 그리스도와 죽고, 그와 다시 살아나는 체험으로의 세례를 말한다. 세례를 십자가 사건을 재현하는 상징으로 보는 것은 현대적 해석이다. 세례를 상징으로 본다면 세례를 통해 그리스도인이 된다는 것도 상징이 될 수밖에 없다. 상징적인 그리스도인이 무슨 의미가 있는가? 따라서 성만찬을 비롯한 성례전을 상징으로 보는 것은 기독교 신앙에서 결코 용납해서는 안 된다. 성례전은 십자가와 부활의 사건을 기념하는 것에 그치지 않고, 그 사건 속에 동참하는 것이며, 그리스도와의 하나 됨을 체험하는 것

80) 그러므로 우리는 그분의 죽으심과 연합하는 세례(침례)를 받음으로써, 그분과 함께 묻혔습니다. 이것은 그리스도께서 죽은 사람들 가운데서 아버지의 영광으로 살리심을 받은 것과 같이, 우리도 새로운 생명 가운데서 살아가게 하려는 것입니다(표준새번역).

이다. 그러기에 성례전은 신비이다.

5절, "만일 우리가 그의 죽으심과 같은 모양으로 연합한 자가 되었으면 또한 그의 부활과 같은 모양으로 연합한 자도 되리라"는 말씀은 3~4절 말씀을 정리한 것이다. 세례는 그리스도의 죽으심과 부활을 본받아 연합하는 것이다. 그러나 여기서 새롭게 첨가된 단어가 있는데 '본받아' 라는 말과 '연합' 이다.

첫째로, '본받아' 라는 말은 '호모이오마' (*ὁμοίωμα*)로 모방(likeness), 또는 유사성을 말한다. 이 단어를 통해 우리는 바울이 세례를 십자가 사건의 재현으로 보고 있음을 분명히 알게 된다. 즉 그의 죽으심과 부활을 재현(모방)하는 것이 세례이다. 둘째로 '연합' 은 '쉼퓌토스' (*σύμφυτος*)로 하나로 연결된다는 의미이다.

이를 종합하여 5절을 다시 정리하면 '만일 우리가 (세례를 통하여) 그의 죽으심을 재현(모방)하여 그와 연결(하나)된 자가 되었으면 또한 (세례를 통하여) 그의 부활을 재현(모방)하여 그와 연결(하나)된 자가 되리라' 는 말이다. 이것은 앞서 지적한 대로 물에 완전히 침수되었다가 물 밖으로 나오는 세례 예식과 대조하여, 죄의 몸이 물에 잠김으로 죽는 것을 그리스도와 함께 십자가에서 죽는 것으로, 그리고 새로운 생명으로 다시 살아나는 것을 그리스도와 함께 부활하는 것으로 재현한다는 말이다.

5절에서 학자들 사이에 논란이 되고 있는 부분은 그리스도와의 연합을 신비주의로 봐야 되느냐, 아니냐의 문제이다. 실제로 학자들은 헬라의 신비주의와 연결하여 본문을 설명하려는 시도를 했었다. 하지만 이 문제는 바울이 본문에서 무엇을 말하려고 하는지를 알면 당연한 결론에 도달하게 된다. 본문은 그리스도와의 합일이라고 하는 신비주의의 체험을 말하려는 것이 아니므로 세례를 통한 연합을 신비주의로 해석할 필요가 없다. 그러나 세례를 통해 십자가와 부활에 동참하고 그것을 체험하는 것이므로 이를 신비로 봐야 하는 것은 분명하다.

6~7절, "우리가 알거니와 우리의 옛 사람이 예수와 함께 십자가에 못 박힌 것은 죄의 몸이 죽어 다시는 우리가 죄에게 종 노릇하지 아니하려 함이니 이는 죽은 자가 죄에서 벗어나 의롭다 하심을 얻었음이라." 여기서 바울은 십자가 사건의 재현으로서의 세례와 5장에서 거론한 아담 유형론과의 연결을 시도한다. 그리고 나아가 뒤에서 언급하게 될 종의 개념을 새로이 등장시킨다.

옛 사람은 의심할 여지없이 아담의 세계, 죄의 세계에서 살아가는 사람을 말하는 것으로, 죄 가운데 살아가는 개인[81] 또는 집합인격으로서의 아담(나)을 지칭한다. 이 옛 사람이 (세례를 통하여) 예수와 함께 십자가에 못 박힘으로 죄의 몸이 멸하여졌다. 즉 아담의 세계, 죄와 사망의 세계에서 죽고, 그리스도의 영생의 세계에서 살아난 것은 더 이상 죄에 매여 죄에게 종 노릇하지 않게 된 것을 의미한다.

이어 7절에서 죽은 자가 죄에서 벗어난다고 하는 것은, 사람이 죽으면 살아 있을 때의 모든 의무에서 벗어나는 것처럼 우리의 옛 사람이 죽으면 당연히 죄로부터 벗어나 자유함을 얻게 된다는 말

81) 엡 4:22, 너희는 유혹의 욕심을 따라 썩어져 가는 구습을 따르는 옛 사람을 벗어 버리고.

씀이다. 이는 죄와의 단절, 죄의 세계, 아담의 세계로부터의 떠남, 옛 사람인 자아의 죽음을 통해 생명으로, 그리스도의 세계로, 새 사람으로 살아가는 영생의 삶으로 거듭나는 것이다. 이 영생의 삶의 특징은 자유이다.

8~11절, 이 말씀은 위의 내용의 반복이다. 즉 우리가 그리스도와 함께 죽었으면, 그와 함께 살아난다. 왜냐하면 그리스도의 십자가는 십자가의 죽음으로 끝나는 것이 아니라 반드시 부활로 이어지기 때문이다. 따라서 그리스도와 함께 죽은 우리는 당연히 그리스도와 함께 부활하는 것이다. 또한 그리스도께서 죽음 가운데서 부활하신 이후에 다시 죽지 않으신 것처럼 우리도 다시 죽지 아니하고 주와 함께 영생을 누리게 된다. 앞에서도 말했듯이 이는 생물학적인 죽음이 아니라 하나님과 분리되는 영적 죽음을 말하며, 영적 죽음이 극복된 자의 삶이 영생이다.

그러므로 그리스도께서 죄에 대해 단 한 번 죽으시고 부활하셔서 하나님에 대하여 사시는 것처럼 우리가 누리는 영생도 하나님에 대하여 사는 것이다. 세례를 다시 받을 필요도 없고, 거듭남도 두 번이 필요없다. 그리스도의 십자가와 부활이 일회적인 사건인 것처럼 우리의 죽음과 부활도 일회적 사건이다.[82] 단 한 번의 거듭남으로 영생을 얻는 것이다. 거기에 영생의 완성이라는 개념은 없다. 영생은 완성하는 것이 아니다. 그것은 주어지는 것이요 살아가는 상태의 개념이다. 그리스도 안에서 살아 있는 사람은 죄로

82) 참고. 히 9~10장.

부터 자유함을 누린다.

3) 순종과 영생(6:12~23)

그러므로 너희는 죄가 너희 죽을 몸을 지배하지 못하게 하여 몸의 사욕에 순종하지 말고 또한 너희 지체를 불의의 무기로 죄에게 내주지 말고 오직 너희 자신을 죽은 자 가운데서 다시 살아난 자같이 하나님께 드리며 너희 지체를 의의 무기로 하나님께 드리라 죄가 너희를 주장하지 못하리니 이는 너희가 법 아래에 있지 아니하고 은혜 아래에 있음이라 그런즉 어찌하리요 우리가 법 아래에 있지 아니하고 은혜 아래에 있으니 죄를 지으리요 그럴 수 없느니라 너희 자신을 종으로 내주어 누구에게 순종하든지 그 순종함을 받는 자의 종이 되는 줄을 너희가 알지 못하느냐 혹은 죄의 종으로 사망에 이르고 혹은 순종의 종으로 의에 이르느니라 하나님께 감사하리로다 너희가 본래 죄의 종이더니 너희에게 전하여 준 바 교훈의 본을 마음으로 순종하여 죄로부터 해방되어 의에게 종이 되었느니라 너희 육신이 연약하므로 내가 사람의 예대로 말하노니 전에 너희가 너희 지체를 부정과 불법에 내주어 불법에 이른 것같이 이제는 너희 지체를 의에게 종으로 내주어 거룩함에 이르라 너희가 죄의 종이 되었을 때에는 의에 대하여 자유로웠느니라 너희가 그때에 무슨 열매를 얻었느냐 이제는 너희가 그 일을 부끄러워하나니 이는 그 마지막이 사망임이라 그러나 이제는 너희가 죄로부터 해방되고 하나님께 종이 되어 거룩함에 이르는 열매를 맺었으니 그 마지막은 영생이라 죄의 삯은 사망이요 하나님의 은사는 그리스도 예수 우리 주 안에 있는 영생이니라.

본문은 그리스도와 함께 죽고 다시 살아났으면, 죄 아래 있는 것이 아니라 은혜 아래 있으므로 죄에 굴복하지 말고 자신을 하나님께 바쳐 거룩함에 이르는 영생의 삶을 살아갈 것에 대해 말하고 있다. 이를 종의 개념으로 설명하는데, 누구에게 순종하느냐에 따라 누구의 종이냐가 결정되는 것이므로 죄에 순종하여 죄의 종이 되지 말고 의에 순종하여 의의 종이 되라고 권면한다.

본문에서는 두 가지를 살펴볼 것이다. 첫째는 죄의 종과 의의 종의 대립이고, 둘째는 순종에 대한 의미이다.

의의 종과 죄의 종

고대사회에서의 노예는 시장에서 사고 팔 수 있는 물건이었다. 노예는 말하는 가축에 지나지 않는다. 노예시장에서 자신을 산 주인이 결정되면 그때부터 그 노예는 그 주인의 명령에 순종해야 한다. 순종하는 사람의 종이 되는 것이다. 의롭다고 인정받기 이전에 우리는 죄 아래 살면서 죄에 순종하였으므로 죄의 종이었다. 그런데 그리스도의 피로 우리는 죄로부터 벗어나 의를 얻었다. 하나님께 순종하여 영생에 이르는 의의 종이 된 것이다.[83)]

자, 이제 본문을 다시 보자. 바울은 누구에게 순종하느냐에 따라 죽음에 이르는 죄의 종이 되거나 의로움에 이르는 순종의 종이

83) 참고. 요 8:34~36, 예수께서 대답하시되 진실로 진실로 너희에게 이르노니 죄를 범하는 자마다 죄의 종이라 종은 영원히 집에 거하지 못하되 아들은 영원히 거하나니 그러므로 아들이 너희를 자유롭게 하면 너희가 참으로 자유로우리라.

되거나 하는 것이라고 말한다. 당연한 말 같지만 이 말은 자칫 오해를 불러일으킬 소지가 있다. 즉 죄로부터 자유함을 얻은 사람이 다시 죄를 지으면 죄에 순종하는 것이므로 또다시 죄의 종으로 전락할 수도 있지 않느냐는 것이다. 물론 이에 대해 바울은 앞에서 그럴 수 없다고 잘라 말했다. 본문에서도 마음과 지체라는 단어를 사용하여 죄의 종에서 의의 종이 된 우리가 다시 죄의 종으로 살아가서는 안 된다고 권면한다.

첫째로, 마음이다. "그러나 하나님께 감사할 일은, 여러분이 전에는 죄의 종이었으나, 이제 여러분은 전해 받은 교훈의 본에 마음으로부터 순종함으로써, 죄에서 해방을 받아서 의의 종이 된 것입니다."[84] 여기서 '전에는' 이란 말은 6장으로 보면 세례받기 이전을 말하며, 로마서 전체로 보면 의롭다 하심을 얻기 전을 말한다. 그리고 '교훈의 본' 은 좁게는 세례 때의 문답이나 신앙 고백문으로 볼 수 있으나, 여기서는 복음[85] 또는 복음의 교훈[86] 등을 말한다.

'교훈의 본을 마음으로부터(**에크 카르디아스**, ἐκ καρδίας) 순종함으로써 죄에서 해방되어 의의 종(**둘로스**, δοῦλος)이 되었다.' 우리는 본문에서 마음이란 단어를 쓴 것에 대해 관심을 가져야 한다. '마음' (**카르디아**, καρδία)은 '이성' (**누스**, νοῦς)과 같은 의미로 쓰기도 하였지만 그 개념이 다르다.[87] 영어 성경(KJV)에서는, 마음은 'heart' 로,

84) 롬 6:17~18(표준새번역).

85) 고전 15:1, 형제들아 내가 너희에게 전한 복음을 너희에게 알게 하노니 이는 너희가 받은 것이요 또 그 가운데 선 것이라.

86) 롬 15:4, 무엇이든지 전에 기록된 바는 우리의 교훈을 위하여 기록된 것이니 우리로 하여금 인내로 또는 성경의 위로로 소망을 가지게 함이니라.

87) 개역성경에서는 모두 마음으로 번역함(참고. 롬 1:28, 7:23, 25, 11:34, 12:2 등).

이성은 'mind'로 각각 구별하였다. 본문의 의미는 복음의 교훈을 이성적으로 즉 머리로 이해하여 순종하는 것에 의해서가 아니라 가슴으로 받아들여, 가슴으로부터 우러나 순종함으로 죄에서 해방되어 의의 종이 된다는 뜻이다.[88] 여기서 가슴으로 우러나는 순종은 죄에서 해방되게 하므로 곧 믿음을 말한다. 반면에 마음으로 불의와 불경건함에 순종하면 죄의 종이 된다. 즉 불신앙의 결과로 죄의 종이 되는 것이다.

둘째로, 지체(메로스, μέλος)이다. 19절에 '육신이 연약함으로'라는 말에서 육신은 '사르크스'(σάρξ)란 단어이다. 이 단어는 여러 가지 다양한 용법으로 쓰이는데, 여기서는 인간의 나약함과 무상함을 지닌 육체(flesh)의 의미로 쓰였다.[89] 지체는 육체를 구성하는 몸의 일부분을 말한다.[90] 그러므로 우리의 육체나 지체 자체가 악한 것이 아니라, 그것들이 죄를 향하고 죄를 행할 때가 악한 것이다. 육체나 지체를 가지고 더러움과 불법을 행하면 죄의 종이 되는 것이고, 의를 행하여 거룩함에 이르면 의의 종이 되는 것이다.

죄를 짓는 문제를 종의 개념으로 설명한 바울의 논조를 따르다 보면 한 가지 의문이 든다. 그렇다면 의인이 된 사람이 죄를 지으

88) 참고. 롬 2:29, 오히려 속이 유대 사람인 사람이 유대 사람이며, 율법의 조문을 따라서가 아니라, 성령을 따라서 마음에 받는 할례가 참 할례입니다. 이런 사람은, 사람에게서가 아니라, 하나님에게서 칭찬을 받습니다(표준새번역).

89) 참고. 갈 2:20, 내가 그리스도와 함께 십자가에 못 박혔나니 그런즉 이제는 내가 사는 것이 아니요 오직 내 안에 그리스도께서 사시는 것이라 이제 내가 육체 가운데 사는 것은 나를 사랑하사 나를 위하여 자기 자신을 버리신 하나님의 아들을 믿는 믿음 안에서 사는 것이라.

90) 마 5:29~30, 네 오른눈이 너로 죄를 짓게 하거든, 그것을 빼어서 내버려라. 신체의 한 부분을 잃는 것이, 온몸이 지옥에 던져지는 것보다 더 낫다. 또 네 오른손이 너로 죄를 짓게 하거든, 그것을 찍어서 내버려라. 신체의 한 부분을 잃는 것이, 온몸이 지옥에 던져지는 것보다 더 낫다(표준새번역).

면 다시 죄의 종으로 전락되는 것이냐 하는 문제이다. 이 문제는 상당히 심각한 문제이다. 왜냐하면 우리가 일상에서 죄를 지을 때마다 우리를 괴롭히는 문제들이기 때문이다. 본문을 자세히 읽어보면 바울은 그런 논조로 말하지 않는다는 것을 알 수 있다. 그것은 우리의 현실에서 나온 오해일 뿐이다. 현실에서의 삶 속에서 죄를 지으면 구원받은 것이 혹시 취소되지 않을까 하는 의구심에서 나온 것이다.

16절만 보면 죄를 지으면 죄의 종이 되므로 다시 죄인이 될 수도 있으리라는 생각이 든다. 하지만 다음 절을 보면 믿음으로 의롭다 하심을 받은 사람에게는 해당되지 않음을 알 수 있다. 우리가 의인(義人)이 되기 전에는 죄의 종이었지만 의인이 된 이후에는 죄에서 해방되어 의의 종이 된 것을 하나님께 감사한다고 하였다. 21~22절에서는 우리가 과거에는 죄의 종으로 사망의 열매를 맺는 사람이었으나, 이제는 하나님의 종이 되어 거룩함에 이르는 열매를 맺게 되었다고 말한다.

앞서 2장, '심판의 기준' 부분에서 언급한 바와 같이, 죄를 지었기 때문에 죄인이 아니라 죄인이기 때문에 죄를 짓는 것이다. 사과나무에는 사과가 열리고, 진달래는 진달래꽃을 피운다. 마찬가지이다. 죄를 짓기 때문에 죄의 종이 된 것이 아니라, 죄의 종이기 때문에 죄를 짓는 것이다. 죄에서 해방되어 의의 종이 되었기 때문에 거룩함에 이르는 삶의 열매를 맺는 것이다. 의의 종이 된 후에도 죄를 짓는 것은 죄에 대한 옛 습관을 버리지 못한 이유이며 성숙한 의의 종이 되지 못한 까닭이지, 다시 예전의 죄의 종으로 되돌아갔기 때문이 아니다. 즉 의인 된 우리는 죄의 종과는 상관없는 존재이다.

결론적으로 바울은 말한다. 죄의 삯(결과)은 사망이요 하나님의 은사는 그리스도 예수 우리 주 안에 있는 영생이다. 영생을 은사로 표현한 것은, 의의 종이 된 것도, 그로 인해 거룩함에 이르는 열매를 맺는 것도, 우리의 노력이나 행위가 아니라 하나님께서 주시는 선물이기 때문이다.

순종

종은 어떠한 사람인가? 참 좋은 종에게 요구되는 것은 무엇인가? 그것은 순종이다. 순종에 해당되는 헬라어는 '휘파쿠오'(ὑπακούω)인데 이 말은 아래를 가리키는 전치사 '휘포'(ὑπό)와 '귀기울이다, 듣는다'는 뜻의 동사인 '아쿠오'(ἀκούω)의 합성어이다. 그러므로 순종의 본래 의미는 '아래에서 듣는다'는 뜻이다. 이는 고대사회에서 노예가 주인의 말을 경청하는 태도를 나타내는 단어이다.

첫째로, 순종은 우리의 주인이신 그리스도의 음성을 겸손한 태도로 듣는 것이다. 대화를 할 때 상대의 음성을 듣기 위해서는 먼저 내 말을 그쳐야 한다. 내 입이 다물어졌을 때 비로소 상대의 말이 들리는 것이다. 그러므로 순종은 내 입을 닫는 것으로부터 시작한다. 그리고 주님의 말씀을 아래에서 겸손히 들어야 한다. 양은 주인의 음성을 듣고 주인을 따른다.[91]

91) 요 10:27, 내 양은 내 음성을 들으며 나는 그들을 알며 그들은 나를 따르느니라.

둘째로, 순종은 내게 임한 주님의 음성을 따르고 지키는 것이다. 그 음성을 듣되 지키지 않는다면 아무 소용없다.[92] 주님의 음성을 듣고도 자기 마음대로 한다면, 이는 종이 아니라 자기가 주인이 되는 것이다. 우리는 주로 기도를 통하여 주님의 음성을 듣게 되는데, 어떤 이들은 주님의 음성을 듣기보다는 자신의 욕심을 구하고 그것에 주님께서 따라 주기를 요구하기도 한다. 이는 주종관계가 뒤바뀐 것이다. 순종은 내가 주님의 음성을 듣고, 그를 따르고 지키는 것이다.

셋째로, 우리가 주님의 음성을 듣고 그것을 따를 때, 우리의 자아와 육이 살아 있으면 순종하기란 매우 어렵다. 그러므로 순종은 나를 죽이는 훈련이다. 이해가 되지 않는 주님의 명령에 순종한다는 것은 내 생각을 죽임으로 가능하게 된다. 아브라함을 보라. 하나밖에 없는 아들, 주께서 주신 이삭을 바치라는 명령에 그가 순종할 수 있었던 것은 믿음의 연단을 통해 자신을 철저히 죽였기 때문이다. 미워하는 사람을 사랑하고 용서하라는 주님의 말씀에 순종할 수 있는 것은 내 감정과 자존심이 죽음으로 가능하다. 편안함과 안락을 추구하는 내 육신을 죽임으로 주의 일에 동참하게 되는 것이다. 이 죽임이 하루아침에 이루어지지 않기에 우리는 죽임의 훈련을 받아야 한다. 그 과정과 결과가 순종으로 나타나는

92) 마 21:28~31, 그러나 너희 생각에는 어떠하냐 어떤 사람에게 두 아들이 있는데 맏아들에게 가서 이르되 얘 오늘 포도원에 가서 일하라 하니 대답하여 이르되 아버지 가겠나이다 하더니 가지 아니하고 둘째 아들에게 가서 또 그와 같이 말하니 대답하여 이르되 싫소이다 하였다가 그 후에 뉘우치고 갔으니 그 둘 중의 누가 아버지의 뜻대로 하였느냐 이르되 둘째 아들이니이다 예수께서 그들에게 이르시되 내가 진실로 너희에게 이르노니 세리들과 창녀들이 너희보다 먼저 하나님의 나라에 들어가리라.

것이다.

넷째로, 순종의 결과는 주님의 나타남이다. 종이 주인의 명령에 순종하면 주인에게 영광이 돌려지고 주인이 그 결과를 취하게 되는 것처럼 우리의 순종을 통해 주님이 드러나신다. 우리의 희생을 통하여 주님의 십자가의 영광이 나타나는 것이며, 사랑의 실천을 통해 주님의 사랑이 빛나게 된다. 또한 우리의 모든 착한 행실을 통해 사람들이 하나님께 영광을 돌림으로 하나님의 영광이 드러나게 된다.[93] 주님의 꿈인 하나님 나라는 온전히 죽은 사람들로 인해 이 땅에 드러나게 된다. 그러므로 순종은 주님이 누구인지 보여주는 우리의 삶이다. 또한 순종을 훈련이라고 할 때 순종은 내가 죽고 주님을 내 삶 속에 드러내는 훈련이다.

마지막으로, 순종은 믿음을 전제로 한다. 믿지 않는 사람의 말을 듣고 따른다는 것은 어리석음의 소치이다. 주님을 믿기에 우리는 그에게 순종한다. 그러므로 순종의 정도는 믿음의 분량에 비례한다. 순종하지 못하는 자신을 탓하기보다 먼저 자신의 믿음을 돌아보아야 한다. 믿음이 없이는 순종도 없기 때문이다. 따라서 우리가 주께 순종하는 것은 그 명령이 합리적이기 때문이 아니라 주님을 믿기 때문이다.

딸아이가 유치원 다닐 때의 일이다. 하루는 식구들끼리 둘러앉아 TV를 시청하고 있었다. TV에서는 원숭이들의 생태에 대한 프로그램이 방영되고 있었다. 원숭이를 보자 장난끼가 발동한 나는 딸아이에게 말했다. "원숭이 똥구멍이 왜 빨간지 알아?" "아니, 아

93) 마 5:16, 이같이 너희 빛이 사람 앞에 비치게 하여 그들로 너희 착한 행실을 보고 하늘에 계신 너희 아버지께 영광을 돌리게 하라.

빠 왜 그런데?" "응, 그건 원숭이들이 똥을 싸고 밑을 닦지 않아서 그래. 너 원숭이들이 밑 닦는 거 봤어? 한 번도 못 봤지? 그래서 그래. 너도 똥 싸고 밑 안 닦으면 원숭이처럼 된다." 그 이야기를 들은 집안 식구들은 모두 깔깔대고 웃었지만, 진짜처럼 정색을 하고 말하는 아빠의 말을 딸아이는 그대로 믿었다.

사건은 며칠 뒤에 일어났다. 딸아이가 다니는 사랑유치원에서 선생님이 아이들에게 "얘들아, 원숭이 똥구멍이 왜 빨간지 아니? 아는 사람?" 하고 묻자 그때 딸이 용감하게 손을 들었다. 그리고 아빠가 가르쳐준 대로 "선생님, 우리 아빠가 그러는데요. 원숭이가 똥을 싸고 밑을 안 닦아서 거기가 헐어서 그런 거래요"라고 말했다. 아주 짧은 순간 유치원에서는 정적이 흘렀고, 뒤이어 선생님, 아이들 할 것 없이 모두가 뒤집어졌다는 이야기다. 한동안 전설처럼 그 말이 유치원에서 유행했었다.

우리는 성경이 합리적이고 이성적이기에 믿는 것도 아니며, 그러기에 그 말씀에 순종하는 것도 아니다. 주님의 말씀이 비합리적이고 상식적으로 이해가 되지 않지만 그 말씀이 주님의 말씀이기에, 주님을 믿기에 따르고 순종하는 것이다. 믿음이 없이는 순종도 없다. 아빠를 믿기에 딸은 용감할 수 있었다. 믿음의 사람은 항상 용감하다. 용감한 사람만이 시대를 바꿀 수 있다.

4) 율법으로부터의 자유(7:1~13)

형제들아 내가 법 아는 자들에게 말하노니 너희는 그 법이 사람이 살 동안만 그를 주관하는 줄 알지 못하느냐 남편 있는 여인이 그 남편

생전에는 법으로 그에게 매인 바 되나 만일 그 남편이 죽으면 남편의 법에서 벗어나느니라 그러므로 만일 그 남편 생전에 다른 남자에게 가면 음녀라 그러나 만일 남편이 죽으면 그 법에서 자유롭게 되나니 다른 남자에게 갈지라도 음녀가 되지 아니하느니라 그러므로 내 형제들아 너희도 그리스도의 몸으로 말미암아 율법에 대하여 죽임을 당하였으니 이는 다른 이 곧 죽은 자 가운데서 살아나신 이에게 가서 우리가 하나님을 위하여 열매를 맺게 하려 함이라 우리가 육신에 있을 때에는 율법으로 말미암는 죄의 정욕이 우리 지체 중에 역사하여 우리로 사망을 위하여 열매를 맺게 하였더니 이제는 우리가 얽매였던 것에 대하여 죽었으므로 율법에서 벗어났으니 이러므로 우리가 영의 새로운 것으로 섬길 것이요 율법 조문의 묵은 것으로 아니할지니라 그런즉 우리가 무슨 말을 하리요 율법이 죄냐 그럴 수 없느니라 율법으로 말미암지 않고는 내가 죄를 알지 못하였으니 곧 율법이 탐내지 말라 하지 아니하였더라면 내가 탐심을 알지 못하였으리라 그러나 죄가 기회를 타서 계명으로 말미암아 내 속에서 온갖 탐심을 이루었나니 이는 율법이 없으면 죄가 죽은 것임이라 전에 율법을 깨닫지 못했을 때에는 내가 살았더니 계명이 이르매 죄는 살아나고 나는 죽었도다 생명에 이르게 할 그 계명이 내게 대하여 도리어 사망에 이르게 하는 것이 되었도다 죄가 기회를 타서 계명으로 말미암아 나를 속이고 그것으로 나를 죽였는지라 이로 보건대 율법은 거룩하고 계명도 거룩하고 의로우며 선하도다 그런즉 선한 것이 내게 사망이 되었느냐 그럴 수 없느니라 오직 죄가 죄로 드러나기 위하여 선한 그것으로 말미암아 나를 죽게 만들었으니 이는 계명으로 말미암아 죄로 심히 죄 되게 하려 함이라.

믿음으로 의롭다 하심을 얻은 결과 우리는 죽음과 죄로부터 자유를 누리게 되었다. 이 자유는 그리스도와 함께 영생 안에서 누리는 것이다. 그리고 이 자유는 인간의 노력과 의지로는 올바로 발휘될 수 없는 것이므로 성령의 도우심이 필요하다. 이 자유를 종합적으로 성령 안에서, 성령의 인도하심에 따라 삶 속에서 구체적으로 구현하게 된다는 것이 8장의 말씀이다.

이렇게 본다면 7장은 없어도 전혀 부담스럽지 않다. 사실 6장을 읽고 난 뒤 7장을 건너뛰고 바로 8장을 읽어도 내용상으로나 전체의 흐름상으로 하나도 이상할 것이 없다. 그러나 7장은 있다. 7장은 두 부분으로 구성되어 있는데, 전반부(7:1~13)는 율법으로부터의 자유와 율법의 역할에 대한 말씀이고, 후반부(7:14~25)는 신앙 안에서의 자유와 현실 안에서 체감하는 갈등에 대한 말씀이다. 내용상으로는 없어도 될 것처럼 보이지만, 사실 7장은 현실 속에서 우리가 겪는 갈등을 생각해 본다면 매우 유용한 부분이다. 현실에서 겪는 갈등 부분은 뒤에서 검토하기로 하고 율법의 문제를 먼저 살펴보기로 한다.

율법을 지키지도 않고 그와 상관없이 살아가는 우리에게 율법으로부터의 자유는 필요하지 않을 수 있다. 하지만 초대 교회의 현실을 볼 때, 율법으로부터의 자유는 매우 중요한 위치를 차지하고 있다. 바울 자신은 물론이거니와 유대인들에게 율법은 삶의 일부가 아닌 전부이다. 율법을 준수함으로 의롭다 하심을 받는다고 믿는 유대인들에게 있어서 율법의 구원론을 부정하고 예수 그리스도를 믿는 믿음으로 구원에 이른다고 고백하는 것은 결코 쉬운 일이 아니다. 구원론이 바뀐다는 것은 이제까지 믿어왔던 신앙체계를 송두리째 허물고 다시 세우는 일이기 때문이다.

그러므로 바울은 죄와 죽음과 더불어 율법을 아담의 세계로 분류하고 우리가 극복해야 할 중요한 대목으로 보고 있는 것이다. 바울은 이제까지 율법과 믿음을 서로 대조하며 많은 논의를 해왔으므로, 여기서는 마치 일침을 가하듯 법의 논리를 들어 율법으로부터의 자유를 설명한다. 바울은 율법으로부터의 자유를 설명한 뒤 율법의 역할에 대한 정리를 한다. 여기서는 율법으로부터의 자유와 율법의 성격과 역할, 율법과 아담에 대한 본문을 검토한 뒤, 복음의 시대에 살고 있으면서도 여전히 문제가 되는 율법적 신앙에 대해 검토해 보기로 한다.

율법으로부터의 자유

사람이 자신에게 부과된 책임과 의무, 또는 정신적 상처 등을 도저히 감당할 수 없다고 생각하면 자살을 떠올리게 된다. 자신의 생명을 스스로 끊음으로써 자신에게 부과된 민 · 형사상의 모든 책임, 심리적 부담감 등으로부터 자유로울 수 있기 때문이다. 하지만 그 모든 의무와 상처가 살아 있는 사람에게 전가되는 것이므로, 자살은 참으로 무책임한 행위이다. 어쨌든 죽음은 이 세상에서의 모든 굴레에서 우리를 해방한다. 그러한 의미에서 그리스도와 함께 죽는 영적 죽음은 우리를 괴롭히는 세상의 아픔과 갈등을 일순간에 해결한다. 육체적인 자살은 저주받아 마땅하지만 영적 자살은 우리가 꼭 이루어내야만 한다.

바울은 "법을 아는 사람에게 말하노니" 하며 죽음과 법적 의무에 대한 관계를 가지고 율법으로부터의 자유를 설명한다. 한 여인이 결혼을 하면 법에 따라 남편에게 매이게 된다. 여자는 결혼함으로 남편에 대한 의무를 갖게 된다. 그러나 남편이 죽으면 남편에 대한 의무는 당연히 없어진다. 남편이 있을 때 이 여인이 다른 남자에게로 가면 이 여인은 간음한 여인이 된다. 하지만 남편이 죽고 난 후에는 어느 남자에게로 가든지 간음한 여인이 되지 않는다.

우리는 그리스도의 몸으로 말미암아 율법에 대해 죽임을 당했다. 그리고 죽음에서 살아나신 그리스도께 속하였다. 우리가 그리스도와 함께 죽었다는 것은 율법에 대해서도 죽은 것이므로, 남편이 죽은 여인처럼 더 이상 율법의 의무에 매이지 않게 되었다는 말이다. 바울은 죄와 사망, 그리고 율법을 그리스도와 함께 죽어야 할 아담의 세계로 간주하므로 율법으로부터의 자유도 당연히 의인의 결과요, 영생을 이루는 요소이다.

율법에 따른 죄의 정욕이 우리 몸의 지체 안에서 작용하여 죽음의 열매를 맺게 한다. 그러나 율법으로부터 자유를 얻은 사람은 죽음의 열매 대신 하나님을 위한 열매를 맺게 된다. 이 열매는 삶으로 맺는 것이며[94] 성령의 인도하심으로 맺는 것이다.[95] 또한 율법으로부터 자유를 얻었기에 율법의 문자에 얽매이는 낡은 것

94) 롬 6:22, 그러나 이제는 너희가 죄로부터 해방되고 하나님께 종이 되어 거룩함에 이르는 열매를 맺었으니 그 마지막은 영생이라.

95) 갈 5:22~25, 오직 성령의 열매는 사랑과 희락과 화평과 오래 참음과 자비와 양선과 충성과 온유와 절제니 이같은 것을 금지할 법이 없느니라 그리스도 예수의 사람들은 육체와 함께 그 정욕과 탐심을 십자가에 못 박았느니라 만일 우리가 성령으로 살면 또한 성령으로 행할지니.

(정신)으로 하나님을 섬기지 않고 성령이 주시는 새로움으로 하나님을 섬기게 된다.

율법의 성격과 역할

율법은 보통 하나님의 백성의 생활과 행위에 관한 하나님의 명령이라고 정의한다. 율법은 히브리어로 '토라'(תּוֹרָה)인데 이는 원래 '가르침'이라는 뜻을 가지고 있다. 그러므로 하나님의 거룩하신 뜻의 계시인 동시에 그 여러 가지 규정의 배후에 하나님의 요구가 포함되어 있는 행동윤리인 것이다. 율법의 핵심은 하나님의 '의'의 실현이라고 할 수 있다. 하나님은 율법을 따라 선을 행하는 자에게는 생명을 주시고, 행하지 않는 자는 죽을 것이라고 선언하신다.[96]

유대인들이 지켜야 하는 율법은 십계명,[97] 계약법전,[98] 성결법

96) 신 4:1, 이스라엘아 이제 ,내가 너희에게 가르치는 규례와 법도를 듣고 준행하라 그리하면 너희가 살 것이요 너희 조상의 하나님 여호와께서 너희에게 주시는 땅에 들어가서 그것을 얻게 되리라.
신 8:19, 네가 만일 네 하나님 여호와를 잊어버리고 다른 신들을 따라 그들을 섬기며 그들에게 절하면 내가 너희에게 증거하노니 너희가 반드시 멸망할 것이라.
겔 18:20~22, 범죄하는 그 영혼은 죽을지라 아들은 아버지의 죄악을 담당하지 아니할 것이요 아버지는 아들의 죄악을 담당하지 아니하리니 의인의 공의도 자기에게로 돌아가고 악인의 악도 자기에게로 돌아가리라 그러나 악인이 만일 그가 행한 모든 죄에서 돌이켜 떠나 내 모든 율례를 지키고 정의와 공의를 행하면 반드시 살고 죽지 아니할 것이라 그 범죄한 것이 하나도 기억함이 되지 아니하리니 그가 행한 공의로 살리라.
97) 출 20:1~17; 신 5:6~21.
98) 출 20:23~23:19.

전,[99] 신명기법전,[100] 그리고 제의적 규정이 거의 전부인 레위기(제사법전) 등으로 구성되어 있다. 이외에도 율법의 주석서인 미드라쉬, 율법학자들의 구전과 해설을 모아놓은 탈무드 등도 넓게는 유대인들이 지켜야 하는 율법으로 간주되었다.[101]

율법은 하나님이 주신 땅, 가나안에 들어가 살면서 출애굽 사건과 광야의 체험을 재현하고 하나님 섬김을 실제의 삶 속에서 생활화하는 것에 대한 규정이다. 고대 유대인이 하나님 섬김과 그에 따른 생활을 법으로 규정하고 대대로 지켜왔다는 사실은 참으로 놀랄 만한 일이다. 그러나 시간이 흐를수록 법이 가지는 한계가 이스라엘의 역사 속에 여실히 나타났다. 형식주의가 그것이다. 은혜의 체험이 사라지고 형식적인 의무만이 남게 되자 예언자들이 나타나 율법의 정신으로 돌아올 것을 촉구하였다. 이것이 예언자 운동이다.

예언자 운동은 신앙운동이면서 동시에 사회개혁운동이다. 신앙적으로는 이스라엘이 여호와 신앙에서 벗어났다는 것이며, 사회적으로는 율법의 정신인 정의와 평등이 왜곡되었다는 것이다. 예언자들은 이스라엘에 회개를 촉구하며 이 하나님 신앙과 율법 정신으로 돌아오라고 외쳤다. 그러나 그들은 외적인 순종과 변화로는 결코 하나님과의 계약을 완성하지 못하리라는 사실을 역사를 통하여 깨달았다. 그리하여 예언자들은 마음의 할례[102]를 받고

99) 레 17~26장.
100) 신 12~26장.
101) 사두개인들은 모세오경에 나오는 5개의 법전만 율법으로 인정한 반면, 바리새인들은 오경에다 미드라쉬, 탈무드 등도 율법으로 간주했다.

인격적인 관계로 하나님과 새 계약[103]을 맺어야 한다고 외친 것이다.

예수께서도 형식적으로 율법을 지키는 바리새인들을 회칠한 무덤이라는 극단적인 표현까지 쓰며, 율법의 정신인 사랑을 주장하셨다.[104] 예수께서 "율법학자들과 바리새파 사람들아, 너희 위선자들에게 불행이 닥칠 것이다. 너희는 박하와 회향과 근채의 십일조는 바치면서 율법 가운데 더 중요한 정의와 자비와 믿음은 저버

---

102) 렘 4:4, 유다인과 예루살렘 주민들아 너희는 스스로 할례를 행하여 너희 마음 가죽을 베고 나 여호와께 속하라 그리하지 아니하면 너희 악행으로 말미암아 나의 분노가 불같이 일어나 사르리니 그것을 끌 자가 없으리라(참고, 렘 9:26).
겔 44:9, 주 여호와께서 이같이 말씀하셨느니라 이스라엘 족속 중에 있는 이방인 중에 마음과 몸에 할례를 받지 아니한 이방인은 내 성소에 들어오지 못하리라.
신 10:16, 그러므로 너희는 마음에 할례를 행하고 다시는 목을 곧게 하지 말라(참고, 신 30:6).

103) 렘 31:31~33, 여호와의 말씀이니라 보라 날이 이르리니 내가 이스라엘 집과 유다 집에 새 언약을 맺으리라 이 언약은 내가 그들의 조상들의 손을 잡고 애굽 땅에서 인도하여 내던 날에 맺은 것과 같지 아니할 것은 내가 그들의 남편이 되었어도 그들이 내 언약을 깨뜨렸음이라 여호와의 말씀이니라 그러나 그 날 후에 내가 이스라엘 집과 맺을 언약은 이러하니 곧 내가 나의 법을 그들의 속에 두며 그들의 마음에 기록하여 나는 그들의 하나님이 되고 그들은 내 백성이 될 것이라 여호와의 말씀이니라.
겔 16:59~60, 나 주 여호와가 이같이 말하노라 네가 맹세를 멸시하여 언약을 배반하였은즉 내가 네 행한 대로 네게 행하리라 그러나 내가 너의 어렸을 때에 너와 세운 언약을 기억하고 너와 영원한 언약을 세우리라.

104) 서기관과 바리새인들에 대한 책망은 마태복음 23장을 보라.
막 12:28~33, 서기관 중 한 사람이 그들이 변론하는 것을 듣고 예수께서 잘 대답하신 줄을 알고 나아와 묻되 모든 계명 중에 첫째가 무엇이니이까 예수께서 대답하시되 첫째는 이것이니 이스라엘아 들으라 주 곧 우리 하나님은 유일한 주시라 네 마음을 다하고 목숨을 다하고 뜻을 다하고 힘을 다하여 주 너의 하나님을 사랑하라 하신 것이요 둘째는 이것이니 네 이웃을 네 자신과 같이 사랑하라 하신 것이라 이보다 더 큰 계명이 없느니라 서기관이 이르되 선생님이여 옳소이다 하나님은 한 분이시요 그 외에 다른 이가 없다 하신 말씀이 참이니이다 또 마음을 다하고 지혜를 다하고 힘을 다하여 하나님을 사랑하는 것과 또 이웃을 자기 자신과 같이 사랑하는 것이 전체로 드리는 모든 번제물과 기타 제물보다 나으니이다.

렸다"[105]라고 말씀하심으로 형식적인 신앙생활을 하는 율법학자들과 바리새인들이 율법정신을 저버렸음을 지적하셨다. 이에 예수께서는 당시로서는 용납될 수 없는 성전 정화,[106] 안식일에 병을 고치는 것,[107] 금식하지 않는 것[108] 등 파격적인 행동을 하심으로 율법의 정신을 일깨워 주려고 하셨다.[109]

바리새인이었던 바울은 율법의 한계를 그 누구보다도 잘 알고 있었다.[110] 율법의 행위로는 구원받을 수 없음을 알았던 바울은 본서에서 믿음에 의한 구원과 율법으로부터 자유로울 것을 주장한다. 그러나 역설적으로 말하기를, 율법으로부터의 자유는 율법의 폐기가 아닌 율법의 완성을 위한 사랑의 실천임을 천명한다.[111] 바울이 말하는 율법의 성격과 역할에 대해 좀더 자세히 살펴보자.

첫째로, 율법은 거룩하고 의롭고 선한 것이다. 율법은 하나님께서 주신 것이다. 그러기에 영적인 것이다. 거룩하신 하나님으로부

105) 마 23:23(현대인의 성경).

106) 마 21:12, 예수께서 성전에 들어가사 성전 안에서 매매하는 모든 사람들을 내쫓으시며 돈 바꾸는 사람들의 상과 비둘기 파는 사람들의 의자를 둘러엎으시고.

107) 눅 13:16, 그러면 열여덟 해 동안 사탄에게 매인 바 된 이 아브라함의 딸을 안식일에 이 매임에서 푸는 것이 합당하지 아니하냐.

108) 막 2:18, 요한의 제자들과 바리새인들이 금식하고 있는지라 사람들이 예수께 와서 말하되 요한의 제자들과 바리새인의 제자들은 금식하는데 어찌하여 당신의 제자들은 금식하지 아니하나이까.

109) 막 2:27, 또 이르시되 안식일이 사람을 위하여 있는 것이요 사람이 안식일을 위하여 있는 것이 아니니.

110) 빌 3:5~6, 나는 팔일 만에 할례를 받고 이스라엘 족속이요 베냐민 지파요 히브리인 중의 히브리인이요 율법으로는 바리새인이요 열심으로는 교회를 박해하고 율법의 의로는 흠이 없는 자라.

111) 롬 13:10, 사랑은 이웃에게 악을 행하지 아니하나니 그러므로 사랑은 율법의 완성이니라.

터 온 것이므로 당연히 거룩하다. 또한 하나님은 의로운 분이며, 선한 분이시기에 그로부터 온 율법도 의롭고 선하다. 그리고 하나님은 영이시니 그로부터 온 율법도 신령한 것이다. 율법에 대한 이러한 바울의 견해는 유대적인 것과 전혀 다르지 않다. 바울은 유대인이다. 유대인들에게 율법은 신성한 것이다. 그러므로 폐기할 수 없다. 오히려 율법의 요구를 온전히 이룰 것을 주장한다.[112)]

둘째로, 율법은 죄가 아니라 무엇이 죄인지를 알게 하는 역할을 한다. 바울은 이를 설명하기 위해 십계명 중 열 번째 계명을 예로 든다.[113)] '탐내지 말라' 는 조항이 있기에 탐심이 무엇인지를 알게 되고, 또한 탐욕이 일어날 때마다 내가 죄를 짓고 있다는 것을 알게 되어 자신이 죄인임을 깨닫게 된다는 말이다. 따라서 구원을 이루는 그리스도께로 인도하는 초등교사(몽학선생)의 역할을 율법이 하는 것이다.[114)]

셋째로, 율법으로는 의롭다 하심을 받을 수 없다.[115)] 율법은 행

---

112) 롬 8:4, 육신을 따르지 않고 그 영을 따라 행하는 우리에게 율법의 요구가 이루어지게 하려 하심이니라.

113) 출 20:17, 네 이웃의 집을 탐내지 말라 네 이웃의 아내나 그의 남종이나 그의 여종이나 그의 소나 그의 나귀나 무릇 네 이웃의 소유를 탐내지 말라.

114) 갈 3:24, 이같이 율법이 우리를 그리스도께로 인도하는 초등교사가 되어 우리로 하여금 믿음으로 말미암아 의롭다 함을 얻게 하려 함이라.
여기서 초등교사(몽학선생)란 말은 후견인(공동번역), 개인 교사(표준새번역)라는 말이다. 영어 성경에서는 schoolmaster(KJV), guardian(NLT)으로 번역하였다.

115) 롬 3:20, 그러므로 율법의 행위로 그의 앞에 의롭다 하심을 얻을 육체가 없나니 율법으로는 죄를 깨달음이니라.
롬 9:31, 의의 법을 따라간 이스라엘은 율법에 이르지 못하였으니.
갈 2:16, 사람이 의롭게 되는 것은 율법의 행위로 말미암음이 아니요 오직 예수 그리스도를 믿음으로 말미암는 줄 알므로 우리도 그리스도 예수를 믿나니 이는 우리가 율법의 행위로써가 아니고 그리스도를 믿음으로써 의롭다 함을 얻으려 함이라 율법의 행위로써는 의롭다 함을 얻을 육체가 없느니라.

하는 자라야 의롭다 하심을 받는다.[116] 유대인들은 율법에 명시된 대로 행하기만 하면 의를 이룰 수 있다고 믿었다. 그러나 바울은 유대인들의 율법적 행위는 하나님의 의를 이루는 것이 아니라 자기 의를 이루는 것이라고 말한다.[117] 그리하여 하나님은 자기 의가 아닌 하나님의 의를 이룰 수 있는 길을 나타내 보이셨는데, 그것이 복음이다. 복음은 곧 그리스도이시다. 우리는 그리스도를 믿음으로 하나님의 의를 이룰 수 있게 된다.

바울은 "우리의 타락한 성품 때문에 율법이 연약하여 할 수 없는 그것을 하나님은 하셨습니다. 하나님께서는 죄의 문제를 해결하시기 위해 자기 아들을 죄 많은 인간의 모양으로 보내시고 우리의 죄 값을 그에게 담당시키신 것입니다. 그것은 육신을 따라 살지 않고 성령님을 따라 사는 우리에게 율법의 요구를 이루기 위한 것입니다"[118]라고 함으로써 성령 안에서 율법의 요구인 하나님의 의를 이루라고 말한다. 나아가 "그리스도는 모든 믿는 자에게 의를 이루기 위하여 율법의 마침이 되시니라"[119]라고 선언한다.

---

116) 롬 2:13, 하나님 앞에서는 율법을 듣는 자가 의인이 아니요 오직 율법을 행하는 자라야 의롭다 하심을 얻으리니.

117) 롬 10:3, 하나님의 의를 모르고 자기 의를 세우려고 힘써 하나님의 의에 복종하지 아니하였느니라.
롬 10:5, 모세가 기록하되 율법으로 말미암는 의를 행하는 사람은 그 의로 살리라 하였거니와.

118) 롬 8:3~4(현대인의 성경).

119) 롬 10:4.

율법과 아담

위에서 살펴본 바와 같이 율법의 성격과 역할에 대한 바울의 설명은 간단하게 요약할 수 있다. 하지만 율법에 대해 말하는 바울의 의도와 배경은 그리 간단하지 않다. 예를 들면 수많은 율법의 계명 중에서 왜 '탐내지 말라' 는 계명을 예로 들었을까? 탐내지 말라는 계명이 죄를 인식하게 하는 것에 그치지 않고, 죄가 계명을 통해 들어와 왜 우리를 더욱 죄의 세계로 몰아가는 것일까? 율법이 하나님께로부터 온 선하고 의로운 것임에도 불구하고 왜 죄를 짓기 위한 기회로 작용하는가? 율법을 말하는 바울의 의도는 이와 같은 질문을 던짐과 동시에 해답을 제공하기 위함이다.

로마서에서 의인의 결과로 주어진 죄, 죽음, 율법으로부터의 자유는 그 배경을 에덴 동산과 아담에 두고 있다. 바울이 말하는 자유의 원형은 에덴에서 아담이 누렸던 자유를 말한다. 타락의 결과 그 자유가 상실되었지만 그리스도를 통해 이 자유가 회복되었다. 그리스도를 믿는 믿음으로 의롭다 하심을 얻은 사람은 회복된 에덴에서 자유를 누리며 살게 된다. 이 회복된 에덴에서의 삶을 바울은 영생이라고 하였다. 율법도 이러한 시각에서 보아야만 바울의 의도를 제대로 이해할 수 있다.

율법에 대한 바울의 배경이 아담과 에덴 동산에 있기에 바울은 탐내지 말라는 예를 든 것이다. 성경은 죄의 기원을 하나님이 먹지 말라고 한 선악과를 아담이 따 먹은 것에 둔다. 왜 아담이 선악과를 따 먹었을까? 하나님께서 왜 따 먹었느냐고 물으시자 아담은 '하나님이 내게 주신 여자가 주어서 먹었다' 는 궁색한 변명을 한다. 아담의 변명은 책임을 모면하기 위한 것일 뿐이다. 선악과를 따 먹은 사건을 본문의 시각으로 볼 때 우리는 두 가지 사실을 추론할 수 있다.

첫째는 아담에게 선악과를 따 먹을 수 있는 자유가 주어졌다는 것이며, 둘째는 "여자가 그 나무를 본즉 먹음직도 하고 보암직도 하고 지혜롭게 할 만큼 탐스럽기도 한 나무인지라 여자가 그 열매를 따 먹고 자기와 함께 있는 남편에게도 주매 그도 먹은지라"[120] 라는 말처럼 탐심이 그 원인이었다는 것이다. 탐심이 발동을 하였고, 아담과 하와는 자신에게 주어진 자유를 발휘하여 선악과를 따 먹은 것이다. 에덴에서 타락하기 이전, 즉 죄가 들어오기 이전에 이미 탐심이 발동하였다는 것은 탐심 자체는 죄가 아니라고 말할 수 있거나, 또는 에덴이 우리가 상상하는 것처럼 완전한 세계가 아니라는 사실을 추측케 한다.[121]

이 타락과 관련하여 선악과를 따 먹게 한 주체가 여자 즉 하와로 되어 있지만 그것은 중요하지 않다. 성경은 분명하게 아담의 범죄로 간주한다. 또한 뱀의 유혹이 있었기 때문이라고 설명할 수도 있지만 그것도 중요하지 않다. 왜냐하면 성경이 말하는 타락은 사탄의 유혹에 의한 것임을 말하려는 것이 아니라 자유의지에 의한 타락을 말하려고 하기 때문이다.[122]

---

120) 창 3:6.

121) 이는 태초의 창조를 완전한 창조냐, 아니면 창조의 시작이냐는 물음을 가져오게 한다. 완전한 창조라고 한다면 종말은 인간의 죄로 인해 파괴된 창조의 세계가 다시 원래 상태로 회복하는 창조의 회복이다. 그러나 창조의 시작이라고 본다면 종말은 창조의 완성을 뜻한다.

122) 참고. 창 4:7, 네가 선을 행하면 어찌 낯을 들지 못하겠느냐 선을 행하지 아니하면 죄가 문에 엎드려 있느니라 죄가 너를 원하나 너는 죄를 다스릴지니라.

타락을 유혹에 초점을 두면 결국에는 타락의 원인을 사탄에게 돌리게 된다.[123] 이는 타락을 너무 신화적으로 해석한 결과이다. 그렇게 되면 타락에 대한 인간의 책임이나 자유의지에 의한 선택은 설명할 길이 없어진다. 타락에 대한 책임이 없으면 심판도 없어야 한다. 타락의 원인이 사탄이라고 한다면 그 책임을 물어 단지 사탄만 멸하면 된다. 인간이 원죄의 고통을 당할 이유가 없다.

십계명 중에서 마음의 행위를 규정한 계명은 오직 열 번째 '탐심 금지' 조항밖에는 없다. 그것은 탐욕을 인간이 짓는 모든 죄의 시초로 보기 때문임을 우리에게 말해 준다. 바울은 탐욕을 죄의 핵으로 이해하는 유대교의 전통을 따라 율법을 설명한다. 우리에게는 낯설지만 유대교의 전통을 잘 아는 유대인들은 율법의 역할과 성격에 대해 탐심을 예로 들어 설명하는 본문을 잘 이해할 수 있었을 것이다. 야고보서에서도 유대적 전통에 입각하여 이 탐심이 죄와 사망의 근원이 된다고 말하고 있다.[124]

두 번째 의문점인 '탐내지 말라고 하는 계명이 죄를 인식하게 하는 것에 그치지 아니하고, 죄가 계명을 통해 들어와 우리를 더욱 죄 되게 하는지' 에 대해 보자. 이는 율법의 심리적인 면을 지적한 것이다. '탐내지 말라' 는 계명을 통해 우리는 탐심이 죄라는 것

123) 참고. 계 12:9, 큰 용이 내쫓기니 옛 뱀 곧 마귀라고도 하고 사탄이라고도 하며 온 천하를 꾀는 자라 그가 땅으로 내쫓기니 그의 사자들도 그와 함께 내쫓기니라.
계 20:2, 용을 잡으니 곧 옛 뱀이요 마귀요 사탄이라 잡아서 천 년 동안 결박하여.

124) 약 1:14~15, 오직 각 사람이 시험을 받는 것은 자기 욕심(ἐπιθυμία)에 끌려 미혹됨이니 욕심이 잉태한즉 죄를 낳고 죄가 장성한즉 사망을 낳느니라(야고보서의 '욕심' 과 '탐욕' 은 원어로는 같은 단어가 쓰였다).
탐심이란 단어는 '에페뒤미아' (ἐπιθυμία)로 다른 곳에서는 정욕이란 말로 쓰였다. 이는 금지된 것을 동경하는 것, 정욕, 욕망 등의 뜻이다(롬 1:24, 6:12, 13:14; 갈 5:16; 엡 4:22 등).

을 알게 된다. 그러므로 우리가 남의 것을 탐내면 죄를 지었다는 사실을 깨닫게 된다. 이것이 죄의식이다.

죄의식이 없을 때에는 양심의 가책을 느끼지 않으므로 죄에 대해 자유롭다.[125] 하지만 죄의식이 생김으로 말미암아 죄가 우리의 자유를 박탈하므로 죄는 살아나고 우리는 죄로 인해 죽는 것이다. 이를 바울은 "전에 율법을 깨닫지 못했을 때에는 내가 살았더니 계명이 이르매 죄는 살아나고 나는 죽었도다 생명에 이르게 할 그 계명이 내게 대하여 도리어 사망에 이르게 하는 것이 되었도다"[126]라고 말한다.

율법과 죄의식의 관계를 좀더 살펴보자. 죄의식은 관계 속에서 생겨난다. 즉 하나님과 사람, 사람과 사람 사이에서 그 관계가 바람직스럽지 못하고 온전하지 못할 때 나타나는 후회, 부끄러움과 같은 감정이 죄의식이다. 율법은 하나님과 사람, 사람과 사람 사이가 사랑과 정의의 관계가 되도록 규정하고 이를 실천하도록 한 것이다. 그러므로 율법을 온전히 지키지 못하면 하나님과 사람, 사람과 사람 사이의 관계가 온전하지 못하므로 당연히 죄의식이 생겨나게 된다.

다시 말하자면 율법은 선하고 의로운 것이다. 율법의 핵심은 사랑이어서 율법의 행위는 사랑을 완성한다.[127] 율법은 항상 관계 속에서 선을 행하도록 규정하고 있다. 하지만 인간의 행위가 율법

125) 참고. 롬 5:13, 죄가 율법 있기 전에도 세상에 있었으나 율법이 없었을 때에는 죄를 죄로 여기지 아니하였느니라.

126) 롬 7:9~10.

127) 마 22:37~40, 롬 13:10을 보라.

의 요구를 충족시키지 못할 때가 문제이다. 그때 우리에게 죄의식이 생겨난다. 죄의식이라는 현대 심리학의 용어를 모르는 바울은 이를 죄가 살아난다(깨어난다)고 표현한 것이다. 이 죄의식은 우리를 끊임없이 죄인으로 몰아세우기에 죄를 더욱 죄 되게 한다고 한 것이다.

그러므로 율법으로부터의 자유는 곧 죄의식의 치유를 말한다. 죄의식의 치유는 죄를 용서받는 체험 없이는 결코 치유되지 않는다. 다시 말하면 죄의 문제를 해결하는 길은 그 죄가 없어지는 것인데, 이것은 회개함으로 이루어진다. 하지만 심리적인 문제인 죄의식은 회개만으로 치유되지 않는다. 나의 회개를 하나님이 받으시고 나를 용서하셨다는 죄 사함의 확신이 있어야 비로소 치유된다. 그러므로 죄의식의 치유는 죄 사함의 은혜에 대한 체험이 없이는 불가능하다.

세 번째 의문점인 '율법이 하나님께로부터 온 선하고 의로운 것임에도 불구하고 왜 죄를 위한 기회로 작용하는가'에 대해 살펴보자. 율법은 선하고 의로운 것인데, 언제 선하고 의로운 것인가? 항상 그런가? 그렇지 않다. 항상 의롭고 선한 것이라면 죄의 기회로 작용해서는 안 된다. 항상 선한 것이라면 율법 때문에 죄의식을 느끼고 괴로워해서도 안 된다.

은혜 아래 있을 때만 율법이 선하고 의로운 것이 된다. 우리가 율법을 지키고 주야로 묵상하며 율법을 통해 하나님과 관계할 때, 율법은 지극히 선하고 영적인 것이다. 하지만 우리가 은혜 아래 있지 아니하면 율법을 지키더라도 하나님과 사람의 관계가 서먹해지게 된다. 이럴 때 오히려 율법이 우리에게 걸림돌이 된다. 우리에게 죄의식을 가져다주므로 율법으로 인해 죽음에 이르게 된다. 그러므로 율법이 죄의 기회가 된다.

율법이 선의 기회로 작용하느냐, 죄의 기회로 작용하느냐 하는 기준은 우리가 은혜 아래 있느냐, 그렇지 못하느냐에 달려 있다. 이는 율법을 은혜로 생각하느냐, 아니면 지켜야만 하는 명령이나 공적(功績)을 쌓기 위한 행위로 생각하느냐의 문제이다. 율법을 은혜로 받아들이고 은혜 가운데 율법을 성실히 지킬 것을 요구한 것이 예언자들이다. 그러나 율법을 지켜야만 하는 명령으로 인식하고 율법을 지키기 위한 끊임없는 희생을 강요하는 것은 율법주의이다.

바울은 행함을 강요하고 그 행함의 공로로 의를 이루려고 하는 율법주의를 배격하고 은혜 가운데 사랑을 실천함으로 율법의 요구를 완성하라고 주장하는 것이다. 그렇지 않으면 율법주의의 늪에 빠지게 되어, 살리는 법이 오히려 죽이는 법이 된다. 이 율법주의의 늪이 아담의 세계이다.

율법적 신앙과 복음적 신앙

율법적 신앙을 버리고 복음적 신앙을 가져야 한다는 말을 우리는 자주 한다. 무엇이 율법적 신앙이고, 무엇이 복음적 신앙인가? 열심히 봉사, 전도를 하고 통성 기도, 철야기도 등 뜨겁게 신앙생활을 하는 것을 복음적 신앙인 것처럼, 또는 소리 내어 기도하지도 않고 박수도 치지 않고 이성적으로 신앙생활을 하는 것 등을 율법적 신앙처럼 말한다. 물론 그런 것은 아니다.

결론적으로 말하자면 율법적 신앙과 복음적 신앙의 기준은 무엇을 하느냐 하지 않느냐, 체험이 있느냐 없느냐에 있는 것이 아니라, 은혜로 하느냐, 의무로 하느냐에 달려 있다. 복음적 신앙과 율법적 신앙은 칼로 무 자르듯이 나누어지는 것은 물론 아니다. 이는 정도의 차이를 구별할 뿐이다.

율법과 복음은 둘 다 체험에서부터 나온 것이다. 율법은 출애굽과 시내 산에서의 체험으로부터 시작된 것이며, 복음은 그리스도의 십자가의 체험으로부터 시작된 것이다. 모름지기 모든 신앙은 체험으로부터 시작된다. 만약에 율법적 신앙을 체험이 없는 신앙이라고 한다면 유대교는 종교가 아니라, 윤리도덕에 불과할 뿐이라는 어처구니없는 결론에 도달하게 된다. 체험이 없는 신앙은 윤리도덕에 지나지 않는다. 그러므로 체험은 율법적 신앙과 복음적 신앙의 기준이 될 수 없다.

문제는 우리가 체험을 단지 현상적인 것, 즉 어떤 뜨거움이나 감정적인 것으로 몰아가는 경향이 있다는 것이다. 체험은 현상적인 것이 아니다. 체험으로부터 현상적인 것이 나오는 것이다. 은사 체험을 믿음의 체험이라고 생각해서는 안 된다. 은사 체험은 사역을 위한 체험일 뿐이다.[128] 체험은 그리스도를 믿는 믿음의

128) 고전 12:7~11, 성령께서는 각 사람에게 각각 다른 은총의 선물을 주셨는데 그것은 공동이익을 위한 것입니다. 어떤 사람은 성령에게서 지혜의 말씀을 받았고 어떤 사람은 같은 성령에게서 지식의 말씀을 받았으며 어떤 사람은 같은 성령에게서 믿음을 받았고 어떤 사람은 같은 성령에게서 병 고치는 능력을 선물로 받았습니다. 어떤 사람은 기적을 행하는 능력을, 어떤 사람은 하느님의 말씀을 받아서 전하는 직책을, 어떤 사람은 어느 것이 성령의 활동인지를 가려 내는 힘을, 어떤 사람은 여러 가지 이상한 언어를 말하는 능력을, 어떤 사람은 그 이상한 언어를 해석하는 힘을 받았습니다. 이 모든 것은 같은 성령께서 하시는 일입니다. 성령께서는 이렇게 당신이 원하시는 대로 각 사람에게 각각 다른 은총의 선물을 나누어 주십니다(공동번역).

핵심이다. 믿음은 우리를 그리스도와 하나로 묶는다. 그러므로 체험은 그리스도 자체이다. 따라서 모든 체험은 감정이나 은사와 같은 현상에 머물러서도 안 되며, 체험을 위한 현상을 추구해서도 안 된다. 모든 체험을 내면화하지 않으면 현상에 휘말리게 된다.

율법은 출애굽의 체험과 시내 산에서의 하나님 체험을 삶 속에서 재현하며 살도록 규정해 놓은 것이다. 또한 그리스도의 체험에 대한 교회 공동체의 고백을 문자화한 것이 교리이다. 체험을 문자화한다는 것은 그 편리함과 잘못된 신앙으로 빠질 위험성을 방지한다는 의미에서는 긍정적이지만, 실제로는 매우 위험한 일이다. 왜냐하면 체험은 문자화할 수 없는 것이기 때문이다. 체험을 문자로 규정하면 생명력을 잃게 된다. 또한 후에 체험의 긴장감이 사라질 때, 문자만 남게 되면 알맹이 없는 신앙의 형태, 즉 형식주의나 교조주의 또는 문자주의로 전락하기 때문이다.

율법이 형식주의가 되었다는 것은 율법 정신의 실현 대신에 종교적으로 습성화되었다는 것을 의미한다. 이는 은혜로 율법을 준수하는 것이 아니라 의무나 명령으로서 율법을 지키게 되었다는 것을 의미하며, 마음의 간절함이 없이 그저 습관적으로 신앙생활을 하게 되었다는 것을 의미한다. 예언자, 특히 예레미야가 주장한 새 언약[129)]이나 이사야의 메시아 사상 등과 같은 예언자 운동

---

129) 렘 31:31~33, 여호와의 말씀이니라 보라 날이 이르리니 내가 이스라엘 집과 유다 집에 새 언약을 맺으리라 이 언약은 내가 그들의 조상들의 손을 잡고 애굽 땅에서 인도하여 내던 날에 맺은 것과 같지 아니할 것은 내가 그들의 남편이 되었어도 그들이 내 언약을 깨뜨렸음이라 여호와의 말씀이니라 그러나 그날 후에 내가 이스라엘 집과 맺을 언약은 이러하니 곧 내가 나의 법을 그들의 속에 두며 그들의 마음에 기록하여 나는 그들의 하나님이 되고 그들은 내 백성이 될 것이라 여호와의 말씀이니라.

은 율법의 형식주의, 종교적 습성화를 타파하라는 것이다.

형식주의는 왜 나오는가 하는 문제를 좀더 깊이 생각해 보자. 은혜로 율법을 준수하면 죄의식에 빠지지 않는다. 은혜 가운데 있는 사람이 율법을 지키지 못했을 때에는 자신의 나약함을 하나님 앞에 고발하고 하나님의 은혜를 간구한다. 이때 하나님의 능력과 죄 사함의 은총이 임함으로 더 큰 하나님의 은혜를 체험하기에 죄의식이 아니라 감사가 넘치게 된다. 하지만 율법을 의무나 명령으로 인식하게 되면, 앞서 보았듯이 필연적으로 죄의식이 뒤따라 나온다. 이는 의무를 이행하지 못하고 명령을 수행하지 못함으로 오는 심리적 현상이다.

물론 죄의식이 다 나쁜 것은 아니다. 죄의식이 은혜 안에 있느냐, 아니면 은혜 밖에 있느냐에 따라 그 결과가 달라진다. 은혜 안에 있는 죄의식은 우리가 하나님 앞에서 죄인임을 의식하게 하는 것이므로 우리로 하여금 회개와 정화의 단계로 나아가게 한다. 매우 유익한 신앙인의 모습이다. 그러면 은혜 밖에 있는 죄의식이 문제인데, 이는 죄 문제를 자기 의로 해석하기 때문이다. 그러므로 율법적인 신앙의 문제가 된다.

은혜가 아닌 심리적 현상으로서의 죄의식은 더욱더 사람을 옭죄어 끊임없이 율법 준수에 매달리게 한다. 이 악순환에 빠져들면, 죄의식으로부터 탈출할 수 있는 길은 마음이나 은혜가 아니라 행위로라도 율법을 지켜야만 하는 것뿐이다. 이것이 현대 심리학에서 말하는 합리화이다. 죄의식으로부터 오는 고통을 상쇄하기 위해 율법을 의무화하고 의무화된 율법을 지키는 것이 하나님을 잘 섬기는 일이라고 스스로 자위하는 합리화이다. 이 죄의식은 한결음 더 나아가 사람을 신앙의 완벽주의, 율법의 완벽주의로 전락시킨다.

완벽주의의 신앙 양태는 문자주의나 근본주의의 그릇된 형태로 나타난다. 문자주의나 근본주의가 은혜를 동반하여 나타날 때는 순수한 신앙을 유지하고 지켜나가기에 매우 유익하고 바람직하지만, 은혜가 없이 의무로 지켜나갈 때에는 사람을 끊임없이 고갈시키고 지치게 만든다. 신앙의 완벽주의는 일종의 강박관념(complex)이다. 하나님께서 우리에게 완전하게 행할 것을 요구하신다는 믿음이 그렇게 만드는데, 이는 믿음의 오류이다.

하나님께서 아브라함이 99세 때 나타나셔서 "나는 전능한 하나님이라 너는 내 앞에서 행하여 완전하라"130)고 말씀하셨다. 여기서 '완전'이란 단어는 히브리어로 '타밈'(תָּמִים)으로 이는 도덕적인 행위의 완전, 또는 율법적 행위의 완전을 의미하는 것이 아니라 하나님과의 관계에 있어서 흠 없고 진실한 마음의 상태를 뜻하는 단어이다. 그러므로 형식주의로 인한 죄의식이나 완벽주의로 인한 강박관념은 신앙의 순수성과는 상관없는 치유받아야 할 대상일 뿐이다.

자, 이제 율법적 신앙이 무엇인지 알 수 있을 것이다. 율법적 신앙은 형식주의나 완벽주의적인 신앙, 이로 인한 의무나 강박관념으로 하는 신앙생활을 말한다. 처음부터 율법적인 신앙을 가지는 경우는 없다. 신앙을 가진다는 자체가 이미 체험을 근거로 하기 때문이다. 그 체험이 현상적으로 나타나 체험하였다는 것을 확실

130) 창 17:1. 참고. 신 18:13; 시 18:23, 119:1; 잠 20:7 등.

하게 인식하든, 아니면 내면적인 체험을 하였든 상관없다.

물론 체험의 강도에 따라 느끼는 정도는 각각 다르지만 복음을 체험하면 우리는 모든 속박으로부터 자유를 누리게 된다. 구원에 대한 고민도 사라지고 죽음에 대한 공포도 사라진다. 죄의식이 더 이상 나를 괴롭히지 못한다. 그리스도에 대한 의심도 간 곳이 없어진다. 오직 구속한 주님만 보이는 것이다. 이럴 때는 말씀을 현실에 적용하고 주를 위한 헌신을 기쁨과 감사로 하게 된다. 주일 성수와 십일조, 전도는 누가 시키지 않아도 스스로 하게 된다.

하지만 변화산[131]은 우리가 살아가는 곳이 아니다. 수고하지 아니하고 주께서 주시는 만나와 메추라기를 먹고 구름기둥과 불기둥의 인도하심을 받으며 살아가는 광야도 아니다. 우리가 수고하고 땀 흘려 먹고 사는 가나안이 우리가 사는 곳이다. 이곳에는 선악과도 있고 생명과도 있다. 뱀의 유혹도 있고 각종 시험도 있다. 부족함과 안타까움이 여전히 존재한다. 속상함을 넘어선 분노가 우리를 가만히 두지 않는다.

이러한 세상적인 것들이 우리의 체험의 기쁨과 감사를 점차 잠식해 가는데, 이럴 때 우리가 느끼는 것이 영적 공허감이다. 이 영적 공허감을 어떻게 처리하느냐에 따라 복음적 신앙과 율법적 신앙으로 나뉘게 된다. 영적 공허감을 은혜로 극복해가면 우리는 삶 속에서 항상 기뻐하고 범사에 감사하는 은혜의 삶, 그리스도와 함께하는 삶을 살아간다. 이것이 복음적 신앙이다. 이런 사람은 결코 지치는 법이 없다. 하지만 영적 공허감을 행위로 해결하려면

131) 막 9:2~9를 보라.

필연적으로 율법적 신앙으로 전락하고 만다.

율법적 신앙은 은혜가 의무로 바뀐 것이다. 신앙을 의무나 명령으로 인식하게 될 때 그 의무를 다하지 못하면 당연히 죄의식이 뒤따라온다. 죄의식은 회개로 극복되는 것이 아니다. 죄의식은 치유받아야 하는 것이다. 죄의식은 오직 은혜만이 치유할 수 있다. 죄의식은 형식주의를 낳고, 나아가 완벽주의를 불러들인다. 이쯤 되면 신앙은 강박관념으로 자리잡아 오히려 신앙생활이 우리를 속박하게 된다. 예전에 가졌던 신앙의 기쁨은 사라지고 예수 믿는 것이나 봉사, 헌신, 전도 등을 의무로 하게 되니 지치고 힘들게 된다.

봉사, 헌신, 전도 등은 성도로서 당연히 해야만 하는 것이니 힘들어도 주를 위해 해야 한다고 말하지만, 당연히 해야만 한다는 것 자체가 이미 죄의식으로부터 나온 것이다. 당연히 해야 한다는 당위성은 이미 신앙이 콤플렉스(complex)에 빠졌다는 것이다. 의무로 하는 신앙을 우리는 '구레네 사람 시몬'이 억지로 지는 십자가[132]라고 미화시키지만, 이는 일상이 아닌 강압에 의한 일회적인 사건을 말하는 것이지 시몬이 평생 의무로 십자가를 진 것은 분명 아니다.

의무로 하는 율법적 신앙이 왜 나쁜가? 왜 우리는 율법적 신앙을 버려야 하는가? 예를 들면 다음과 같다. 성경은 우리와 주님을 부부관계로 설명한다. 주님은 신랑이시고 우리는 그의 신부이다. 결혼생활은 사랑으로 해야 행복하다. 서로가 사랑하는 마음으로 서로를 위하고, 서로에게 최선을 다할 때, 가정은 천국이 된다.

---

132) 막 15:21, 마침 알렉산더와 루포의 아버지인 구레네 사람 시몬이 시골로부터 와서 지나가는데 그들이 그를 억지로 같이 가게 하여 예수의 십자가를 지우고.

그런데 사랑이 식고 부부의 의무만이 남았다고 하자. 남편이 월급을 꼬박꼬박 가져다주고, 퇴근 시간에 맞춰 집에 들어오고, 한눈 팔지 않고 가정사도 잘 챙기는데, 정작 사랑이 없다면 어떻겠는가? 사랑 없는 부부관계, 사랑 없는 저녁식사, 사랑 없이 의무만 남은 잠자리, 의무로 하는 대화. 조건이나 돈 때문에 결혼한 여자라면 견딜 수 있겠지만 사랑해서 결혼한 사람이라면 미치지 않는 것이 다행일 것이다. 이러려고 결혼했나 하고 수없이 자책할 것이다.

이를 하나님과의 관계로 적용해 보자. 하나님과 우리 관계는 모름지기 사랑의 관계여야 한다. 하나님은 사랑이시므로 우리가 그 사랑에 사랑으로 응답하는 관계이다. 그런데 우리가 하나님을 사랑이 아닌 의무로 상대한다고 하면 하나님의 마음은 어떠하실까? 사랑 때문에 십자가 위에서 죽기까지 하셨는데, 사랑 때문에 모든 것을 다 내어주셨는데, 우리가 사랑 없이 의무로만 하나님을 대한다면 그 심정이 어떠하실까?

의무로 하나님을 대하고 의무로 제사를 드리는 이스라엘에게 하나님은 이렇게 말씀하셨다. "소를 죽여 제물을 바치는 자는 사람을 쳐 죽이는 자와 같다. 양을 잡아 희생제물로 바치는 자는 개의 목을 부러뜨리는 자와 같다. 부어 드리는 제물을 바치는 자는 돼지의 피를 바치는 자와 같다. 분향을 드리는 자는 우상을 찬미하는 자와 같다."133)

"바리새인은 서서 따로 기도하여 이르되 하나님이여 나는 다른 사람들 곧 토색, 불의, 간음을 하는 자들과 같지 아니하고 이 세리

133) 사 66:3(표준새번역).

와도 같지 아니함을 감사하나이다 나는 이레에 두 번씩 금식하고 또 소득의 십일조를 드리나이다 하고 세리는 멀리 서서 감히 눈을 들어 하늘을 쳐다보지도 못하고 다만 가슴을 치며 이르되 하나님이여 불쌍히 여기소서 나는 죄인이로소이다 하였느니라." 예수께서는 하나님께 의롭다 인정받은 사람이 바리새인이 아니라, 세리라고 말씀하셨다.[134]

의무로 하는 십일조, 의무로 하는 주일 성수, 봉사, 전도, 새벽기도 등은 하나님께 인정받지 못할 뿐더러 주님을 기쁘시게 하지 못한다. 그러기에 율법적 신앙을 버리라고 하는 것이다. 바리새인처럼 의무로 하느니 차라리 세리처럼 "십일조, 주일 성수 못하는 이 죄인을 용서하옵소서"라고 기도하는 것을 하나님은 더 기뻐하신다.

바울은 율법의 형식주의에 빠질 위험을 알고 있기에 율법으로부터의 자유를 역설하는 것이다. 이는 우리에게도 그대로 적용되는데, 즉 율법적 신앙에 빠져 의무로 하지 않고 은혜 가운데 자유로 하는 신앙, 주님을 사랑하기에 봉사도 하고 헌신도 하고, 주님을 사랑하기 때문에 죄를 선택하지 않고 의를 선택하며, 사랑 때문에 죄인의 자리에 앉지 아니하고, 오만한 자들과 함께하지 아니하는 것이다. 이것이 복음적 신앙이다. "너희가 이같이 어리석으냐 성령으로 시작하였다가 이제는 육체로 마치겠느냐."[135]

율법적 신앙을 버리고 복음적 신앙으로 되돌아오는 길은 오직 하나밖에 없다. 형식적인 부부관계를 청산하려면 신혼으로 되돌

134) 눅 18:10~14.
135) 갈 3:3.

아가 그때의 사랑을 회복하여야 하는 것처럼, 의무적인 신앙을 버리려면 처음 주님을 만났던 그때로 되돌아가는 길밖에 없다. 첫 사랑을 회복할 때 영적 공허감이 해소되며, 죄의식과 강박관념이 사라지게 된다. 주님과 함께 은혜 가운데 누리는 참 자유, 기쁨, 감사의 삶을 살게 된다.

3. 현실 속에서의 자유와 갈등

〉〉〉 **7장 14~25절**

우리가 율법은 신령한 줄 알거니와 나는 육신에 속하여 죄 아래에 팔렸도다 내가 행하는 것을 내가 알지 못하노니 곧 내가 원하는 것은 행하지 아니하고 도리어 미워하는 것을 행함이라 만일 내가 원하지 아니하는 그것을 행하면 내가 이로써 율법이 선한 것을 시인하노니 이제는 그것을 행하는 자가 내가 아니요 내 속에 거하는 죄니라 내 속 곧 내 육신에 선한 것이 거하지 아니하는 줄을 아노니 원함은 내게 있으나 선을 행하는 것은 없노라 내가 원하는 바 선은 행하지 아니하고 도리어 원하지 아니하는 바 악을 행하는도다 만일 내가 원하지 아니하는 그것을 하면 이를 행하는 자는 내가 아니요 내 속에 거하는 죄니라 그러므로 내가 한 법을 깨달았노니 곧 선을 행하기 원하는 나에게 악이 함께 있는 것이로다 내 속사람으로는 하나님의 법을 즐거워하되 내 지체 속에서 한 다른 법이 내 마음의 법과 싸워 내 지체 속에 있는 죄의 법으로 나를 사로잡는 것을 보는도다 오호라 나는 곤고한 사람이로다 이 사망의 몸에서 누가 나를 건져내랴 우리 주 예수 그리스도로 말미암아 하나님께 감사하리로다 그런즉 내 자신이 마음으로는 하나님의 법을 육신으로는 죄의 법을 섬기노라.

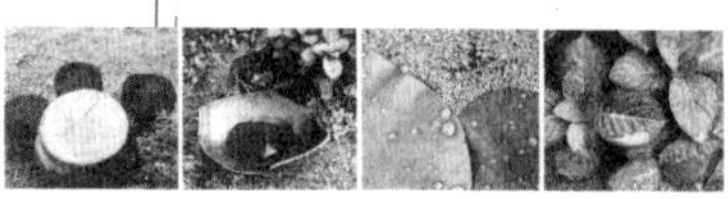

바울은 5장부터 이제까지 의롭다 하심을 받은 사람은 죽음의 세계인 아담의 세계로부터 그리스도의 세계인 생명과 영생으로 옮겨졌으며, 세례를 예로 들어 의인은 죄에 대해 죽고 그리스도와 함께 살아나 의의 종으로 살아가게 된다고 말한다. 또한 의롭게 된 자는 율법에 대해서도 죽었으므로 율법의 모든 의무로부터 자유롭게 된 자라고 주장했다. 논리적인 일관성을 가지고 마치 청자 항아리처럼 매끈하고 군더더기 없이 논의를 진행해 왔다. 그러다가 본문에 와서는 갑자기 주어와 시제가 바뀌면서 죄와 그로 인한 현실 속에서의 갈등을 아주 비관적인 어조로 탄식하듯 서술하고 있다.

죄에 대해 죽은 자가 또 무슨 죄가 남아 있어 죄에 사로잡혀 있다고 하는가? 그리스도와 함께 살아난 자에게 죄의 법은 무엇이고, 마음의 법은 또 무엇이란 말인가? 죄에 사로잡혀 다시 죄의 종이 되어 사망의 몸에서 허덕이는 모습은 의인 이전의 모습인가? 아니면 의인 이후의 모습을 말하는 것인가? 의인 이후의 모습이라면 믿음으로 의롭다 하심을 받은 것은 무슨 효력이 있는가? 의인은 마음으로는 하나님의 법을, 육신으로는 죄의 법을 따르는 사람인가? 여러 모로 본문은 우리를 당황스럽게 한다.

본문도 5장의 아담 모형론 못지않은 난해한 부분이다. 본문이 난해한 이유는 몇 가지 문제들이 명쾌하게 해석되지 않기 때문이다. 이들을 하나씩 정리해 가지 않으면 본문의 의미를 제대로 파악할 수 없게 된다. 첫째로는 주어로 쓰인 '나'(에고, ἐγώ)가 누구를 말하느냐 하는 것이다. 왜냐하면 표면적으로는 저자인 바울이지만 내용으로는 바울일 가능성이 희박하기 때문이다.

둘째로는 시제인데, 앞의 본문과는 달리 이 본문에서는 현재시제를 쓰고 있다. 이를 저자의 문제와 결부시켜 본다면 바울이 자신의 현재 상태를 서술한 것처럼 보이기 때문이다. 만약에 저자가 바울이라면 과거시제를 써야 할 것 같은데 현재시제를 사용함으로, 본문이 말하고자 하는 것이 과연 의인 이전을 말하는 것이냐 아니면 의인 이후를 말하는 것이냐 하는 문제를 야기한다.

셋째로는 의인의 결과 인간이 누리는 자유로 바울은 죽음, 죄, 율법으로부터의 자유를 말하는데, 이 자유를 설명한 후 또다시 죄 가운데서 갈등하는 인간의 죄 문제를 거론하는 이유는 무엇인가? 그리고 우리 주 예수 그리스도를 통하여 나를 건져 주신 하나님께 감사를 드린다고 한 후에 또다시, 내가 마음으로는 하나님의 법에 복종하고, 육신으로는 죄의 법에 복종하고 있다고 말하는 바울의 의도가 무엇인가? 이것은 본문을 이곳에 기록한 바울의 의도를 밝히는 것인데, 적어도 5장 이후와 8장이 어떻게 연결되느냐 하는 것이다.

이외에도 본문을 전개해 나가면서 새롭게 등장하는 용어들 '육신, 속사람, 마음, 지체, 몸' 등의 의미가 무엇인가 하는 것들이다. 대략 위에서 열거한 세 가지 문제들과 이들을 설명하기 위한 용어들이 정리되고 나면, 본문이 왜 이곳에 기록되었는지 그리고 본문을 통해 바울이 말하고자 하는 것이 무엇인지가 드러나게 될 것이다.

본 절에서는 첫째와 둘째 질문을 하나로 묶어 '주어와 시제'로, 두 번째로 새로운 용어들의 의미를 정리한 후, 세 번째로는 이러한 검토를 바탕으로 본문을 종합적으로 설명해 나갈 것이다. 그리고 마지막으로 의인 이후에 죄를 짓는 문제에 대해 생각해 보고자 한다.

주어와 시제

본문을 이해하는 데 가장 중요한 것은 주어로 쓰인 '나'(ἐγώ)가 누구인지를 밝히는 일이다. 물론 로마서의 저자가 바울이므로 '에고'(ἐγώ)를 바울이라고 하면 된다. 하지만 그렇게 될 경우 몇 가지 문제들이 생겨난다. 또한 다른 부류의 사람들을 말한다고 할 경우에는 왜 '나' 라는 일인칭 단수를 썼을까 하는 것도 의문점이다. 그러므로 여기서는 모든 가능성을 가지고 '에고' 가 누구인지를 밝혀야 한다. 이 문제가 해결되면 왜 바울이 시제를 현재시제로 사용했는지도 자연히 밝혀지게 될 것이다.

첫째로, 바울 자신일 경우를 생각해 보자. 이 경우 두 가지를 고려해야 한다. 즉 바울의 과거의 경험을 쓴 것인가, 아니면 현재 자신의 상태를 기록한 것인가 하는 것이다. 우선 바울이 현재 자신의 신앙상태에서 오는 갈등을 기록한 것이라는 가정 하에서 본문을 보자. 그럴 경우 본문의 시제가 현재시제로 되어 있는 것은 당연하다.

바울이 로마서를 쓸 당시 그는 환갑을 목전에 둔 나이로 순교를 2, 3년 앞둔 시기이다. 목회 서신을 바울의 작품이 아니라고 한다면 로마서는 바울의 최후의 작품이다. 완숙해질 대로 완숙한 그리스도를 향한 바울의 신앙 고백이 로마서 글자 하나하나에 스며 있다.[136] 그러한 바울이 "아, 나는 비참한 사람입니다. 누가 이 죽음의 몸에서 나를 건져 주겠습니까?"[137]라는 좌절에 가까운 고백을 할 수 있다는 것이 의문점이다. 따라서 바울 서신 전체를 보더라도 이것은 바울 자신의 현재 상태의 고백으로 볼 수 없다는 결론에 이른다.

그렇다면 바울 자신의 과거의 경험, 즉 그리스도를 만나는 다메섹 체험 이전의 경험을 회상하는 고백으로 봐야 하는가? 본문의 내용을 보면 충분히 그럴 수 있다. 하지만 과거의 경험이라면 문법상 과거시제를 써야 하는데 바울은 현재시제를 쓰고 있다는 점이 문제이다. 물론 이 문제는 당시 로마에서 행해지고 있던, 그리고 지금도 영화나 연극에서 사용하고 있는 플래시백(flashback)으로 본다면 설명이 가능하다. 플래시백은 과거 회상 장면으로의 전환으로, 배우가 과거를 회상할 때 마치 현재처럼 연극하는 것이다. 바울이 이 기법을 써서 자신의 과거를 마치 현실처럼 회상했다고 보는 것이다.

그러나 플래시백으로 설명하는 것은 하나님의 법과 죄의 법 사이에서 갈등하는 체험 이전은 설명해 줄 수 있어도 왜 사전 설명도 없이 그것을 여기에 기록해 놓았느냐 하는 점은 해결하지 못한

---

136) 롬 14:8, 우리가 살아도 주를 위하여 살고 죽어도 주를 위하여 죽나니 그러므로 사나 죽으나 우리가 주의 것이로다.
갈 2:20, 내가 그리스도와 함께 십자가에 못 박혔나니 그런즉 이제는 내가 사는 것이 아니요 오직 내 안에 그리스도께서 사시는 것이라 이제 내가 육체 가운데 사는 것은 나를 사랑하사 나를 위하여 자기 자신을 버리신 하나님의 아들을 믿는 믿음 안에서 사는 것이라.
빌 1:20~21, 나의 간절한 기대와 소망을 따라 아무 일에든지 부끄러워하지 아니하고 지금도 전과 같이 온전히 담대하여 살든지 죽든지 내 몸에서 그리스도가 존귀하게 되게 하려 하나니 이는 내게 사는 것이 그리스도니 죽는 것도 유익함이라.

137) 24절(표준새번역).

다. 만약에 과거 자신의 상태, 의인 체험 이전 상태를 기록한 것이라면 적어도 2장쯤에 기록해 놓아야 한다. 즉 논리적으로 맞지 않는다. 따라서 플래시백은 설명을 위한 설명에 지나지 않는다. 따라서 두 가지 측면에서 볼 때 본문에서 가리키는 '나'는 바울 자신을 말하는 것이 아니라는 결론에 도달한다.

둘째로, 바울이 아니라면 누구인가? 본문의 도입부분 14~16절은 앞의 내용을 정리하며 반복하고 있다. "그런 일을 하면서도 그것을 해서는 안 되겠다고 생각하는 것은, 곧 율법이 선하다는 사실에 동의하는 것입니다"138)라는 말은 앞의 율법의 속성을 재론하고 있는 것이다. 바울이 율법에 대한 논의를 계속 연장해서 말하고 있다면 여기서 말하는 '나'는 유대인 중에서도 율법의 한계와 그 속성에 대해 갈등을 일으키는 경건한 유대인이라고 말할 수 있다. 신앙 안에서 율법 문제를 아직까지 해결하지 못한 유대인을 말한다는 가정이 충분히 성립될 수 있다.

본문이 20절까지만 있다면 이것도 훌륭한 추론이 될 수 있다. '나'를 경건한 유대인이라고 생각하고 읽는다면 20절까지는 매우 설득력이 있다. 하지만 21절 이하에서는 '나'의 관점이 어떤 개인을 말한다고 보기에는 힘들 정도로 보편적인 실존의 문제로 서술되어 있다. 또한 21절 이하에서는 더 이상 율법을 말하지 않는다는 것이다. '하나님의 법', '마음의 법', '지체 속에 있는 법', '죄의 법' 등은 율법과 상관없다. '하나님의 법'과 '마음의 법'이 율법의 반대 개념으로 쓰이지 않았으며, 바울은 율법을 '죄의 법'이

---

138) 16절(표준새번역).

나 '지체 속에 있는 법' 으로 그 어디에서도 표현하지 않았다는 것이다. 그러므로 경건한 유대인일 것이라는 추론도 일관적이지 않으므로 타당하지 않다.

셋째로, '에고' 가 바울도 아니고, 가장 가능성이 있는 것처럼 보이는 경건한 유대인도 아니라면 누구인가? 아무도 아니라면 아무일 수도 있다. 본문을 다시 보자. 본문은 두 부분으로 나눠지는데, 첫 단락인 14~20절에서는 의지와 행동 사이의 모순에 대해, 다음 21~24절에서는 하나님의 법을 따르는 속사람과 죄의 법을 따르는 겉사람 사이의 괴리감, 또는 그로 인한 무력감에 대해 말하고 있다. 이 괴리감, 또는 무력감을 사회학에서는 소외라고 한다.

이러한 모순과 소외현상은 모든 인간이 공통적으로 느끼는 감정의 한 현상이다. 그가 경건한 인간이든 불경건한 인간이든, 또는 의인(義認)을 체험하였든 의인 이전에 속하였든 상관없이 인간은 누구나 현실과 이상의 괴리, 또는 현실과 신앙의 모순으로 인해 항상 무력감을 경험하게 된다. 죄 가운데 살아가는 사람은 죽음과 영생 사이에서 느끼는 좌절감을, 죄 사함을 받고 믿음으로 의롭다 하심을 얻은 사람은 현실을 신앙으로 극복하지 못하는 자신의 미성숙에서 오는 좌절감을 가지고 있다. 이 좌절감이 모든 사람으로 하여금 탄식하도록 만든다.

바울은 이와 같이 모순과 소외로 탄식할 수밖에 없는 사람을 '나' 라고 하였다. 그러므로 '나' 는 실존적 의미에서 모든 사람에게 적용되는 인간의 보편적 상태를 의미한다. 따라서 '에고' 의 주체가 바울도 아니고 경건한 유대인과 같은 특정인도 아니라 모든 인간에게 해당된다. 아무도 아니라면 아무일 수도 있다. 즉 '나'

($\acute{\epsilon}\gamma\acute{\omega}$)는 바울도 될 수 있고, 유대인도 될 수 있고, 그 누구도 될 수 있다. 그리스도에 비추어 보면 본문에서의 나는 이 글을 쓰고 있는 나이며, 읽고 있는 나이다.

이와 같이 특정인이 아닌 일반인 모두를 대상으로 누구에게나 적용될 수 있는 형식으로 기록한 것을 우리는 시편의 탄식시의 유형에서 찾아볼 수 있다. 탄식시는 개인, 또는 집단이 자신의 처지, 감정, 상태를 하나님께 토로하는 형식이다.[139] 바울은 시편의 탄식시의 유형으로 모든 사람들이 현실과 신앙 사이에서 겪는 갈등과 모순, 그로 인한 자신과 하나님을 향한 괴리감을 토로하는 형식으로 본문을 썼다. 따라서 본문을 탄식시의 유형으로 볼 때, 주어인 나는 특정한 인물이 아니라 현실과 신앙 사이에서 갈등을 빚고 있는 모든 사람이며, 당연히 나이다. 그리고 모순과 괴리감은 그 시기와 상관없이 항상 경험되는 것이므로 본문의 시제는 항상 현재일 수밖에 없다.

139) 시편에서 자신의 감정을 토로한 시(주로 탄식시)들 중에 다음과 같은 것들이 있다.
시 6:6, 내가 탄식함으로 피곤하여 밤마다 눈물로 내 침상을 띄우며 내 요를 적시나이다.
시 13:1~2, 여호와여 어느 때까지니이까 나를 영원히 잊으시나이까 주의 얼굴을 나에게서 어느 때까지 숨기시겠나이까 나의 영혼이 번민하고 종일토록 마음에 근심하기를 어느 때까지 하오며 내 원수가 나를 치며 자랑하기를 어느 때까지 하리이까.
시 19:12, 자기 허물을 능히 깨달을 자 누구리요 나를 숨은 허물에서 벗어나게 하소서.
시 22:1~2, 내 하나님이여 내 하나님이여 어찌 나를 버리셨나이까 어찌 나를 멀리하여 돕지 아니하시오며 내 신음 소리를 듣지 아니하시나이까 내 하나님이여 내가 낮에도 부르짖고 밤에도 잠잠하지 아니하오나 응답하지 아니하시나이다.
시 25:16~17, 주여 나는 외롭고 괴로우니 내게 돌이키사 나에게 은혜를 베푸소서 내 마음의 근심이 많사오니 나를 고난에서 끌어내소서.
시 30:2, 여호와 내 하나님이여 내가 주께 부르짖으매 나를 고치셨나이다.

새로운 용어들

본문을 잘 이해하기 위해서는 바울이 사용한 용어들에 대한 분명한 이해가 선행되지 않으면 안 된다. 새롭게 등장하는 용어인 속사람과 더불어 몸, 육, 지체, 마음 등 인간학적인 용어들의 의미가 무엇인지 간략히 살펴보도록 하자.

첫째로, 몸이다. 바울에게 있어서 인간의 존재를 포괄적으로 특징짓는 개념이 '몸'(소마, *σῶμα*)이다. 몸은 단순히 '육체'(사르크스, *σάρξ*)나 '영혼'(프쉬케, *ψυχή*)과는 달리 전 인간, 전 인격,[140] 행위의 주체,[141] 자아를 지칭하는 단어이다. 바울은 신령한 몸, 육의 몸,[142] 죄의 몸[143] 등 여러 용도로 사용했다. 몸은 성령이 거하시는 전이다.[144] 즉 성령은 육이나 혼이 아닌 우리의 몸 안에 거하신다. 그러므로 몸은 육의 지배를 받는 것이 아니라 성령의 지배를 받아야 한다고 말한다. 성령의 지배 하에 있는 몸을 가진 자가 하나님의 아들이다.[145] 본문 24절에서 사망의 몸은 14절의 육신

---

140) 롬 12:1, 그러므로 형제들아 내가 하나님의 모든 자비하심으로 너희를 권하노니 너희 몸을 하나님이 기뻐하시는 거룩한 산 제물로 드리라 이는 너희가 드릴 영적 예배니라.

141) 롬 6:12, 그러므로 너희는 죄가 너희 죽을 몸을 지배하지 못하게 하여 몸의 사욕에 순종하지 말고,

142) 고전 15:44, 육의 몸으로 심고 신령한 몸으로 다시 살아나나니 육의 몸이 있은즉 또 영의 몸도 있느니라.

143) 롬 6:6, 우리가 알거니와 우리의 옛 사람이 예수와 함께 십자가에 못 박힌 것은 죄의 몸이 죽어 다시는 우리가 죄에게 종 노릇 하지 아니하려 함이니,

144) 고전 6:19, 너희 몸은 너희가 하나님께로부터 받은 바 너희 가운데 계신 성령의 전인 줄을 알지 못하느냐 너희는 너희 자신의 것이 아니라.

145) 롬 8:13~14, 너희가 육신대로 살면 반드시 죽을 것이로되 영으로써 몸의 행실을 죽이면 살리니 무릇 하나님의 영으로 인도함을 받는 사람은 곧 하나님의 아들이라.

(σάρξ)에 속하여 죄에 팔린 몸을 말한다.

둘째로, 육(σάρξ)이다. 육은 크게 두 가지 의미로 쓰인다. 하나는 자연적인 인간의 육체의 개념이며,[146] 또 하나는 성령과 반대되는 개념으로서의 '육', 즉 죄의 근원으로서의 '육'이다. 8장 1~13절에서 '육'이란 단어가 총 12번 나오는데, 이 모두는 성령과 대립되는 개념으로서의 '육'이다. 우리가 십자가에 못 박아야 하는 것은 몸이 아니라 육이다.[147] 주의해야 할 점은, 바울은 육을 악마적인 것이라고 말한 적이 없다는 것과 육을 심리적으로 보지도 않았다는 것이다. 본문에서 죄에 팔린 자의 육은 죄의 종이며, 육 속에 죄가 자리잡고 있다고 말함으로 죄의 근원으로서의 육을 말한다.

셋째로, '지체'(메로스, μέλος)이다. 지체는 신체를 구성하는 것으로 팔, 다리, 머리 등을 말한다.[148] 성도는 그리스도의 몸을 구성하는 지체가 된다.[149] 또한 지체는 육의 행위의 도구가 된다. 실제로 죄를 짓는 것은 육이 아니라 손, 발, 눈 등과 같은 육의 지체이다. 본문이 그런 의미로 쓰였는데, 지체 속에 있는 죄의 법이란 구체적인 죄의 행위를 표현하기 위해 육이란 단어 대신 지체를 쓴 것이다.[150]

146) 롬 2:28, 무릇 표면적 유대인이 유대인이 아니요 표면적 육신의 할례가 할례가 아니니라.

147) 갈 5:24, 그리스도 예수의 사람들은 육체와 함께 그 정욕과 탐심을 십자가에 못 박았느니라.

148) 마 5:29, 만일 네 오른 눈이 너로 실족하게 하거든 빼어 내버리라 네 백체 중 하나가 없어지고 온 몸이 지옥에 던져지지 않는 것이 유익하며.

149) 롬 12:5, 이와 같이 우리 많은 사람이 그리스도 안에서 한 몸이 되어 서로 지체가 되었느니라.
고전 12:27, 너희는 그리스도의 몸이요 지체의 각 부분이라.

150) 참고. 롬 6:13, 또한 너희 지체를 불의의 무기로 죄에게 내주지 말고 오직 너희 자신을 죽은 자 가운데서 다시 살아난 자같이 하나님께 드리며 너희 지체를 의의 무기로 하나님께 드리라.

넷째로, '마음'(누스, νοῦς)이다. 마음에 해당하는 헬라어 단어는 크게 두 가지인데 '카르디아'(καρδία)와 '누스'(νοῦς)이다. '카르디아'는 주로 인간의 감정, 소원, 열심 등의 마음을 말하며, '누스'는 분별, 사유, 판단 등과 같은 이성적인 마음을 뜻한다. 마음의 할례, 하나님의 사랑이 주어지는 마음, 순종하는 마음, 회개하는 마음 등은 '카르디아'이다.[151] 이에 비해 '누스'는 어떤 지식, 이해, 사유함의 결과로 판단하는 이성적 마음이다.[152] '누스'는 하나님의 요청을 듣거나 거부할 수 있는 가능성과 이중성을 가지고 있다. 본문에는 '누스'의 마음이 쓰였다. 선과 악을 아는 마음으로는, 이성적 머리로는 하나님의 법을 따르지만 실제 행동(육)으로는 죄의 법을 따른다는 이중성을 표현하고 있는 것이다.

마지막으로 속사람(ἔσω ἄνθρωπος)이다. '에소'(ἔσω)는 '안에, 내부에'라는 뜻이며, '안드로포스'(ἄνθρωπος)는 '인간'이란 말이다. 즉 내면의 자기를 말하는 것으로 죄의 세력에 빠진 나, 죽을 몸, 죄의 몸과 반대되는 개념으로서 인간 본래의 나를 말한다. "겉사람은 낡아지나 우리의 속사람은 날로 새로워지도다"[153]라는 표현에

151) 롬 1:24, 그러므로 하나님께서 그들을 마음의 정욕대로 더러움에 내버려 두사 그들의 몸을 서로 욕되게 하게 하셨으니.
롬 2:5, 다만 네 고집과 회개하지 아니한 마음을 따라 진노의 날 곧 하나님의 의로우신 심판이 나타나는 그날에 임할 진노를 네게 쌓는도다.
롬 2:29, 오직 이면적 유대인이 유대인이며 할례는 마음에 할지니 영에 있고 율법 조문에 있지 아니한 것이라 그 칭찬이 사람에게서가 아니요 다만 하나님에게서니라
롬 5:5, 소망이 우리를 부끄럽게 하지 아니함은 우리에게 주신 성령으로 말미암아 하나님의 사랑이 우리 마음에 부은 바 됨이니.

152) 롬 14:5, 어떤 사람은 이날을 저날보다 낫게 여기고 어떤 사람은 모든 날을 같게 여기나니 각각 자기 마음으로 확정할지니라.
고전 14:14, 내가 만일 방언으로 기도하면 나의 영이 기도하거니와 나의 마음은 열매를 맺지 못하리라.

서 겉사람은 시간이 지나감에 따라 쇠퇴해져 가는 육신을 말하지만 속사람은 성령이 거주하고 그의 능력이 작용하는 내면의 나를 말한다.[154)]

신앙과 현실 사이의 갈등

자, 이제까지의 검토를 바탕으로 본문을 보자. 주어인 '나'는 자기 소외의 주체인 나, 현실과 신앙 사이에서 갈등하는 나, 의지와 행동 사이의 모순 속에서 무력감을 느끼는 나를 지칭한다. 바울은 이 나를 다양한 인간학적인 용어로 사용하면서 현실과 신앙 사이의 갈등을 설명한다.

14절에서 '율법이 신령한 것'이라는 말은 앞서 말한 대로 율법이 하나님께로부터 온 것이기에 영적인 것이라는 뜻이다. 그리고 '나는 육신에 속하여 죄 아래 팔렸다'는 말은 죄의 근원으로서의 육에 속하여 다시금 죄의 종으로 전락했다는 말이다. 죄의 종이 되었다는 것은 죄를 지음으로 우리의 신분이 하나님의 자녀에서 죄의 종으로 바뀌었다는 것이 아니다. 우리가 영생에서 사망으로 다시 옮겨졌다는 말도 아니다. 다만 신앙을 가지고 있음에도 여전히 죄를 짓는 자신의 처지를 비관하는 어투로 말한 것뿐이다. 이

153) 고후 4:16, 그러므로 우리가 낙심하지 아니하노니 우리의 겉사람은 낡아지나 우리의 속사람은 날로 새로워지도다.

154) 엡 3:16, 그의 영광의 풍성함을 따라 그의 성령으로 말미암아 너희 속사람을 능력으로 강건하게 하시오며.

는 의인 이후 죄를 짓는 문제에서 다시 설명하게 될 것이다.

15~20절에서는 14절의 육신에 속하여 죄에 팔린 자신의 모습과 상태에 대한 부연 설명이다. 이 부연 설명에서 우리는 자기 소외의 전형을 발견하게 된다. 내가 원하는 것, 즉 이성으로서의 마음은 선을 행하려고 하는데 내 안에 또 내가 있어 이성과는 달리 계속 죄를 짓게 되는 자신의 상태, 내가 나로부터 분리된 상태를 묘사하고 있다. 이 분리된 상태가 자기 소외이다. 앞서 죄의 개념 부분에서 설명한 바와 같이 이 소외는 죄이다. 완전히 자기와 분리된 자기 소외의 대표적인 예로 복음서는 귀신 들림을 들고 있다.

'만일 내가 원하지 아니하는 그것을 행하면 내가 이로써 율법이 선한 것을 시인하는' 것이라는 말은 원치 않는 것, 즉 죄가 무엇인지를 깨닫도록 하는 율법의 역할에 동의하는 것이기 때문이라는 뜻이다. 그리고 '내가 미워하고 원치 않는 것을 행하는 자가 내가 아니요 내 속에 거하는 죄' 라고 하는 말은 내 육신 속에 거하는 죄 때문에 죄를 짓는 것이라는 말이다. 즉 육신 속에 선한 것이 존재하지 않기에 내가 원하는 바 선은 하지 아니하고 도리어 원치 아니하는 바 악은 행하게 된다는 말이다. 그리고 결론적으로 말한다. "만일 내가 원하지 아니하는 그것을 하면 이를 행하는 자는 내가 아니요 내(육) 속에 거하는 죄니라."155)

155) 바울에게 있어서 육(또는 육신)은 십자가에 못 박아야 하는 것이다. 주와 함께 죽는 것은 몸이 아니라, 육이다. 부활도 육의 몸이 아니라 영의 몸이다. 또한 죄의 근원으로서의 육은 죄의 몸과 같은 의미로 쓰였다.
참고. 롬 6:6, 우리가 알거니와 우리의 옛 사람(육의 사람)이 예수와 함께 십자가에 못 박힌 것은 죄의 몸이 죽어 다시는 우리가 죄에게 종 노릇하지 아니하려 함이니. 고전 15:44, 육의 몸으로 심고(죽고) 신령한 몸으로 다시 살아나나니 육의 몸이 있은즉 또 영의 몸도 있느니라.

바울은 21~25절에서 14절부터의 갈등과 모순, 그로 인해 인간이 느끼는 무력감을 하나의 원리로 종합한다. '내가 한 법을 깨달았다' 는 말에서 법은 율법을 말하는 것이 아니라, 하나의 원리(principle)를 발견했다는 말이다. 그 원리는 선과 악이 내 안에 함께 공존한다는 것이다. 선을 행하는 나는 누구이며, 악을 행하는 나는 누구인가? 죄의 법을 섬기는 나는 누구이며, 하나님의 법을 섬기는 나는 또 누구인가?

죄의 법을 섬기는 나는 내 육신이며 죄의 몸이다. 그리고 그것을 행동으로 옮기는 것은 내 지체이다. 하나님의 법을 즐거워하고 섬기는 것은 내 속사람이며 그 마음이다. 여기서의 마음(νοῦς)은 단순히 인간의 이성, 또는 이성적인 판단을 말하는 것이 아니다. 그렇다면 지식과 논리적 사고로 판단하여 하나님의 법을 따른다는 말이 되기 때문이다. 여기서의 마음은 속사람과 동일한 의미로 쓰였다. 즉 그리스도의 영으로 거듭난 마음을 말한다.[156)]

이 두 '나' 사이의 갈등에서 오는 괴로움과 무력감을 탄식하듯 그는 말한다. "아, 나는 비참한 사람입니다. 누가 이 죽음의 몸에서 나를 건져 주겠습니까?"[157)] 이 탄식이 급변하여 감사함으로 연결된다. "우리 주 예수 그리스도를 통하여 나를 건져 주신 하나님께 감사를 드립니다. 그런데 내가 마음으로는 하나님의 법에 복종하고, 육신으로는 죄의 법에 복종하고 있습니다."[158)]

---

156) 롬 12:2, 너희는 이 세대를 본받지 말고 오직 마음(νοῦς)을 새롭게 함으로 변화를 받아 하나님의 선하시고 기뻐하시고 온전하신 뜻이 무엇인지 분별하도록 하라.

157) 롬 7:24(표준새번역).

158) 롬 7:25(표준새번역).

이 감사는 현실이 바뀌었기 때문이 아니다. 현실은 여전히 마음과 육신이 따로 놀지만 예수 그리스도 때문에 누리는 감사이다. 그러한 현실에서 나를 건져 주신 하나님, 그러한 현실 속에서도 하나님의 구원의 은총과 성령의 능력이 함께하기에 감사하는 것이다.[159] 이 마지막 감사는 결국 8장 1~2절을 미리 준비하고 있는 것이다.

그럼에도 불구하고 감사 이후에 "그런데 내가 마음으로는 하나님의 법에 복종하고, 육신으로는 죄의 법에 복종하고 있습니다"라고 또다시 말한다. 그것은 감사 이후에도 현실에서의 갈등은 끝없이 계속된다는 것을 말하는 것이다. 그리고 바울은 그러한 갈등까지도 그리스도 예수 안에 있는 살아 있는 성령의 법이 완전히 해결하였다고 선언한다.

의인 이후에 죄를 짓는 문제

구원의 문제에 대해 성경은 어렵게 말하지 않는다. 로마서에서 바울은 그리스도를 믿는 믿음으로 의롭다 하심을 받아 영생에 이른다고 하였고, 요한복음에서는 예수를 믿는 믿음의 전제 하에 성령으로 거듭나면 된다고 하였다.[160] 기독교의 구원은 표현은 달라도 그 핵심이 있는데 그것은 예수 그리스도를 믿는 믿음이다.

---

159) 이것은 탄식시의 전형적인 모습이다. 탄식이 탄식으로 끝나지 않고 감사와 서원으로 결론 지어진다는 것이다. 대표적인 탄식시인 시편 6편, 13편, 22편, 30편, 32편 등을 보라.

이 믿음은 위로부터 오는 선물이기에 인간의 노력이나 행위와는 아무 상관이 없다. 즉 이 믿음도 하나님이 주시는 것이기에 구원은 전적인 하나님의 선물이다. 앞서 말한 수동적 믿음이 의를 이루는 것이다.

그럼에도 불구하고 "당신은 구원받았습니까?"라고 묻는다면 속시원히 "예"라고 대답하지 못하는 이유는 무엇인가? 또한 "예"라고 대답하는 사람에게 "당신이 구원받았다고 한다면 이제 죄로부터 완전히 떠났습니까?"라고 묻는다면 뭐라 대답하겠는가? 한 걸음 더 나아가 "한 번 구원은 영원한 구원입니까, 아니면 구원받은 사람이 죄를 짓거나 타락을 하게 되면 그 구원이 무효화될 수 있는 것입니까?" 또는 "구원받은 사람이 현실에서 받는 죄의 유혹과 고난은 어떻게 된 것입니까?" 등등 구원과 관련된 여러가지 질문이 우리를 당혹하게 한다.

아마도 이에 대해 모든 사람을 만족시키는 대답을 하기란 쉬운 일이 아니다. 성경은 각각의 시대 상황이나 역사적 현실에서 불거져 나오는 이러한 질문들에 대해 해답을 제시하고 있기는 하지만 현실 상황이 다르면 대답도 조금씩 다르기에 내게 꼭 맞는 답을 성경 속에서 찾기란 쉽지 않다. 물론 이 문제들을 놓고 기도를 아주 열심히 하더라도 모두를 만족시키는 답을 찾는다는 것 또한 쉽지 않다. 스승을 찾아가 물어도 별반 다르지 않다. 아마도 두루뭉

---

160) 요 3:16, 하나님이 세상을 이처럼 사랑하사 독생자를 주셨으니 이는 그를 믿는 자마다 멸망하지 않고 영생을 얻게 하려 하심이라.
요 3:5, 예수께서 대답하시되 진실로 진실로 네게 이르노니 사람이 물과 성령으로 나지 아니하면 하나님의 나라에 들어갈 수 없느니라.

술하게 정리해 놓은 교리 문답이나 세례 문답 책에는 혹시 있을지 모르겠으나 삶에 적용시키기에는 무리가 뒤따른다.

그렇다면 이 질문들에 대한 해답이 없다는 말인가? 물론 있다. 하지만 교과서에 나오는 식의 수학공식처럼 맞아떨어지는 대답은 없다. 구원에 관한 모든 문제들은 사실 문제가 아니다. 그것들은 구원의 확신이 결여된 상태에서 오는 의심이거나 영적 문제가 생김으로 오는 거리낌과 불편함이다. 구원의 체험을 통해 확신을 갖게 되거나 하나님과의 거리낌, 영적 불편함이 치유되면 문제는 자연히 없어진다. 해답을 찾아서 없어지는 것이 아니라 구원 안에서 오는 평화와 기쁨이 너무 크기에 문제를 찾아보려야 찾아볼 수 없게 된다. 주님을 좀더 사랑하기를 원하고, 그의 사랑 가운데 거하며, 주님의 인격을 드러내기를 위해 애쓰는 사람은 이런 고민을 하지 않는다.

달포 전에 교우들에게 내준 숙제가 있다. “하나님께서 인간을 창조하실 때 왜 손가락은 다섯 개, 다리는 두 개로 만드셨을까? 첫째로 기능적 차원에서 보면? 둘째로 창조적 차원에서 본다면? 마지막으로 그것이 답일까요?” 하는 문제이다.

기능적 차원에서 본다면 손가락이 네 개보다 다섯 개가 편리하고, 여섯 개는 거추장스럽기에 다섯 개가 가장 기능적으로 우수하기 때문일 것이다. 물론 처음부터 손가락이 네 개였다면 거기에 적응하였을 테니 그건 별개의 문제이다. 창조적 차원에서 본다면 하나님이 그렇게 만드셨으니까 그렇다고 하는 것이 정답일 것이다. 만든 사람 마음일 테니 그렇다. 다리가 두 개라는 것도 마찬가지 추론이 가능하다. 하지만 그것이 정답일까?

위 문제에 이렇게 답을 하는 사람은 함정에 빠진 것이다. 기능적 차원이니, 창조적 차원이니 하는 말에 현혹된 것이다. 내가 요구하는 정답은 쓸데없는 데 신경 쓰지 말라는 것이다. 건강한 사람은 자신의 손가락이 다섯 개, 다리가 두 개라는 사실을 잊고 산다. 아침에 일어나 손가락 다섯 개, 다리 두 개가 온전한지를 확인해 보는 사람은 없다. 저녁에 잘 때도 마찬가지이다. 손가락 하나 하나를 확인하며 사는 사람이 어디 있는가?

그러나 건강하지 못한 사람은 다르다. 다리에 관절염이 있는 사람은 늘 다리에 신경이 쓰인다. 손가락에 물집만 잡혀도 수시로 손가락의 물집을 확인하게 된다. 그러므로 건강한 사람에게는 다리나 손가락이 몇 개냐 하는 것이 쓸데없는 질문이지만, 병든 사람에게나 손가락이 하나 없는 사람에게는 중요한 문제이다. 우리 몸에서 제일 중요한 것이 심장이다. 심장에 이상이 있는 사람은 늘 심장의 박동에 귀를 기울여야 한다. 하지만 건강한 사람은 심장이 뛰는지 멎었는지 신경조차 쓰지 않는다.

구원에 관한 위의 질문도 마찬가지이다. 영적으로 건강한 사람, 구원의 확신과 영생의 평화가 있는 자들에게는 구원받았느냐, 죄를 지으면 구원이 취소되는 것이냐, 현실의 고난과 구원은 어떤 관계냐 등의 질문은 한낱 쓸데없는 질문에 불과하다. 이러한 질문들은 구원의 확신과 체험이 불분명하거나 영적 질병에 걸렸을 때 생겨나는 의심일 뿐이다. 의심의 안개가 걷히면 오직 구속의 주님만 보이기에 문제 자체가 없다. 적당히 신앙생활을 하거나, 가족이나 친한 사람 중에 믿음을 떠난 사람이 있을 경우, 또는 죄와 은혜 가운데 선택의 고민을 한다거나, 그러다 죄를 선택하고는 양심의 가책을 느끼는 사람들이 이런 쓸데없는 고민을 한다는 점이다.

그럼에도 불구하고 여전히 문제가 되는 사람, 해답이 무엇일까 궁금해하고 괴로워 하는 사람들을 위해 무언가 대답을 내놓아야 한다. 바울은 로마서를 통해 이러한 구원의 문제들에 대한 해답을 주고 있다. 자, 이제까지 논의해 온 구원에 관한 사항들을 정리해 보자.

바울은 구원에 관한 논의를 "오직 의인은 믿음으로 말미암아 살리라"[161]라는 선언으로부터 시작한다. 뒤이어 3장 20절까지의 말씀에서 이방인들을 비롯해 유대인에 이르기까지 모든 사람은 죄인이며, 하나님의 심판을 면할 수 없는 존재라는 것을 밝힌다. 그리고 의인의 핵심을 간략하고도 분명하게 3장 21~26절까지 정리한다. 즉 믿음으로 의롭다고 인정받는 것은 속죄제물로 죽으신 예수의 피로 인해 값없이 주시는 하나님의 은혜로 말미암는 것이다. 그러므로 의인(義認)의 필수조건은 예수를 믿는 믿음이며, 이 믿음은 전적으로 하나님이 주시는 은사로 수동적인 믿음이다. 이어 바울은 4장에서 이와 같은 사실을 아브라함을 통해 증명한다.

5~8장에서는 의인의 결과로서 우리가 누리는 자유와 성령의 역할, 그리고 그리스도의 사랑에 대해 말한다. 5장에서는 '죽음에서의 자유'를 아담의 세계로부터 그리스도의 세계로 옮겨진 영생으로, 6장에서는 '죄로부터의 자유'를 세례와 종의 예를 통해 그리스도와 함께 영생을 누리는 것으로 말한다. 그리고 7장 전반부에서는 율법에 대해 죽은 우리는 율법에 대해 자유를 누리게 됨을

161) 롬 1:17.

말한다. 하지만 현실과 신앙 사이의 갈등이 존재한다는 것을 7장 후반부에 서술하고 있다. 그러나 그리스도로 인한 하나님의 사랑과 성령의 능력으로 이것까지 해결되었다고 8장 1~2절에 선언하고 있다. 이것이 이제까지 우리가 살펴본 내용들이다.

자, 그렇다면 다시 한 번 생각해 보자. 믿음으로 죄 사함 받고 의롭다 하심을 받은 자는 죄로부터 떠난 자인가? 당연하다. 죄와 그 결과로 주어지는 사망으로부터 떠나 그리스도의 생명으로 옮겨져 영원히 영생의 삶을 사는 자들이 믿음의 사람이다. 여기에 대해서는 그 누구도 이의가 없을 것이다. 여기에 수식어를 하나 붙여 보자. 믿음으로 죄 사함 받고 의롭다 하심을 받은 자는 죄로부터 완전히 떠난 자인가? 여기에 이의가 있는가, 없는가?

수식어 하나 덧붙였을 뿐인데 대답을 궁색하게 한다. 여기에 대해서는 신학에서도 이견이 분분하다. 그 어떤 대답을 하든 그 나름대로의 신학적 견해가 될 수 있다. 하지만 로마서를 자세히 읽어 보면 한 가지 결론에 도달하게 될 것이다. 자신의 신학적 안경을 벗어버리고 겸허하게 가슴으로 접하면 구원은 죄로부터 완전히 떠난 것이 아니라, 죄로부터 자유함을 얻은 것임을 알 수 있다.

우리의 현실은 여전히 죄 가운데 있다. 죄에 물들지 않기 위해 몸부림쳐야 하는 것이 우리의 현실이다. 죄로부터의 자유는 죄의 현실이 바뀌는 것이 아니라, 죄의 현실 속에서의 자유를 말한다. 죄를 지을 자유도 있고, 죄를 짓지 않을 자유도 있다. 눈앞에서 유혹하는 선악과를 따 먹을 자유도 있고, 따 먹지 않을 자유도 있다. 이는 감정적인 자유가 아니라, 스스로 판단하고 선택하는 이성적인 자유이다.

의롭다 하심을 받지 못한 사람들은 죄의 종이므로 이 자유가 없다. 그들은 오로지 죄를 선택할 수밖에 없는 운명이다. 그들의 의지 자체가 이미 타락했기 때문이다. 의롭다 하심을 받은 자는 그리스도 안에서 자유를 누리기에 죄를 선택하든, 의를 선택하든지 할 자유가 있다.[162] 그러나 그리스도 안에 있는 자는 성령께서 도우시므로 자신의 선택의 자유를 의로운 일, 선한 일, 하나님이 기뻐하시는 일에 사용하는 것이다. 세상에 예쁜 여자들이 많지만 아내를 사랑하기에 아내만을 사랑하며 살아가는 것이다.

그럼에도 불구하고 죄를 지으면 어떻게 되는가? 왜냐하면 우리의 현실이기 때문이다. 우리는 의인이 된 이후에도 죄 가운데 살기에 좋든 싫든 죄를 지으며 산다. 예수를 믿고 난 후에도 현실적으로 죄를 짓지 않는가? 나비는 송충이처럼 솔잎을 먹을 수 없지만 우리는 죄에서 떠났어도 여전히 죄를 짓지 않는가? 이를 어떻게 설명할 것인가?

여기에 대한 대답이 로마서 7장 후반부이다. 그것은 죄의 습성 때문에 그렇다. 옛 사람의 죄의 습관, 자아의 옛 성품이 남아 있어서 그렇다. 사람을 예로 들어 보면 보다 쉽게 이해가 될 것이다. 사람은 태어나면서부터 사람이다. 생명이 있는 한 그는 사람이다. 갓난아기도 사람이고, 성인도 사람이다.

---

162) 롬 6:13, 또한 너희 지체를 불의의 무기로 죄에게 내주지 말고 오직 너희 자신을 죽은 자 가운데서 다시 살아난 자같이 하나님께 드리며 너희 지체를 의의 무기로 하나님께 드리라.
롬 6:19, 너희 육신이 연약하므로 내가 사람의 예대로 말하노니 전에 너희가 너희 지체를 부정과 불법에 내주어 불법에 이른 것같이 이제는 너희 지체를 의에게 종으로 내주어 거룩함에 이르라.

구원도 그렇다. 거듭나면 누구든지 하나님의 자녀이다. 그가 성숙하지 못한 어린아이의 신앙을 가져서 실족하고, 죄를 지어도 그는 하나님의 자녀이다. 탕자가 방탕할 때도 아들이고, 거지가 되었을 때도 아들이며, 돌아와서도 여전히 아들이다. 성숙하여 완전히 그리스도를 재현하는 삶을 살아도 하나님의 자녀이다. 문제는 똥오줌 못 가리는 어린아이냐 좌우를 분별할 줄 아는 성인이냐, 즉 어린아이와 같은 미성숙한 신앙의 자녀냐, 성숙한 신앙의 자녀냐 하는 것이다.

죄의 습성, 옛 사람의 속성, 자아의 옛 성품이 어느 정도 남아 있느냐 하는 것인데, 그러한 습성으로 인해 죄를 짓지만 그것은 구원과는 상관없는 성숙의 문제라는 것이다. 의인이 되었음에도 불구하고 자아가 살아 있음으로 인해 원치 않는 죄를 짓는 성숙하지 못한 자신을 보면서 바울은 "오호라 나는 곤고한 사람이로다 이 사망의 몸에서 누가 나를 건져 내랴" 하고 탄식을 하는 것이다.

하지만 바울은, 비록 나 자신이 마음으로는 하나님의 법을, 육신으로는 죄의 법을 섬기지만 그리스도 예수 안에 있는 살아 있는 성령의 법이 죄와 사망의 법에서 우리를 해방하였기에 더 이상 정죄함이 없다고 선언한다.[163] 따라서 의인이 죄를 짓는 문제는 구원과는 상관없는 문제요, 오로지 성숙의 문제이다.

에베소서에서 바울은 아담을 지칭하는 옛 사람을 벗어버리고

163) 롬 8:1~2, 그러므로 이제 그리스도 예수 안에 있는 자에게는 결코 정죄함이 없나니 이는 그리스도 예수 안에 있는 생명의 성령의 법이 죄와 사망의 법에서 너를 해방하였음이라.

그리스도인 새사람을 입으라고 말한다.[164] 그런 다음 바울은 거짓을 버리고, 분을 내어도 죄는 짓지 말며, 도적질하지 말고, 성령을 근심시키지 말라고 한다. 이는 새사람을 입은 후에는 유혹의 욕심에 따라 사는 옛 사람의 일을 버리라는 것이다. 다시 말하자면 옛 사람의 일을 다시 반복할 수 있으니 그것을 (자유)의지로 거부하고 선과 의를 선택하라는 것이다. 그 속에 십자가의 사랑이 있다면 결코 옛 사람의 일을 선택할 수 없다는 말이다.

마지막으로, 구원받은 사람이 죄를 지으면 예전의 옛 사람으로 되돌아갈 수 있느냐 하는 문제이다. 이는 차원의 문제이다. 차원이 달라졌고 세계가 달라졌는데, 다시 예전으로 돌아갈 수 있느냐는 것이다. 쉽게 말하자면 나비가 어찌 다시 송충이처럼 솔잎을 먹을 수 있느냐는 말과 같은 것이다. 사망에서 생명으로 차원이 완전히 바뀐 자가 다시 사망으로 되돌아갈 수 있느냐, 그럴 수 없지 않느냐는 말이다. 그리스도께서 십자가에 달려 죽으심으로 우리의 죄의 몸(옛 사람)을 멸하여 다시는 죄의 종이 되지 않게 하셨다[165]고 분명히 말하지 않는가?

또한 "한 번 빛을 받고 하늘의 은사를 맛보고 성령에 참여한 바 되고 하나님의 선한 말씀과 내세의 능력을 맛보고도 타락한 자들은 다시 새롭게 하여 회개하게 할 수 없나니 이는 그들이 하나님

164) 엡 4:22~24, 너희는 유혹의 욕심을 따라 썩어져가는 구습을 따르는 옛 사람을 벗어 버리고 오직 너희의 심령이 새롭게 되어 하나님을 따라 의와 진리의 거룩함으로 지으심을 받은 새사람을 입으라.

165) 롬 6:6, 우리는, 우리의 옛 사람이 그리스도와 함께 십자가에 달려서 죽은 것이, 죄의 몸을 멸하여서 우리가 다시는 죄의 노예가 되지 않게 하려는 것임을 압니다(표준새번역).

의 아들을 다시 십자가에 못 박아 드러내 놓고 욕되게 함이라"166) 라고 하여 의인이 된 사람이 다시 죄를 짓는 것은 하나님의 아들을 다시금 십자가에 못 박고 욕되게 하는 것이라고 분명히 말한다. 이는 의인 이후 죄를 짓는 자들을 위해 그리스도께서 다시 십자가에 못 박혀야 된다는 말이 아니라, 의인 이후 죄 짓는 것은 십자가를 모욕하는 행위라는 말이다.

그러므로 의인 이후에 죄를 짓는다고 해서 구원이 취소되는 것은 아니다. 의인은 그리스도의 생명 안에서 하나님과 더불어 평화를 누리며 사는 영생의 삶이다. 다시 죽어야 할 자아도, 옛 사람도 없다. 이미 벗어버린 옛 사람, 이미 그리스도와 함께 죽은 자아가 살아날 수는 없다. 사과나무에 배가 달릴 수는 있을지 몰라도 구원은 결코 취소될 수 없다.

내가 죽인 자아라면 다시 살아나겠지만 그리스도와 함께 하나님의 은혜와 능력으로 죽인 자아는 그리스도가 십자가에서 두 번 죽지 않는 한 다시 살아나는 것은 불가능하다. 그러므로 구원이 취소되는 것도 불가능하다. 내가 노력해서 받은 구원이라면 취소될 수도 있겠으나 나의 노력과 상관없이 하나님이 주신 것이므로 하나님이 바뀌지 않는 한 불가능하다.

---

166) 히 6:4~6.

가슴으로 읽는 로마서(상)

2009년 3월 20일 인쇄
2009년 3월 25일 발행

지은이 | 염기석
발행인 | 이형규
발행처 | 쿰란출판사

주소 | 서울 종로구 이화동 184-3
TEL | 02-745-1007, 745-1301, 747-1212, 743-1300
영업부 | 02-747-1004, FAX / 02-745-8490
본사평생전화번호 | 0502-756-1004
홈페이지 | http://www.qumran.co.kr
E-mail | qumran@hitel.net
qumran@paran.com
한글인터넷주소 | 쿰란, 쿰란출판사

등록 | 제1-670호(1988.2.27)

책임교열 | 이화정 · 송은주

값 12,000원

ISBN 978-89-5922-708-2 94230
978-89-5922-710-5 (세트)